Archiv der Jugendkulturen

BUCH DER ERINNERUNGEN
DIE FANS DER BÖHSEN ONKELZ
Klaus Farin

Originalausgabe
Verlag Thomas Tilsner
Alle Rechte vorbehalten

Herausgeber:
Archiv der Jugendkulturen e.V.
Fidicinstr. 3, 10965 Berlin
Berlin 2000
www.jugendkulturen.de

Lektorat:
Doris Hofer

Umschlaggestaltung:
Roland Koletzki
unter Verwendung eines Fotos
von Boris Geilert
Backcoverfoto: Jens Sommer

Innengestaltung:
Kerstin Koletzki

Druck und Verarbeitung:
Marxmühle

Die Deutsche Bibliothek - CIP-Einheitsaufnahme
Ein Titeldatensatz für diese Publikation ist bei Der
Deutschen Bibliothek erhältlich

ISBN 3-933773-13-X
Archiv der Jugendkulturen
ISSN 1439-4316

BUCH DER ERINNERUNGEN
DIE FANS DER BÖHSEN ONKELZ
KLAUS FARIN

VERSION I

nettird senie gnudmuelrev

ehciltfahcsniemeg sla retnnis-

egtug rednanienegeg dnu

retuartrev nehcsnem eid

tcham sthcin

2871, luap naej

ZUM GELEIT

Alles begann

im Herbst 1998 mit einem Aufruf:

Archiv der Jugendkulturen e.V.
Fidicinstraße 3
10965 Berlin
Tel.: 030 - 694 29 34
Fax: 030 - 691 30 16

An alle Fans der Böhsen Onkelz

Im Herbst 1999 erscheint in der Reihe des *Archiv der Jugendkulturen e.V.* im Verlag Thomas Tilsner das

Buch der Erinnerungen. Die Fans der Böhsen Onkelz. Hrsg. von Klaus Farin.

Das Buch wird keine Biographie der Musiker sein (die haben sie bzw. Edmund Hartsch ja schon selbst vorgelegt), sondern eine Bestandsaufnahme ihrer Fans, die ja z.B. von den Vorurteilen über die Band genauso betroffen sind, aber nur selten unzensiert zu Wort kommen. Dabei wäre es sicherlich für viele interessant, denn ein Böhse-Onkelz-Fan zu sein bedeutet eben mehr als nur irgendeine Musik zu konsumieren. Und genau das interessiert mich: *Was* bedeutet es, ein B.O.-Fan zu sein? Was bedeuten Dir die Böhsen Onkelz? Was verbindest Du mit ihnen (gute wie schlechte Erinnerungen)? Wie bewertest Du ihre verschiedenen Schaffens- und Lebensphasen? Welche sind Deine persönlichen Lieblingslieder? Und warum gerade diese? Schreib es auf, lege, wenn Du möchtest, Fotos/Zeichnungen u.a. bei, das Du gerne mitveröffentlicht haben möchtest. Im Buch erscheinen nur Dein Vorname, Wohnort und Alter, aber falls Du benachrichtigt werden willst, wenn das Buch fertig ist (außerdem verlose ich unter den Einsendungen 30 Freiexemplare), dann schreibe mir Deine Adresse dazu.
Bei Rückfragen ruf mich an. Jederzeit.

Klaus Farin

!!! BITTE WEITERVERBREITEN !!! BITTE WEITERVERBREITEN !!! !!!
!!! !!! !!! DANKE !!! !!! !!!

ZUM GELEIT

Diesen Aufruf schickte ich im Oktober 1998 an diverse Medien, kopierte ihn aber auch ein paar tausend mal als Flyer und verteilte ihn (mit tatkräftiger Hilfe einiger Freunde und Vereinsmitglieder des *Archiv der Jugendkulturen e.V.*) bei Konzerten und *Onkelz*-Partys, bei meinen Vorträgen in Schulen und Jugendklubs. Die Redaktionen von *Break Out*, *Rock Hard*, *Metal Hammer* und wenige andere veröffentlichten die Meldung in ihren folgenden Ausgaben.

Die Reaktionen darauf waren gewaltig. Das Telefon im Archiv stand nicht mehr still: beinahe täglich gingen Anfragen von *Onkelz*-Fans nach weiteren Details ein. Das steigerte sich noch, nachdem im Frühjahr 1999 die ersten *Onkelz*-Fan-Homepages im Internet ebenfalls den Aufruf verbreiteten.

Die Motive für dieses gewaltige Echo waren immer die gleichen: "Endlich jemand, ein Journalist!, der bereit ist, die Wahrheit über uns und die *Onkelz* zu veröffentlichen, und nicht nur diese Lügen, wir wären alle Neonazis und hirnlose Gewalttäter!" Ich habe, vor allem in meiner Zeit als Musikjournalist, schon häufig über Bands und deren Fans berichtet, doch noch niemals standen gesellschaftspolitische und -kritische Fragen (Neonazis, Linke/Rechte, die Ursachen von Gewalt, Medienpolitik und -macht) und der brennende Wunsch nach einer Korrektur des öffentlichen Images so sehr im Mittelpunkt der Fan-Interessen, nicht einmal bei meinen Arbeiten über die Skinhead-Szene.

Dabei sind *Onkelz*-Fans, wie ihre Lieblingsband auch, im Normalfall nicht einmal besonders politisch motiviert und interessiert. Auch wenn sie es selbst vermutlich nicht gerne hören wollen (und ihre Gegner es nicht glauben wollen): *Onkelz*-Fans unterscheiden sich nicht sehr von anderen Heavy-Metal-Fans, und im Grunde genommen in vielen Ansichten auch nicht von anderen Gleichaltrigen oder ihren eigenen Eltern: sie sind im Durchschnitt genauso nett oder blöd, dumm oder intelligent, (un)politisch und (nicht-)engagiert wie ihr persönliches Umfeld und die Mehrheit der Gesellschaft auch. Sie sind überwiegend männlich und jünger als dreißig Jahre, kommen jedoch aus allen sozialen und Bildungsschichten. In ihrer Mitte gibt es Rechts- und Linksorientierte, "Ausländer" und "Ausländer"-Hasser, Gewalttäter und Pazifisten. Mit Sicherheit sind sie - dies gilt zumindest für 99 Prozent aller *Onkelz*-Fans - keine Neonazis. Auch wenn ihre Gegner nicht müde werden, dieses zu behaupten.

Denn längst richtet sich der Hauptverdacht nicht mehr gegen die Band, sondern gegen ihre Fans. "Für mich ist eine Band solange eine Neonazi-Band, solange sie für Neonazis spielt", erklärte etwa der Musiker (*Foyer des arts*) und Konzertveranstalter (Loft) Axel Schulz, Motor des Berliner *Onkelz*-Boykotts Anfang der 90er Jahre (*taz* vom 25. Juni 1991). Kein ernstzunehmender Mensch, nicht einmal der Verfassungsschutz oder die Musikhandelskette WOM, in deren Filialen bis heute keine *Onkelz*-Tonträger verkauft werden, behauptet, die Band sei heute noch rechtsradikal oder ausländerfeindlich eingestellt. Dazu liegen aus den letzten

11. Dieses Festival besteht aus dem Programm von fünf verschiedenen Bands, sollten bis zu zwei Bands aus Gründen, für die der Veranstalter nicht verantwortlich ist, ausfallen, stellt dieses keine Vertragsverletzung des Veranstalters dar.

Deutschland im Herbst

Ich sehe alle gegen alle	Ich höre weisse Geräusche
Jeder gegen Jeden	Rassenreine Lieder
Keine Achtung vor sich selbst	Ich höre hirnlose Parolen
Keine Achtung vor dem Leben	von Idioten und Verlierern
Ich sehe blinden Hass, blinde Wut	Ich höre die Lügen der Regierung
Feige Morde, Kinderblut	Die Lügen eures Lebens
Ich sehe braune Scheisse töten	Die Lügen über uns
Ich sehe Dich	Ich höre Dich
(Refr:) Deutschland im Herbst	

böhse onkelz, Okt.'93

Lieber Mensch?!

Solltest Du die Veranstaltungen "MENSCH?!" und "ROCK GEGEN RECHTS" aus ideologischen, politischen oder anderen Gründen nicht unterstützen wollen, kannst Du Deine Karte gegen Rückerstattung des Nennwertes an uns zurückschicken.

Rückseite der Eintrittskarte eines »Rock gegen Rechts« – Festivals der Bremer Gewerkschaftsjugend Oktober 1993 mit den *Onkelz* als Hauptact

zehn Jahren der Schaffensperiode der *Onkelz* zu viele eindeutige Stellungnahmen und Aktivitäten vor. "Die werden von den Medien überall in diese rechte Ecke reingehauen. Das ist bitter und sicherlich nur deshalb so streng, weil die Nazi-Welle gerade so hart ist. Wenn dem nicht so wäre, wären die *Onkelz* schon längst wieder integriert", erklärte selbst *Tote Hosen*-Sänger Campino, mit Sicherheit kein *Onkelz*-Freund, im März 1993 im *Metal Hammer*. "Andererseits: Faschistoid, so eine Ideologie mal draufzuhaben, hat nichts mit einem Gentleman-Delikt zu tun. Die *Onkelz* müßten Anti-Nazi-Veranstaltungen organisieren, deren Hauptmotor sein und dabei mehr bringen als jede andere Band, die nur sagt: ‚Wir

ZUM GELEIT

machen mit!' Ich wäre der Letzte, der einem Menschen nicht einräumte, daß er sich ändern kann. Entscheidend ist der Moment, in dem der ganze Saal - die *Onkelz* und ihr Publikum - ruft: ‚Nazis raus! Nazis raus!' Dann würde ich glauben, daß sie weg davon sind."

Das ist inzwischen mehrfach auf Konzerten der *Onkelz* geschehen, sowohl bei expliziten "Rock gegen Rechts"-Festivals als auch bei "normalen" *Onkelz*-Konzerten, und auf offiziellen Videomitschnitten und mehreren illegalen Bootlegs eindeutig dokumentiert. Doch: waren das nur plakative Bekundungen zur Beruhigung der kritischen Öffentlichkeit oder stecken wirklich grundlegende Orientierungen dahinter? Welche Leute werden heute überhaupt *Onkelz*-Fans? Und warum? Sind es immer noch Angehörige rechter Gewaltgruppen? Haben sie den Wandel der *Onkelz* nachvollzogen oder nehmen sie ihn einfach nur in Kauf, weil sie diese Band so mögen?

In diesem Buch kommen sie zum ersten Mal ausführlich selbst zu Wort, die Fans der *Böhsen Onkelz*. Diese größtenteils sehr persönlichen Statements erhellen meines Erachtens die erstaunliche Erfolgsgeschichte des Mythos *Böhse Onkelz* besser als dies jede Band-Biographie könnte.

Dennoch ist eine genauere Kenntnis der Entwicklungsgeschichte der Musiker zum Verständnis vieler Fan-Beiträge unverzichtbar, sind es doch gerade die Lebensläufe vor allem des Sängers Kevin Russell und des Komponisten, Texters und Bassisten Stephan Weidner, die zu einer derart hohen und im derzeitigen Musikmarkt zumindest in Deutschland einmaligen Identifikation der Fans mit ihrer Kultband führten. So habe ich im Laufe der Arbeit an diesem Buch meine ursprüngliche Absicht, die Band-Biographie nur kurz zu streifen, aufgegeben und sie gleichgewichtig aufgenommen. Dieses Buch enthält damit zwei Teile: die jeweils linken Seiten enthalten die Beiträge von Fans, mir schriftlich zugesandt oder auf *Onkelz*-Partys in Interviews gesammelt, die rechten Seiten zeichnen die Geschichte der Band nach.

Allerdings ging es mir dabei nach wie vor nicht darum, eine komplette Band-Biographie zu erstellen. Zum einen liegt diese mit der Veröffentlichung "danke für nichts" von Edmund Hartsch bereits vor. Der Autor ist ein langjähriger Freund der Band und besonders von Stephan Weidner, mit dem er einige Zeit sogar gemeinsam einen Skateboard-Laden betrieb. Somit sollte das Buch grundsätzlich kritisch gelesen werden, zumal es von der Band selbst veröffentlicht wurde und bis heute vertrieben wird. Dennoch - oder vielleicht auch gerade deshalb - gilt "danke für nichts" zurecht als sehr glaubwürdige, authentische Biographie der vier Musiker, die zwar einige dunkle Stellen beläßt (zum Beispiel wie üblich bei Boygroup-Biographien die sehr privaten Bereiche wie Liebesbeziehungen, Heirat, Kinder ausblendet), aber gerade im entscheidenden Teil der "politischen" Entwicklung der Band ehrlich und ungeschminkt Auskunft gibt. Diese Biographie hat seit ihrer Veröffentlichung Ende 1997 eine gewaltige Resonanz innerhalb der *Onkelz*-Fangemeinde ausgelöst, ihr sicherlich sogar manches Neumitglied zugeführt, und dürfte die zentrale Quelle für das Wissen der meisten Fans über die Band darstellen. Auch aus diesem Grunde werde ich im Folgenden immer wieder daraus zitieren, zumal die Band ein ausführliches biographisches Interview mit mir ablehnte.

Ich werde meine Darstellung der *Onkelz*-Biographie im Folgenden allerdings bewußt auf die erste Hälfte ihres Schaffens beschränken. Denn im Mittelpunkt dieses Buches stehen die heutigen Fans und die Glaubwürdigkeit des Wandels der Band. Wer sich darüber hinaus für die Lebenswelten der Musiker, ihre Drogenhöllen und Gewalterfahrungen, Reiseabenteuer und sonstigen Freizeitgeschäfte interessiert, der greife zur Hartsch-Biographie "danke für nichts" oder auf eine der rund 70 *Onkelz*-Fans-Homepages zurück, die sehr engagiert und mit oft großer Liebe zum Detail auch in der Hinsicht Einiges zu bieten haben. Wer dennoch Wichtiges vermißt oder mit Geschildertem nicht einverstanden ist, der findet am Ende des Buches für jegliche Art konstruktiver Kritik meine Anschrift.

Klaus Farin, 14. Mai 2000

Ein (schein) heiliger Bund.

Die Fans & die Onkelz

> WIE KANN EIN MENSCH SICH GÖTTER MACHEN?
> DAS SIND DOCH KEINE GÖTTER!
> JEREMIA, 16,20

Onkelz-Fan zu sein ist für mich etwas ganz Besonderes, weil ich mich nie so wohl fühle wie im Umgang mit anderen Onkelz-Fans. Es ist so, als würdest du jemanden dein Leben lang kennen, wenn derjenige dir sagt, daß er Onkelz hört. Es ist dieser "heilige Bund", der so oft angesprochen wird. Die Onkelz singen einfach das, was ihre Fans denken und fühlen, und das wirkt sich auch auf die Freundschaft zwischen den Fans aus, die nicht nur Onkelz hören, sondern fühlen. Es ist mehr eine Lebenseinstellung als eine Lieblingsband.

Außenstehende werden das nie verstehen, aber die meisten Onkelz-Fans werden wissen, was ich meine. Die Onkelz waren immer Außenseiter, sie wurden gehaßt, verspottet und gehetzt. Ihre Fans sind auch oft Leute, die nicht immer konform mit der heutigen Gesellschaft sind. **Die Onkelz geben ihren Fans das Gefühl, nicht alleine zu sein im Kampf gegen den Rest der Welt.** Die Onkelz sagen, was sie denken, und das tun ihre Fans meistens auch, ehrlich und geradeaus, auch wenn das manchmal ein ganz schöner Schlag in die Fresse ist. Onkelz-Fans haben es echt nicht einfach, wenn sie sich in der Öffentlichkeit zu ihrer musikalischen Gesinnung bekennen. Meistens kommen Sprüche, von wegen Naziband oder so. Das ist auch wieder ein Grund, warum Onkelz-Fans so zusammenhalten. Entweder man liebt diese Musik oder man haßt sie, dazwischen gibt es nichts. Die Onkelz sind etwas ganz Besonderes, sie sind nah und doch so fern: Sie haben die gleichen Probleme wie ich, sie sind also ganz normale Menschen. Andererseits drücken sie sich in ihren Texten so genial und treffend aus, daß sie von mir großen Respekt genießen. Einige Leute halten die Onkelz sogar für ihre Religion, doch das sind die Leute, die die Texte der Onkelz absolut falsch verstanden haben.

Früher habe ich oft nur ihre alten Platten gehört, weil ich Ausländern auch nicht gerade zugeneigt war, doch mit der Zeit habe ich dazugelernt, teilweise auch aus den Texten der Onkelz. Ich denke mal, daß die Onkelz früher weniger nachgedacht haben, als sie ihre Texte schrieben. Das heißt nicht, daß die alten Lieder sinnlos waren, im Gegenteil, aber es waren doch eher Lieder, die man auf Partys gehört hat und bei denen man lauthals mitgröhlen konnte. Doch schon damals regten Lieder wie "Der nette Mann" zum Nachdenken an, weil nicht immer klar war, wie was jetzt gemeint war. Die neueren Lieder, damit meine ich so ab 1991 ("Wir ham noch lange nicht genug"), sind musikalisch etwas ruhiger und viel überlegter, Trinklieder gibt es kaum noch, es geht mehr um persönliche Fehler, Erfahrungen und Gefühle. Die Texte wimmeln oft nur so von Metaphern, die man ja bekanntlich individuell interpretieren kann. Musikalisch sind die neuen Lieder komplizierter und professioneller. Es ist eine klare positive Entwicklung zu erkennen. Ab dem schwarzen und dem weißen Album (1993) wagten sich die Onkelz in tiefere Gewässer. Bei fast jedem zweiten Lied mußte man es sehr oft hören, um einen Sinn herauszufinden, der oft beim mehrmaligen Hören wieder verworfen wurde. Über die Sinne von Liedern wie "Das Rätsel des Lebens" oder "Es" wird sich noch heute gestritten.

Ab 1995 ("Hier sind die Onkelz") wurden wieder härtere Töne (musikalisch wie textlich) laut. Mit "Viel zu jung" und "H" sprachen die Onkelz Themen an, an die sich sonst kaum eine deutschsprachige Band herantraut. Und auch hier wurde wieder sofort Klartext gesprochen, z.B. die erste Zeile des Liedes

Böhse Onkelz.
Die Geschichte einer deutschen Band

Könige des Pathos
Radikale Humanisten
Hoffnungslose, Außenseiter
Idealisten
"Onkelz 2000"

Stephan Weidner

Geb. am 29. Mai 1963 in Alsfeld bei Kassel, aufgewachsen in Nieder-Ohmen bei Kassel.
Geschwister: Zwei ältere Brüder, Günther (Jahrgang 1956) und Klaus-Dieter, noch aus der ersten Ehe der Mutter Gisela; zwei jüngere Schwestern, Carmen (Jahrgang 1964) und Monika (1965). Der Vater Karl-Heinz (Jahrgang 1940) hatte schon vor Stephans Geburt eine kriminelle Laufbahn inklusive mehr als zwei Jahre Knast wegen Autodiebstahl und Einbrüchen hinter sich, jobbte zwar zur Zeit der Geburt Stephans als Straßenbauer, blieb jedoch nach einer kurzen Phase der Abstinenz dem "Milieu" verhaftet. 1966 verließ er die Familie und stieg als Zuhälter in ein Frankfurter Bordell ein. Da er jegliche Unterhaltszahlungen verweigerte, arbeitete die Mutter von nun an ganztags, zunächst bei Hertie, dann bei einer Versicherung.

Die Familie lebte dennoch in ärmlichen Verhältnissen. Im Winter fehlte das Geld zum Beheizen der Wohnung, die Wasserleitungen froren zu und die Kinder wurden bei Verwandten untergebracht. 1965 wurde die Jugendfürsorge auf die schlimmen Zustände bei den Weidners aufmerksam und ordnete die Unterbringung der beiden ältesten Söhne bei Pflegeeltern bzw. in einem Heim für "schwer erziehbare" Kinder an.

1967 teilte das Sozialamt der Familie Weidner eine Wohnung am Frankfurter Berg zu, im 8. Stock eines Hochhauses in der Julius-Brecht-Straße, im Zentrum eines über die Stadtgrenzen Frankfurts hinaus berüchtigten Ghettos, dessen Bewohner mehrheitlich von Kindergeld, Arbeitslosenhilfe und anderen Almosen des Sozialamtes lebten. *Onkelz*-Biograph Edmund Hartsch: "Der Frankfurter Berg war so scheiße, man mußte nur dort wohnen und man wurde automatisch krank. Wirklich interessant wurde es nur, wenn die Bullen kamen oder ein Selbstmörder vom Dach sprang und auf dem Parkplatz hinter den Mülltonnen aufschlug. Das geschah relativ häufig." (danke für nichts, Seite 14)

Auf den Fotos jener Jahre wirkt Stephan ein wenig zu

Fotografie: Boris Geilert/GAFF

dick, ungelenk, aber auch rotzig-frech. Er litt an schwerem Asthma, wurde deshalb und wegen seiner Behäbigkeit von den anderen Jungen seiner Umgebung häufig gehänselt oder auch mal verprügelt. In der Schule galt er als jähzornig, aggressiv, ein Störenfried mit miserablen Leistungen. Versuche, an einem Gymnasium und einer Realschule höhere Abschlüsse zu erzielen, scheiterten ansatzlos, und selbst auf der Hauptschule schaffte er es, gleich zweimal hintereinander, in der 7. und 8. Klasse, sitzen zu bleiben. Die Hochachtung galt beidseitig: Stephan haßte die Schule und die Lehrer aus vollem Herzen.

1976 nahm der Vater Stephan überraschend in seine Obhut. Selbst ein alter Rock'n'Roller, zeit seines Lebens ein

"Viel zu jung" heißt: "Du wirst gefickt von deinem Vater, von deinem eigenen Fleisch und Blut." Nach den zwei harten Alben "Hier sind die Onkelz" und "E.I.N.S." und dem Live-Album "Live in Dortmund", brachten die Onkelz 1998 mit "Viva los Tioz" wieder eine etwas ruhigere Scheibe auf den Markt. Der Sound wurde vielseitiger und etwas elektronisch angehaucht.

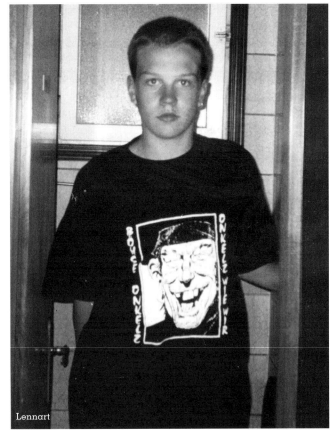
Lennart

Mit diesem Album experimentierten die Onkelz gewaltig, was sich aber auszahlte, denn die "Viva los Tioz" kletterte schon in der ersten Woche auf den ersten Platz der Media Control Charts und verdrängte sogar Marius Müller-Westernhagen. Die ständige Veränderung der Sounds bringe ich mit der wachsenden Reife und Einsicht in Verbindung. Früher wurde viel getrunken und randaliert und dementsprechend wurde darüber gesungen. Heute handeln die Lieder von den heutigen Problemen und dem, was Stephan Weidner so im Kopf herumschwirrt. Die Onkelz haben halt immer ihre Meinung ausgedrückt, früher wie heute, nur daß sich ihre Meinung über 20 Jahre stetig verändert hat.

Lennart (16) aus Ennepetal

Ich muß so 12 gewesen sein, als mein Bruder mir in meinem kleinen Zimmer das erste Mal die Onkelz präsentierte. Er brachte mir, da ich zu diesem Zeitpunkt noch auf Fun-Musik stand, Ärzte, Hosen, Brieftauben etc., die LP "Es ist Soweit" mit und ich hörte sie mir gemeinsam mit ihm an. Ich war begeistert von der "Härte" und "Wut", mit der diese Band spielte... ich war einfach hin und weg! Und so kam es, daß ich von nun an anstatt irgendwelcher Chartsmusik die Böhsen Onkelz hörte und mir in einem langen Zeitraum so einige CDs kaufe und Musikkassetten ertausche. Darunter auch das Erstlingswerk "Der nette Mann", mit dem ich mit meinen circa 12 Jahren nix anfangen konnte.

Ich verlebte die Zeit von 1991 bis 1995 mit den Onkelz genauso hart, wie die Onkelz selbst es erlebten. Der Boykott in den Läden, ich flog aus dem Sportunterricht, da ich ein harmloses "Wir ham noch lange nicht genug"-T-Shirt trug, mir wurden Schläge angedroht von Leuten, die ich noch nie gesehen hatte. Ich bekam es mit der Antifa zu tun, weil ich in unserem Ort an Bushaltestellen Zettel aufhing, wo ich fragte, "ob es in unserem Ort noch weitere Onkelz-Hörer gibt". Antifas rissen diese Zettel ab und schrieben mir einen Brief, in dem stand, daß es während eines Konzertes der B.O. im Jahr 1995 in Dortmund zu riesigen Aufmärschen von Skins & Neonazis gekommen sei und die Onkelz "Deutschland den Deutschen" gespielt hätten... Ich schrieb einen achtseitigen Brief zurück und legte einige Berichte bei, womit sie sich einmal befassen sollten, bevor man solche Anschuldigungen in die Welt setzt. Ich hörte von denen niemals wieder etwas.

Daß es auf Konzerten zu Hitlergrüßen kommt (von Seiten der Rechten), will ich nicht bestreiten, die Onkelz sind nach wie vor Anlaufpunkt für dieses braune Gesocks... da können die Jungs aus Frankfurt wirklich nur alles in die Hände der Security legen und Songs wie "Deutschland im Herbst" oder "Ohne mich" zum Besten geben und die Neonazis rauswerfen!

gesellschaftlicher Außenseiter und Prügelknabe, bestärkte er in seinem Erziehungsstil Stephans Neigungen zu Gewaltexzessen und permanenter "Rebellion" gegen Vorschriften und Normierungen jeglicher Art. Mit elf Jahren hatte Stephan trotz seines Asthmas begonnen zu rauchen, mit 14 kiffte er zum ersten Mal mit seinen Freunden, meist etwas Ältere, mit denen er fast täglich im Park der nahegelegenen Taunusanlage herumlag und sich aus der Realität wegdröhnte... Ende 1977 nahm er dort zum ersten Mal LSD, ein achtstündiger Horrortrip, dessen abschreckende Wirkung jedoch nicht allzu lange anhielt.

1978 wird Stephan wieder einmal nicht versetzt und schließlich an eine Schule überwiesen, die sämtliche Problemfälle des Bezirks sammelte. "Begründung: Trotz Rücksprache der Klassenlehrerin mit Ihnen wird Stephans Verhalten in der Klasse immer untragbarer", teilt die Schulleitung dem Vater per Einschreiben mit. "Er beschießt seine Mitschülerinnen mit Gummischleuder und Büroklammern und schlägt seine Klassenkameraden grundlos. Aufgrund seiner sich beinahe täglich steigernden obszönen Ausdrucksweise ist er zu einer sittlichen Gefahr für die Klasse geworden. Diese unglaublich gossenhaften Beleidigungen und seine körperlichen Angriffe auf Mitschüler haben bereits dazu geführt, daß diese sich fürchten, die Schule weiterhin zu besuchen." (danke für nichts, 17) Stephan fühlt sich ungerecht behandelt, stürmt in die Schule, verprügelt den Physiklehrer, den er für die Nicht-Versetzung verantwortlich hält, zertrümmert das gesamte Inventar des Physikraums und versetzt dem aufgrund des Lärms herbeieilenden stellvertretenden Rektor gleich auch noch eine Ohrfeige...

Die Polizei bringt Stephan schließlich nach Hause, ein Jugendrichter verurteilt ihn später zu 145 Arbeitsstunden. Die Polizei klingelte häufig bei Weidners an, zumeist wegen der Taten des Sohnes: Fahrraddiebstahl, Körperverletzungen u.ä. lauteten die Vorwürfe. Der Vater empfahl seinem Sohn, sich beim nächsten Mal gefälligst nicht erwischen zu lassen.

Nach dem letzten Vorfall wollte keine hessische Schule mehr Stephan als Schüler aufnehmen. So zog der Vater mit ihm und seiner zweiten Frau Helga in ein Reihenhaus nach Hösbach bei Aschaffenburg. Das lag zwar nur eine gute Stunde von Frankfurt entfernt, gehörte aber schon zu Bayern.

Stephan sicherte sich auch dort schnell seinen Ruf als der härteste Schläger der Schule, indem er die bisherigen Leaders of the Pack verprügelte. Doch er zeigte sich auch in jeder anderen Weise krass. Seine Schulsachen trug er in einem Aktenkoffer bei sich, und statt in Jeans und T-Shirts wie die meisten seiner Mitschüler wandelte der Fünfzehnjährige in einem weißen Flanell-Anzug, Satinhemden und Brian-Conolly-Schlangenlederplateauschuhen über den Schulhof. Als man ihm im Sommer 1979 den Hauptschulabschluß verweigerte, explodierte er erneut und raste auf seinem frisierten Mofa durch die Schulflure. Ende einer Schullaufbahn.

Sein Vater, der inzwischen im Frankfurter Rotlicht-Milieu eine erstaunliche Karriere gemacht hatte, nahm ihn nun mit in seinen Puff und stellte ihn hinter den Tresen der angegliederten Kneipe, damit er sein "eigenes Geld" verdienen konnte. Die "große Welt" der Zuhälter, geprägt von Sex, Gewalt, Machtkämpfen, Alkohol- u.a. Drogenexzessen, und er als "Junior des Chefs" immer mittendrin, faszinierten den Sechzehnjährigen. "Du kannst immer ficken, hast immer Geld und du brauchst nie wieder zu arbeiten", versuchte der Vater ihm die Branche schmackhaft zu machen. "Nach einer zweimonatigen Einarbeitungszeit hatte Stephan zwei scheckheftgepflegte Stuten, die für den väterlichen Stall ritten, zu seiner persönlichen Verfügung. Margo und Jaqueline, eine Deutsche und eine Französin, hielten sich ihre Abend- und Nachtstunden für Stephan frei", berichtet Edmund Hartsch (danke für nichts, 24). Der Narzißmus und Größenwahn Weidners, der sich später als roter Faden durch die *Onkelz*-Geschichte und alle Alben ziehen wird, dürfte in dieser Zeit reichlich Nahrung bekommen haben...

Peter Schorowsky

Geb. am 14. Juni 1964 in Hösbach bei Aschaffenburg. Geschwister: 1 älterer Bruder, 2 jüngere Brüder. Pe wuchs in

Ich selbst habe ab 1996 nur noch positive Erfahrungen gemacht. Es hat sich vieles verändert. Die Onkelz sind nicht mehr so voller Wut und Haß - was sich auch in den Texten widerspiegelt! Sie machen Musik, die für mehr & mehr Leute annehmbar ist. Waren 1991 noch 10 Leute im Ort, die die Onkelz ab und zu hörten, geschweige denn Fans waren, so sind es heute knapp 100. (Die meisten "Neuen" sind zwischen 12 und 16 Jahre alt.)

Es ist zwar echt gut zu wissen, daß man jahrelang die richtige Seite unterstützt hat, aber irgendwo ist da nun auch der fade Beigeschmack, daß alle auf einmal die Onkelz für gut heißen und die Musik auf Viva (nach 22 Uhr) und seit einigen Wochen auch auf EINS Live (WDR) gespielt wird, obwohl sie immer gegen die Onkelz waren. Selbst Karstadt bei uns im Ort hatte seit 1991 keine Onkelz mehr im Regal. Seit 1998 "Viva los Tioz" Platz 1 in den deutschen Top 100 Media Control Charts erreichte, werden wieder fast alle Alben verkauft, angefangen bei "Onkelz wie wir" (1987). Ist doch lachhaft sowas!

Sven (23) aus Gronau

Auf die Onkelz bin ich eben gekommen, weil damals die Skinhead-Szene, Anfang der 80er Jahre in Deutschland sehr populär war und die Leute, mit denen ich aufgewachsen bin, die sind Skinheads geworden und irgendwann zieht man da natürlich mit. Und Onkelz war da natürlich Kult. Das hat sich nach 'ner Zeit verlaufen, man wird auch erwachsen, und dieser Skinhead-Kult ist irgendwann mal vorbei, weil man Frau hat mit Kind und so, aber die musikalische Einstellung, die bleibt natürlich, und deshalb hab ich immer weiter die Onkelz gesammelt. Obwohl ich auch sagen muß: Jeder, der wirklich was von Musik versteht und sich die Lieder von den Onkelz anhört, der merkt ganz genau, ab wann sich die Onkelz von ihren wirklichen Fans gelöst haben und nur noch für den kommerziellen Bereich arbeiten. Für mich ist die Band nach der "Heilige Lieder" nur noch blablabla. Aber irgendwann lockt auch das große Geld und dann bringt man Lieder wie "Deutschland im Herbst" heraus, wobei ich sagen muß, vielleicht hätte ich das Gleiche getan.

Marco (33) aus Berlin, gelernter Einzelhandelskaufmann, aber zur Zeit arbeitslos.

Marco, Fotografie: Boris Geilert/GAFF

Ariane: Also ich bin schon ewig und drei Tage Böhse-Onkelz-Fan. Das fing an so mit 20 ungefähr. Ich war ganz früher bei den Teddys, bin dann rüber zu den Rockabillys und von denen zu den Skinheads, oder eher in die Böhse-Onkelz-Musikszene. Also ganz früher war ich ja auch der gleichen Meinung gewesen, "Türken raus", "Deutschland den Deutschen", aber wenn man älter wird, dann denkt man nicht mehr so rechts, eher so mittellinks, und die Onkelz gefallen mir immer noch sehr gut.

Angela: Die Lieder stellen trotzdem noch ihre Meinung dar, auch wenn es heute versteckter ist.

Ariane: Ich vergleich' manchmal die Musik der Böhsen Onkelz mit Rammstein und da finde ich Rammstein sexistischer und menschenverachtender, wenn man ganz genau hinhört, zum Beispiel "Das Tier", da geht es um Mißbrauch der Tochter, oder eben "Brüderlein", da geht es um den Mißbrauch des Bruders. Da frag ich mich, warum man das nicht verbietet und "Der nette Mann" immer noch auf dem Index ist. Es gibt natürlich auch Rammstein-Lieder, die sehr schön sind.

Angela: "Das Klavier" zum Beispiel.

Ariane: Na gut, aber da geht es auch wieder um Mord und Totschlag.

Angela: Ja, aber, es wird ein bißchen leichter 'rübergebracht.

Ariane: Onkelz gefallen mir doch besser. Weil es eben nicht nur um Mord, Totschlag und Sex geht, sondern auch um die

Familienverhältnissen auf, die man im allgemeinen als "wohlgeordnet" bezeichnet. Drei Generationen lebten in dem Haus in der Salzgasse, in dem auch schon Pes Mutter geboren war, eine bayerisch-katholische Mittelschichtfamilie ohne Skandale und existentielle Krisen.

Im Vergleich zu den anderen späteren *Onkelz* ein glückliches Umfeld, aber auch schrecklich konservativ-langweilig. So dauerte der Weg vom *Beatles*- zum *ACDC*-Fan nicht lange, und als Pe 1977 in seinem Dorf vor der Glotze saß und im "Schülerexpress" zum ersten Mal die *Sex Pistols* erblickte, war es um ihn geschehen. Der Berufswunsch "berühmter Rockmusiker" war damit nicht vergessen, doch zunächst stand etwas Realistischeres auf der Tagesordnung: Ich werde Punk.

Kevin Richard Russell

Geb. am 12. Januar 1964 in Hamburg-Rahlstedt.
Geschwister: 1 Bruder, Kai (Jahrgang 1961), 1 Schwester. Der Vater, ein Brite, arbeitete als Pilot bei der Lufthansa. Eigentlich keine schlechten Voraussetzungen für eine heile Mittelschicht-Welt, doch die Realität hinter den Gardinen sah anders aus. Der Vater war ständig unterwegs, die Mutter hatte zu trinken begonnen, die harten Sachen. Kevin und Kai mußten sie regelmäßig bei einer Nachbarin oder sonstwo einsammeln und nach Hause bringen. War der Vater ausnahmsweise einmal zuhause, gab es Krach, Geschrei und auch für Kevin nicht selten Prügel, "mit Gürteln, mit Holzlöffeln oder mit der Faust, wie es sich gerade ergab." (danke für nichts, 25)

In der Schule war auch Kevin keine Leuchte: Er ging zwar zeitweise auf die Realschule, packte es aber nicht und versuchte schließlich, über ein Berufsgrundschuljahr in einer Elektrofachschule wenigstens den Hauptschulabschluß zu bekommen.

Im Frühjahr 1977 verließ die Familie Russell die Großstadt Hamburg und ließ sich im beschaulichen Hösbach in Bayern nieder. Vielleicht ein letzter Versuch, die Familienverhältnisse durch einen radikalen Orts- und Bekanntenkreiswechsel in ruhige Gewässer zu überführen. Es sollte nicht gelingen. Ein Jahr später bekamen die Russells neue Nachbarn. Gleich nebenan zog eine Familie Weidner ein.

Böhse Onkels

Es konnte nicht lange dauern, bis die drei zueinander finden würden. Außenseiter finden sich immer. Im Sommer 1978 besuchten Pe und Stephan die selbe Schule, Kevin ging auf die Realschule gleich gegenüber. Stephan fand schnell Freunde. Denn er verfügte über einen Schatz, einen Party-

Onkelz-Fanparty 1999

keller, in dem sie tun konnten, was immer sie wollten. Dort saßen sie bald jeden Abend herum: Stephan, Pe und Kai Russell. Kevin, der kleine Bruder, gehörte anfangs noch nicht dazu, wurde da noch nicht für voll genommen. Doch "Kevin hatte Potential", fand man bald heraus. "Wann immer es darauf ankam, große Mengen Bier zu trinken oder viel Scheiße zu erzählen, gab sich Kevin die größte Mühe mitzuhalten." (danke für nichts, 25) Und Bier trinken und "Scheiße labern" war nun einmal die Hauptbeschäftigung der Keller-Gang. Und Punk natürlich. Auch Kevin war längst infiziert. Seine olivfarbene Armyjacke, die er Tag für Tag trug, hatte ein Einschußloch auf dem Rücken, darüber das magische Wort: PUNK. Wie die anderen trug er sein Haar inzwischen wieder kürzer und reicherte es mit Seife an, damit es so wild vom Kopf abstand, wie sie es bei Johnny Rotten gesehen hatten.

Als sie wieder einmal stundenlang in Stephans Keller gesoffen, gelabert, Punk gehört und dazu Pogo getanzt hatten, entstand die Idee wie von selbst: das können wir auch, wir gründen eine Band.

Wenige Tage später laufen Stephan und Kevin auf dem

Angela und Ariane, Fotografie: Boris Geilert/GAFF

Presse, die mich wirklich manchmal echt zum Kotzen bringt. Ich les eh die *Nationalzeitung*, aber wenn ich so mit der *Bild* vergleiche oder der *BZ*, denke ich mir, wie kann man nur so einen Schwachsinn schreiben, teilweise.

Angela (20, Hauskrankenpflegerin) und Ariane (33, Hausfrau) aus Berlin

Warum ich *Böhse-Onkelz*-Fan bin, wird in dem Lied "Zu nah an der Wahrheit" zum Ausdruck gebracht. Genau wie sie gehe ich den harten Weg:
- Ich bin zu einer Kriegerin ausgebildet worden. In dieser Zeit habe ich erfahren, wieviel man vom Psychischen her ertragen und aushalten kann, ohne daran zu zerbrechen. Aber durch einen eisernen Willen ist es mir gelungen, mein seelisches Überleben zu sichern.
- Ich glaube ganz fest an mich selbst und an meine Träume.
- Ich bin stolz darauf, eine Außenseiterin zu sein. Denn nur dadurch ist man überlebensfähig!
- Ich bin äußerst gesellschaftskritisch eingestellt.
- **Ich gehe immer mitten durch das Kriegsgebiet.** Auch wenn ich in mir mitunter große Angst verspüre.
- Meine Seele wurde schon oft gefoltert: durch Worte, verächtliche Blicke oder totale Ignoranz meiner Person gegenüber. Aber es ist ihnen nicht gelungen, mich zu knechten.
- Ich lehne es ab, vorgefaßte Meinungen zu übernehmen, sondern informiere mich, um mir dann ein eigenes Urteil zu bilden.
- Ich gehe ganz konsequent meinen eigenen Weg.
- Ich bin vielen Anfeindungen ausgesetzt.
- Ich lasse mir nicht vorschreiben, wie ich zu sein habe, sondern gestalte mein Leben nach meine eigenen Vorstellungen.
- Ich kämpfe mit aller Kraft um meine Freiheit.
- Ich folge dem Ruf meines Herzens, da in mir ein Feuer brennt.
- Ich will niemals stehenbleiben in meiner Entwicklung. Sondern immer hungrig bleiben.
- Meine Familie ist total wichtig für mich. Wir halten fest zueinander, sowohl in hellen wie auch in dunklen Phasen des Lebens. Sie sind für mich der Fels in der Brandung.

Was die *Onkelz* für einen Reifungsprozeß durchgemacht haben, kann man ja anhand ihrer Lieder erkennen. Das liegt an den Lebenserfahrungen, die sie auf ihrem Weg, der voller Irrungen und Wirrungen war, gesammelt haben. Durch diese mußten sie sich zwangsläufig intensiv mit sich selbst und der Gesellschaft auseinandersetzen. So haben ihre Lieder immer mehr an Tiefgang gewonnen.

Genau wie die *Onkelz* habe ich ziemlich harte Zeiten durchlebt. Dadurch bedingt finde ich mich in vielen Liedern widergespiegelt, was die Lebenseinstellung und die Erfahrungen betrifft. Wenn ich mich zum Beispiel entmutigt fühle und/oder wieder einmal verwundet wurde, höre ich mir "Lieber stehend sterben", "Diese Lieder" und "Wenn du wirklich willst" an. Dadurch gewinne ich wieder an Kampfstärke und

Nachhauseweg an einem Hügel vorbei, der zu dieser Jahreszeit von den Kindern der Nachbarschaft zum Rodeln benutzt wurde. Natürlich waren sie eigentlich viel zu alt für so einen "Kinderkram", aber sie hatten Langeweile, also beschlagnahmten sie kurzerhand einen Schlitten, um Spaß damit zu haben. "Vorsicht, die bösen Onkels!" ging ein Warnruf durch die Kinderrunde. - Damit war der Name für ihre zukünftige Band gefunden. Punkgerecht, und um von ihrem Haß auf die Schule und ihren eigenen "blendenden" Leistungen dort Zeugnis abzulegen, schrieben sie es falsch: zunächst "Böhse Onkäls", dann wahlweise "Onkels" mit "s" oder "sz" am Ende, und schließlich ab 1983 *Böhse Onkelz*.

Stephan malträtierte mit Schlagzeugstöcken, die ihm sein Bruder Günther geschenkt hatte, einen ausrangierten Kunstledersessel, bevor ihm die Gunst des Augenblicks ein richtiges Schlagwerk zuführte, Kevin hatte sich für 150 DM eine gebrauchten E-Baß besorgt, Pe brachte einen Echolette-Röhrenverstärker und eine "Winner"-Gitarre mit ein, ein Nachbau die Original-Gibson-Les-Paul, die er für 270 harte DM von seinem Lehrgeld in einer Aschaffenburger Musikalienhand-

Fotografie: Boris Geilert/GAFF

Zuversicht, sodaß ich wieder gewappnet bin für den Lebenskampf. Das Lied "Schrei nach Freiheit" verdeutlicht meine Sehnsucht nach Freiheit. "Noreia" bedeutet mir auch sehr viel, da es die geistig-sinnliche Liebe zwischen mir und der Musik beschreibt. Die Musik ist meine große Liebe. Sie steht an erster Stelle in meinem Leben. Ich bin sehr dankbar dafür, daß ich eine derart tiefe, aber vor allem auch starke Liebe erfahren darf! Wenn ich "Erinnerungen" höre, denke ich an meine ehemalige Freundin. Über vier Jahre waren wir befreundet. Wir waren beide sehr musikinteressiert und haben in dieser Zeit viele Konzerte von kleinen Bands besucht. Aber dann hat sie das Interesse verloren, sodaß unsere Freundschaft zerbrach. Sie hatte wohl nicht mehr die innere Kraft, um sich dem Druck der Gesellschaft zu widersetzen, und hat sich in Kriegsgefangenschaft begeben.

Ich dagegen will meinen Weg so weit gehen, wie es irgend möglich ist. Trotz der Rückschläge und Niederlagen, die ich schon erfahren habe und sicherlich auch noch erfahren werde. Aber dadurch, daß ich den harten Weg gehe, fand die Emanzipation meiner Selbst statt. Emanzipation bedeutet ja Selbstverwirklichung und Selbstbestimmung. Aber auch entdeckte ich meinen inneren Reichtum und lernte, den Augenblick zu genießen. Vor etlichen Jahren habe ich erkannt, daß ich nur zur inneren Zufriedenheit gelangen werde, wenn ich meinen eigenen Weg gehe. Aber ich bin nicht allein. Denn die Onkelz und ich sind Verbündete. Genau wie ich leisten sie auf ihre Art Widerstand. Auch fließt unser Herzblut in die Musik und in den Kampf um Freiheit, vor allem der inneren. In diesem Sinne: Viva los tioz!

Beate (30) aus Oldenburg

Ich habe die Onkelz zum ersten Mal gehört, als ich im Alter von etwa 12 Jahren auf einem Internat war und ein Freund mir die CD "Wir ham' noch lange nicht genug" ausgeliehen hat. Mich faszinierte der Song "Nur die Besten sterben jung"; es war der natürliche Umgang mit dem Tod, schließlich ist dieser etwas Selbstverständliches, zugleich aber auch etwas Unvermeidbares. Zu diesem Zeitpunkt habe ich oft darüber nachgedacht, wie es sein muß, einen Menschen, der einem sehr nahe steht, zu verlieren, bzw. wie es wäre, wenn ich sterben würde, was die anderen denken & fühlen würden. Ich würde nie wollen, daß die Leute auf meiner Beerdigung weinen, nein, von diesem Zeitpunkt an war mir klar, ich möchte mit einem Onkelz-Shirt begraben werden, und anstatt der traurigen Kirchenmelodien sollen sie dieses Lied spielen. Vielleicht waren diese

Fan bei der Party in Gerolzhofen

Gedanken in diesem Alter ein wenig ‚krank', mag schon sein, doch **ich war nie wie all die Anderen,** und wollte es auch nie werden.

Es machte mir ein wenig Probleme, die Onkelz zu hören, zugleich aber die ersten Jahre meines Lebens nicht in Deutschland verbracht zu haben und auf einen Namen zu hören, der nicht gerade national klang. In der Schule und überhaupt die meisten Leute dachten, der weiß nicht, was er dort hört, er weiß nicht, was er auf seinem Shirt trägt, einige haben sich sogar richtig lustig drüber gemacht, aber ich wußte ganz genau, oder war zumindest dabei es herauszufinden, was hinter dieser Band steckte. Sie lachten über mich, aber in Wirklichkeit war ich es, der über sie lachte. Mittlerweile hatte ich nahezu alle Platten und versuchte, auch soviel wie möglich über die Geschichte der Band herauszufinden. Heute wäre dies kein Problem mehr, da kauft man sich das Buch "danke für nichts" und alles ist klar, damals war dies aber wirklich nicht einfach; es war ja schon teilweise schwer, eine Platte zu bekommen, von irgendwelchen Infos mal ganz zu schweigen!

lung erstanden hatte (und die ihm gleich nach dem ersten Auftritt geklaut werden sollte). Wie man diese Wunderwerke der Technik überhaupt benutzte, wußten sie da allerdings noch nicht. "Der Gesang hörte sich an, als würde man in ein Telefon singen. Beim Anschlagen des Basses hörte sich dann die Gitarre an, als würde der Nachbar mit der Motorsäge Zwiebeln schneiden. Zudem spielte man sowieso nur, wenn sich die Gitarre durch Feuchtigkeit und Zimmerheizung selbst einigermaßen gestimmt hatte. Man wußte damals noch nicht so recht, daß man die Knöpfe am Kopf einer Gitarre nicht nur zum Aufziehen von Saiten benutzt, als auch viel mehr zum Stimmen", erinnert sich Pe später im offiziellen *Onkelz*-Fanzine (Nr. 1, 1994, S.7). "Hifi aus dem Hause *Onkelz*." Doch das irritierte sie nicht weiter. Punk bedeutete, nichts zu können und alles zu wagen, Hauptsache, es machte Spaß und Krach. Und darum ging es ihnen ja schließlich: Spaß, Krach, Aufmerksamkeit erregen, ihren Frust, ihre ständige Wut abzureagieren und hinauszuschreien.

"Türkähn rauhs"

Das erste Lied: "Wir scheißen auf den Rock'n'Roll". Nun ja, ein richtiger Song war es eigentlich noch nicht, eher seltsam rhythmisierter Krach, und die "Lyrics" beschränkten sich auf unaufhörlich wiederholte Dialoge über die Qualität der im Titel angesprochenen musikalischen Darbietungsform: "Scheiße", "aber auch geil", "ja schon, aber irgendwie auch ziemlich scheiße"... - absolut sinnloses Herumalbern, bei dem sich die drei gegenseitig mit Tabu-Worten, Straßenslang und verbalen Perversitäten zu übertrumpfen versuchten. Und weil sie gerade so gut in Form waren, stellten sie ein Mikro auf den Tisch, schlossen es an Stephans Cassettenrecorder an und inszenierten zwischen den Songs spontan weitere möglichst perverse, hörspielartige Geschichten und Dialoge, die regelmäßig in brüllendem Gelächter und Gekreische endeten. "Mach dich doch alle, du blöder Japaner, du blöde Sau, du blöde Sau, du blöde Sau..." - "Harakiri", ihr zweiter Song. Den dritten betitelten sie mit "Mehr Pogo", und mehr Text hatte diese Perle der deutschen Liedkunst auch nicht.

Das vierte Lied, das sie bei ihrer ersten Aufnahmesession verewigten, war schließlich jenes, von dem sie sich noch zwanzig Jahre später wünschten, es nie zusammengereimt zu haben:

Türkähn rauhs

Türken raus! Türken raus! Türken raus!
Alle Türken müssen raus
Türkenvotze naßrasiert, Türkenvotze glattrasiert
Türkenvotze naßrasiert, Türkenvotze glattrasiert

Türken raus, Türken raus, raus aus unserem Land
Geht zurück nach Ankara
Denn ihr macht mich krank
Deutschland-Besatzer, Plastiktütenträger
Altkleidersammler und Bazillenträger

Türkenvotze naßrasiert...

Türken raus! Türken raus!
Alle Türken müssen raus
Türken raus! Türken raus! Türken raus!
Alle Türken müssen raus
Türken raus, raus, raus

Türkenvotzen, ihr braucht was auf die Schnauze

Ein übles Lied, ein objektiv rassistisches Lied, keine Frage. Ein Lied, das allerdings für die Band selbst wie auch für ihre Fans längst nicht die herausragende Bedeutung hatte, die ihm später zumeist aus Medien- und antifaschistischen Kreisen unterstellt wurde. Die *Onkelz* waren in jener Zeit nicht sehr wählerisch in der Auslese ihrer Feinde. Türken und Japaner standen genauso auf ihrer "Abschußliste" wie Hippies und Nazis, Polizisten und andere Punks und vor allem die ganz normalen Spießbürger in ihrer Umgebung. Sie haßten schlicht alles, was ihnen fremd, nur ein wenig anders war als sie selbst.

Heute kann ich sagen, mich haben diese Lieder geprägt. Durch sie habe ich gelernt, meine eigene Meinung zu haben und immer zu ihr zu stehen - koste es, was es wolle; vor allem in der Schule brachte mir dies viele Probleme, auch eine Menge von Leuten aus dem Bekanntenkreis machten mir das Leben nicht immer leicht. Integration war nicht immer großgeschrieben worden, und ich habe oft gezweifelt, ob es nicht doch besser wäre, einer von Vielen zu sein. Wenn ich mir heute die Menschen anschaue, die ich tagtäglich durch die Straßen laufen sehe, dann würde ich wirklich alles in der Welt hinter mir lassen, um nicht so zu sein wie sie. Den *Onkelz* dank' ich dafür. Ich habe in ihnen nie Vorbilder gesehen, sie waren viel mehr ein Beweis für mich dafür, daß es sich lohnt, anders zu sein und durchzuhalten, und daß der Aufstand, diese Rebellion wirklich einen Sinn machte.
Witold aus Lüdenscheid

Collage/ Fotografie: Boris Geilert/GAFF

Wenn es so weit ist, ein *Onkelz*-Fan zu sein, dann schwört man: es für immer zu bleiben! Einmal ein *Onkel*, immer ein *Onkel*! Das ist jetzt 10 Jahre her, und ich muß gestehen, daß ich damals so begeistert war, daß ich diese Band mit meinem Leben verbunden habe. Ihr Glück und Erfolg war auch der meine. Ich war nicht unbedingt stolz darauf, aber es hat mir Kraft gegeben. Heute ist es immer noch so: Ich werde sie nicht verleugnen. Es ist mir relativ egal, ob ihre Texte politisch korrekt sind oder nicht. Sie haben mir damals "geholfen", deshalb stehe ich dazu (auch wenn ich mir schon lange keine *Onkelz*-Platten mehr kaufe)!

Ich war, als ich *Onkelz*-Fan wurde, eher ein Außenseiter, deshalb verbinde ich mit dieser Band: auf verlorenem Posten zu stehen, sich aber nicht unterkriegen lassen, sondern zu kämpfen. Es war für mich die Rebellion gegen alle, weil ich mich nicht richtig verstanden fühlte. Irgendwie habe ich den Existenzkampf angenommen, naja, und der politische Kontext wurde damals billigend hingenommen. Ich glaubte es verstanden zu haben: man muß sich wehren, wenn man nicht untergehen will. Und so hat man selber auch geglaubt, etwas Besseres zu sein und daraus einen gewissen Anspruch erheben zu dürfen. Das Interesse für ein Mädchen hat dann alles relativiert, ich habe über die Sache noch einmal nachgedacht. Es war mir auf einmal alles unwichtig geworden: Die Liebe hat den Dämon besiegt!

Dann gab es immer die Faszination, an die Platten der *Onkelz* zu kommen. Es war etwas Besonderes, sich eine Platte von ihnen zu kaufen. Ich hatte immer das Gefühl, etwas Verbotenes zu tun. Es war spannend, das Ganze geheim zu halten, z.B. Raubkopien vom "netten Mann" etc. Als einzelne Persönlichkeiten waren sie für mich unbedeutend. Ich kenne nicht einmal ihre Namen!
Olaf (25) aus Stuttgart

Die *Onkelz* sind für mich die geilste und ehrlichste Band der Welt! Keine andere Band ist so direkt und ehrlich wie die vier Jungs aus Frankfurt! Sie nehmen sich kein Blatt vor den Mund, im Gegenteil, es brennt nur so in ihnen, alles herauszulassen, egal was! Dabei ist ihnen auch scheißegal, was Andere über sie denken. Denn wie andere Mitmenschen Tagebücher schreiben, schreiben die *Onkelz* Lieder, und bringen in diese Texte alles, was sie bedrückt oder was sie erlebt haben, mit hinein. Sie verbergen wirklich nichts vor ihren Fans, und schon gar nichts vor ihren Feinden. Das haben sie überhaupt nicht nötig. Sogar ihre traurige Vergangenheit haben sie in einem Buch veröffentlicht. Das soll ihnen erstmal jemand nachmachen, aus der Gosse soweit nach oben zu kommen. Deshalb finde ich es wirklich schade, daß manche Leute meinen, sie müßten Lügen über

Die Erklärungen der *Onkelz* selbst zu diesem Song und dieser Phase ihres Lebens sind bis heute eher schwach, begnügen sich zumeist damit richtigzustellen, daß sie mit dem Lied niemals politische, agitatorische Ziele verfolgt hätten und daß sie niemals "Nazis" gewesen seien. In der offiziellen *Onkelz*-Biographie "danke für nichts" berichtet Edmund Hartsch, woher Stephan Weidner, der schon damals fast alle *Onkelz*-Texte im Alleingang schrieb, seine Anregungen für dieses Lied bekommen hatte: "Stephan hatte ein NPD-Plakat geklaut, auf dem ‚Ausländer-Stopp' als Wahlkampfparole stand und das er in seinem Zimmer aufgestellt hatte. Außerdem gab es in Frankfurt ständig üble Zwischenfälle mit den Drecks-Jugopoppern und den Türkengangs, also konnte man auch darüber singen, und zusätzlich würden sich die Nazis aufregen, weil sie eine Punkband waren, und die Nazis hassten Punks, das wußte jeder." (29)

Punk (1980/81)

Sogar in Hösbach, wo das Trio infernale immer noch in Stephans Keller festsaß und wütende Pläne schmiedete. Immerhin hatten sie inzwischen ein richtiges, fabrikneues Schlagzeug, von einer Nachbarin gespendet, mit der Stephan ins Bett ging, wenn ihr Mann auf Montage war. Sie waren inzwischen 16 und 17 Jahre alt und wollten mehr vom Leben, als ihnen Hösbach jemals bieten konnte. So zogen sie weiter. Zunächst nur am Wochenende. Ihr erstes Ziel: Frankfurt. Dort, in der hessischen Metropole, pulsierte das "wahre Leben". Abenteuer Großstadt. Erstaunliche Begegnungen und Erfahrungen. Gleich am Hauptbahnhof mußten die drei bunten Vögel, die in ihrem Dorf nicht über die Straße gehen konnten, ohne offene Münder, starre Blicke und verhuschte Gardinen auszulösen, registrieren, daß sie hier, inmitten der Stammbesetzung von Pennern, Schnorrern, Dealern, Fixern, Alkoholikern und anderen nicht-gesellschaftsfähigen Subkulturen, nicht mehr auffielen - drei weitere Penner eben, mit bunten, abstehenden Haaren und zerrissenen Klamotten, völlig overstyled, als seien sie soeben erst dem *Spiegel* oder dem *Stern* entsprungen, die in jenen Monaten mit großen Foto-Reportagen über den neuesten Trend unter britischen Großstadtkindern berichteten; vor allem der Kleinste in der Runde, der sich so gründlich mit Sicherheitsnadeln und anderem Klimbim behängt hatte, daß er wie ein Christbaum durch die Gegend wankte.

Sie brauchten also nicht lange, um mit anderen Punks ins Gespräch zu kommen und in Erfahrung zu bringen, wo die Szene gerade tagte: am Flohmarkt vor dem Eisernen Steg, wo man gut Hippies anschnorren und gleichzeitig provozieren konnte, auf dem Goetheplatz und an der Hauptwache, wo man prima Pommes und Bier schnorren und Prügeleien, vorzugsweise mit Mods, Hippies und ausländischen Jugendcliquen, anzetteln konnte, in der Karl-Marx-Buchhandlung in der Jordanstraße, wo Joschka Fischer und Daniel Cohn-Bendit die neuesten Punk-Platten auflegten und verkauften und als Zugabe Adressen und Konzerttips verteilten.

Letztere führten zumeist ins "JUZ" Bockenheim. Das Jugendzentrum in der Varrentrappstraße war inzwischen fast vollständig in der Hand von Punks, eine Trutzburg der Szene gegen den normalen Wahnsinn drumherum. Hier konnte man einfach abhängen, kickern, saufen, die Wände mit eigenen Graffiti verzieren, die eigene Musik hören, und wenn man mal wieder Probleme mit irgendwelchen Behörden hatte, fand man bei den Sozialarbeitern tatkräftige Unterstützung. An den Wochenenden konnte hier jeder, der eine Band hatte, live auftreten, vorausgesetzt, das Ergebnis war Punk. Denn das verehrte Publikum pflegte sein Urteil über das Dargebotene sehr offenherzig zu präsentieren. Die Frankfurter Punk-Szene war schon damals härter als die vieler anderer Regionen, stärker von wirklichen Underdogs durchsetzt. Newcomern wurde der Einstieg nicht gerade leicht gemacht, sie mußten schon sehr selbstbewußt und stilsicher auftreten, um nicht zum Opfer von Spott und Aggressionen zu werden, als Poser entlarvt zu werden, der nur am Wochenende seine middle class fantasies auslebte, um von Montag bis Freitag wieder der brave, von Daddy gesponserte Gymnasiast oder Angestellte zu sein. Die Drei aus Hösbach waren frei von diesem Verdacht, vor allem der singende Christbaum: Als die

diese verbreiten. Sie meinen, die *Onkelz* wären Nazis! "Einmal Nazis, immer Nazis" lautet ja der geniale und wahnsinnig brillante Spruch einiger Trottel, die meinen, sie wären kultiviert, aber die in Wirklichkeit keine Ahnung haben. Ihr seid echt Scheiße! Die Vier hatten leider eine traurige Vergangenheit, und eine noch miesere Kindheit. Sie hatten keine richtigen Familien, nur ihre Musik und sich. Sie haben sich gegenseitig Mut gemacht und geholfen. Kevin, Stephan, Peter und Matthias haben sich gegenseitig die Familie gegeben, die sie vorher definitiv nie gehabt hatten. Jetzt sind sie richtig aufgeblüht und haben sich weiter entwickelt, wie ihre wunderbare Musik auch! Die *Onkelz* sind besser als je zuvor! Kevins Stimme ist noch lauter und aggressiver geworden. Aber er kann auch sehr sanft und verständlich klingen. Wenn es von traurigen Erinnerungen handelt, singt er mit viel Gefühl. Ist es jedoch an seine ernsten Feinde gerichtet, singt Kevin voller Haß, wie er es eben meint. Manchmal klingt es dann halt so brutal, daß man schon richtig Angst kriegen kann. Ich würde Kevins Stimme überall wiedererkennen!

Keine andere Band kann mich so in ihren Bann reißen wie die *Onkelz*. Sie sind für mich schon ein wichtiger Lebensinhalt geworden. Denn wenn es mir mal total Scheiße geht, brauche ich nur eine CD von ihnen einzulegen und fühle mich gleich besser. In solchen Situationen sind ihre Lieder wie eine Medizin für mich, ohne sie wäre ich wahrscheinlich jeden Tag schlecht gelaunt.

Ach, was ich noch schreiben muß: So seit Sommer '98 konnte man immer mehr *Onkelz*-Möchtegern-Fans auf der Straße antreffen. Es ist zwar nicht schlecht, daß sich immer mehr zu dieser Band hingezogen fühlen, aber diese Leute sind echt schlimm. Erstmal denken sie, die könnten mir ein' über die *Onkelz* erzählen, und dabei kommt natürlich nur dummes Geschwätz heraus. Die finden sich alle voll geil, weil sie ein T-Shirt und eine CD besitzen, und dann heißt es gleich immer, "ich weiß alles über die *Onkelz*, die singen voll die geilen ausländerfeindlichen Lieder, das sind echt voll krasse Typen aus der rechten Szene!" Ich hasse diese Leute, die sollen lieber *Störkraft*, *Endstufe* oder *Kahlkopf* anstatt *Onkelz* hören. Sie haben keine Ahnung von den *Onkelz*. Diese Leute hören nur *Onkelz*, weil sie damit fast überall gut ankommen. Daß man bei dieser Musik gut feiern und saufen kann, stimmt schon, sich dann aber gleich als Anhänger der Band zu bezeichnen, ist unmöglich. Man sollte dann schon ein wenig Ahnung von der geilsten Band der Welt haben!

PS: Ich muß sagen, daß ich nicht immer so selbstbewußt dastand, wie ich es heute tue. Früher habe ich mich nie so frei und überzeugt für meine eigenen Meinungen eingesetzt. Die *Onkelz* und ihre Musik haben mir wirklich dabei geholfen, so ein starkes Selbstbewußtsein aufzubauen! Dafür schätze ich sie hoch ein, und stehe ehrlich fest dazu, daß ich ihre Musik höre. Denn oft werde ich gefragt, ob ich rechts bin, natürlich nur, weil ich *Onkelz* höre! Ich sage zu diesen Leuten nur immer, daß ich nichts von Faschismus halte, aber auch ihre Vergangenheit akzeptiere. Denn ich kann und möchte es nicht abstreiten, daß Kevin und der Rest der Band vor einigen Jahren Skins gewesen sind. Jeder macht mal Fehler, und die stehen jedem ja wohl zu - wenn man daraus lernt!

Sabrina aus Gladbeck

1. Ich finde es schade, daß man die *Onkelz* in den Medien nur danach beurteilt, ob sie sich von ihren Jugendsünden nun wirklich distanziert haben, oder nicht. Das versperrt einem den Blick auf ihre Songs, auf die Menschen in dieser Band. Denn ich glaube, daß ihre Songs sehr viel Substanz haben, über die sich diskutieren läßt. Die Lieder sind, im Gegensatz zu vielen anderen beschissenen Songs der Kommerz-Hitparaden, Stücke, aus denen man etwas mitnimmt. Man könnte die *Onkelz* unter sehr vielen Gesichtspunkten betrachten. Hier ein paar Fragen als Denkanstöße: Sind die *Böhsen Onkelz* denn "gute Schwiegersöhne" geworden, nur weil sie keine nationalen Inhalte mehr auf ihren Alben haben, oder "Böhse" geblieben? Sind sie jetzt gut, weil sie keine Glatzköpfe mehr sind? Kann man sie aufgrund ihrer Lieder auch mal richtig loben, und aufgrund anderer Lieder richtig kritisieren, auch wenn nichts Faschistisches darin enthalten ist?

Worauf ich hinaus will ist, daß man die Diskussion über die Band in eine andere Ebene verlagern könnte und allmählich, meiner Ansicht nach rasch, ich will die Presse aber nicht

"Böhsen Onkäls" am 20. Februar 1981 die "Bühne" des JUZ Bockenheim betraten, um zum ersten Mal außerhalb ihres Kellers aufzuspielen, hielt sich die Begeisterung über ihre musikalischen Fähigkeiten noch sehr in Grenzen; doch niemand zweifelte daran, daß der Haß und die Wut, die das Trio ausstrahlten, absolut "echt" waren.

Stephan war inzwischen aus dem Puff ausgestiegen und jobbte bei einem Hösbacher Reifenservice. Kevin hatte in seiner Elektrofachschule den Abschluß erst bekommen, nachdem er seinem Klassenlehrer Prügel androhte, sollte er durchfallen. Das Zeugnis hatte er nun, aber noch lange keinen Job. Doch Arbeitslosigkeit war nicht seine einzige Sorge. *Onkelz*-Biograph Edmund Hartsch: "Während dieser Zeit gab es lange Phasen, in denen es Kevin nicht besonders gut ging. Seine Mutter war fast täglich betrunken, und sein Vater war völlig ausgeflippt, als er Kevins grüne Haare gesehen hatte. Er war zwar nicht mehr jung genug, um seinen Sohn zu schlagen, aber Kevin mußte sich unerbittliche Beleidigungen und kränkende Demütigungen gefallen lassen. Mit zunehmendem Alter begann Kevin bewußter unter diesen Umständen zu leiden. Tagsüber war er aggressiv und impulsiv und nachts wurde er von Alpträumen gequält. Immer ging es um Monster, Teufel und Qual, um Blut und Schrecken, oder um Hexen und Dämonen aus der Vorhölle." (danke für nichts, 45 f.) Seine "Tagesaktivitäten" führten schließlich zu einem pausenlosen Anzeigenregen wg. Körperverletzung, Haus- und Landfriedensbruch, Diebstahl. Einmal hatte er auf der Friedhofstraße sämtliche Straßenlaternen ausgetreten, Scheiben eingeworfen und Fußgänger auf dem Nachhauseweg beschimpft, ein anderes Mal wurde er gemeinsam mit Stephan beim Zigarettenautomatenbruch erwischt.

Kevin war eine lebende Zeitbombe. Jähzornig, aufgeladen mit Haß, hochaggressiv - hauptsächlich gegen seine Umwelt, aber zunehmend auch gegen sich selbst. Es schien ihm egal zu sein, was mit ihm geschah, ob er bei Schlägereien selbst verletzt wurde, welche Folgen die Drogen haben würden, die man ihm anbot - er "schluckte" alles. Man muß kein Psychoanalytiker sein, um zu erkennen, daß sich in dieser ewig lodernden Flamme der Aggression eine große Portion Selbsthaß verbarg. "Kevin wußte nicht, wie er sein Leben gestalten sollte. Er war, was seine Zukunft anging, äußerst pessimistisch. Sein Vertrauen in das eigene Handeln war klein." (Edmund Hartsch, 49) Mit Gewalt aufgewachsen, reagierte er so, wie er es gelernt hatte: versteckte seine Unsicherheiten hinter extremer Großmäuligkeit und Aggressivität. Aus Opfern werden Täter, keine ungewöhnliche Biographie, nur daß in diesem Fall aus Tätern Popstars wurden, die zynischerweise ihren Ruf als authentischste Straßenband des Universums den Exzessen und Leiden ihres Sängers verdankten, der noch zehn Jahre später halbtot, paranoid und heroinabhängig durch Frankfurt schleichen wird, während im Band-Büro TV-Sender und Hochglanzmagazine aus Hamburg und München um Interviews anstehen.

Matthias Röhr

Geb. am 16. April 1962 in Frankfurt-Bockenheim, aufgewachsen in Kelkheim.
Geschwister: 3 jüngere Brüder. Der Vater stammte aus Schlesien, die Mutter aus Ostpreußen. Zur Zeit von Gonzos Geburt betrieb der Vater einen Lebensmittelladen, ab 1965 einen Kiosk. Er arbeitete von morgens um fünf bis abends um zehn, auch samstags, an Sonn- und Feiertagen halbtags.

Bis 1974 lebte die Familie im dörflichen Kelkheim bei Frankfurt, danach in einem Reihenhaus in Liederbach. Dort übernahm der Vater zusätzlich zum Kiosk noch eine Gaststätte mit Küche, in der nun auch die Mutter ganztägig arbeitete. Da blieb nicht viel Zeit für Gonzo und seine Brüder; die Eltern versuchten dies auszugleichen, indem sie ihre Söhne besonders streng konservativ-katholisch erzogen.

Gonzo besuchte vormittags die Realschule in Kelkheim und verbrachte seine Nachmittage damit, auf der Wandergitarre von Hertie, die er nach viel Quengelei mit elf Jahren bekommen hatte, Melodien zu spielen, die ihm im Kopf herumspukten. Mit 13 verkaufte er die Gitarre, legte noch ein paar Mark drauf und kaufte sich einen gebrauchten E-Baß. Ein Mitschüler hatte wie Stephan in Hösbach einen Keller zur

überfordern, also langsam aber sicher auch muß. Die Band nur unter dem Gesichtspunkt zu betrachten, ob sie nun Faschos sind oder nicht, bzw. ob sie es ernst meinen mit ihrer Abkehr, würde der Band nicht gerecht werden und ist mittlerweile nahezu anachronistisch. Die Band hat fünf goldene Schallplatten eingespielt, stand mit "Viva los Tioz" auf Platz eins der deutschen Charts und hat Hunderttausende von Anhängern. Die Onkelz sind ein etablierter Bestandteil der deutschen Rock-Szene, ob es einem nun paßt oder nicht. Und deshalb wäre es sinnvoll, sich mit ihnen vernünftig auseinanderzusetzen, frei von Haßtiraden und Verleumdungen gegen Weidner, Russel, Röhr und Schorowsky. Ich weiß sehr wohl, daß sie zwei Lieder geschrieben haben, nämlich "Deutschland den Deutschen" und "Türken raus", die man nicht unter den Tisch kehren darf, die hunderprozentig verurteilt werden müssen. Aber zu behaupten, die "Jungs aus Frankfurt" seien nach wie vor Neonazis, wer so was behauptet, den nenne ich einen un- oder desinformierten Zeitgenossen, der sich in meinen Augen schlicht und ergreifend lächerlich macht.

2. Die *Böhsen Onkelz* haben ohne Zweifel ganz großen Mist gebaut mit Liedern wie "Deutschland den Deutschen" oder auch mit "Fußball und Gewalt". Wie groß ihre Wirkung war, die sie damit auf die Gesellschaft hatten, sei dahingestellt. Es ist für sie ganz persönlich ein negativer Punkt in ihrem Leben, ein dickes Minus.

Fanparty im »Linientreu«, Berlin 2000
Fotografie: Boris Geilert/GAFF

Und **jeder Onkelz-Fan soll sich dessen bewußt sein, daß seine Idole nicht akzeptable Parolen gegröhlt haben.**

Zum Zeitpunkt, als sie diese Lieder schrieben, waren sie aber noch sehr jung. Deswegen kann man Franz Schönhuber oder Gerhard Frey nicht mit Stephan Weidner vergleichen. Denn Letztgenannter ist sich sehr wohl seiner Fehler bewußt und hat auch daraus gelernt. Frey aber erzählt bis ins hohe Alter hinein seinen Schrott. Er hat nichts gelernt. Er verharmlost bzw. glorifiziert das Dritte Reich und kann sich wohl sehr gut für die "Auschwitz- Lüge" begeistern. Die einzige Aussage, die die *Onkelz* zu diesem Kapitel machten, lautet übrigens "Zwölf dunkle Jahre in deiner Geschichte" ("Deutschland-Lied" vom "netten Mann"-Album). Man bemerke "Zwölf dunkle Jahre", keine Zeit, in der der Messias selbst vom Himmel geflogen kam und uns Glück und Gesundheit brachte. Ein Neonazi würde über diese zwölf Jahre, in der sein "Führer" herrschte, nicht so schreiben wie die *Onkelz*. Diese waren zu keinem Zeitpunkt ihrer Karriere ausgesprochene Neofaschisten. Vielmehr kann man bei genauerer Betrachtung erkennen, daß sie frustrierte Jugendliche waren, mit einem Haß auf alles und jeden, darunter eben leider auch Ausländer. Warum auf diese? Weil sie öfter von ihnen auf die Nuß bekommen hatten, wohlgemerkt zu ihrer

Verfügung, und so übten sie in jeder freien Minute zwischen Einmachgläsern und der Waschmaschine. Ein verständiger Musiklehrer brachte Gonzo in der Schulband unter, doch das genügte ihm nicht, und so spielte er in seiner Freizeit stets noch in zwei, drei weiteren Bands. Musik wurde für Gonzo immer mehr zum Lebenssinn, Heavy Metal vor allem: *Black Sabbath*, *Deep Purple*, *Led Zeppelin*... Da er sich nun in "richtigen" Musikerkreisen bewegte, landete er zwangsläufig auch bei *Jimi Hendrix*, *Johnny Winter*, *Muddy Waters* und *John Lee Hooker*, "beinharter Hippierock und satter Blues" (danke für nichts, 33). Und bei dem stahlharten Gitarrenkrieger *Ted Nugent*, dessen '78er Album "Double Live Gonzo!" er solange ständig in einer Aldi-Tüte mit sich herumtrug, bis er den Spitznamen "Gonzo" weghatte. Seinen Baß hatte er da schon längst gegen eine E-Gitarre eingetauscht, die Haare wurden länger und länger...

...bis auch er im Fernsehen zum ersten Mal die *Sex Pistols* erblickte. Ein Blitz schlug ein und veränderte Gonzos Leben. Die ersten, die Gonzos Wandel zu spüren bekamen, waren seine Lehrer, denen er nun von Woche zu Woche unverhohlener sein Desinteresse zeigte. Im Sommer 1978 flog Gonzo schließlich ohne Mittlere Reife von der Realschule. Ein Jahr später war die Verwandlung perfekt: aus dem langhaarigen Schwermetaller vom Lande war ein Springerstiefel und Lederjacken mit Nieten tragender Großstadtpunk geworden.

Bald gehörte auch er zur Stammbesetzung des JUZ. Obwohl er voll klischeemäßig overstyled wie ein Abbild von *Sid Vicious* durch die Gegend lief, inklusive des gleichen Fahrradschlosses um den Hals, wurde er schnell akzeptiert. Denn es sprach sich bald herum, daß Gonzo hervorragend Gitarre spielte und die Hits der *Sex Pistols* fehlerfrei hoch- und runterjagen konnte. Anfang Mai gelang es den *Onkelz*, Gonzo von seiner eigenen Band *Antikörper* abzuwerben. "Riesenstimmung im Lager der *Onkelz*: Der erste Musiker in der Band!" notiert Pe später in sein *B.O.S.C.-Fanzine*-Tagebuch. Bereits am 8. Mai 1981 traten sie zum ersten Mal gemeinsam auf. Die *Böhsen Onkelz* waren komplett.

Und strebten fortan nach Höherem. Gonzo brachte nicht nur seine Fingerfertigkeiten, sondern auch musikalische Ambitionen mit in die Band ein, die durch simple Drei-Akkorde-Songs nicht mehr befriedigt werden konnten. Und auch die anderen begannen sich zu langweilen. Sie mochten die "Hippies" nicht, die Linken, die inzwischen den Punk für sich entdeckt hatten und die proletarische Provokationslust politisch ummünzten, sie sahen mit Schrecken, wie Punk immer mehr zur Freizeitmode für Gymnasiasten und Trend-Jäger verkam: "In jedem einigermaßen modischen Laden in Frankfurt konntest du auf einmal Punk-Klamotten kaufen. Dabei ist die Rebellion verloren gegangen und zum Kommerz geworden", erinnert sich Gonzo im *B.O.S.C.-Fanzine* (Nr. 7/98). "Dadurch hast du dich automatisch wieder vom Punk entfernt. Wir hatten keinen Bock mehr drauf und fragten uns: Was machen wir jetzt? Da schwappte die Skin-Bewegung aus England rüber. Das war reiner Zufall. Das hätte auch was ganz anderes sein können. Man mußte sich wieder gegen das Establishment, was den Punk vereinnahmt hatte, auflehnen und zeigen: mit uns nicht." Und Stephan ergänzt: "Wir mußten einen draufsetzen. Es kam auch hinzu, daß du älter wurdest und anfangen mußtest, für dich selbst zu sorgen. Vorher hat man sich noch durch Schnorren und gelegentliche Einbrüche über Wasser gehalten, doch dann hast du eingesehen, daß man anfangen mußte, irgendetwas zu arbeiten. Auch in deinem Bewußtsein hat sich einiges verändert, und da paßte dieses harte Image der Skin-Bewegung, wie z.B. der Fußball usw., gerade mit rein. Es war ja kein Kalkül, daß wir dann Skinheads wurden, das hat sich einfach vermischt. Es kamen ein paar Skins in die Punk-Szene, die Oi!-Bewegung ist entstanden, und so entwickelte sich ein schleichender Prozeß in Richtung Skinheads. Wir waren überhaupt nicht politisch motiviert, sondern es war eine Mode. Es war der Nachfolger auf den Punk, aber noch härter, noch aggressiver - das wolltest du sein."

Punk-Zeit, in der "Türken raus" geschrieben wurde. Das übersehen manche Journalisten, wohl absichtlich.

Daß die Onkelz nie Neonazis im übelsten Sinne des Wortes waren, hat es mir zugegebenermaßen sehr erleichtert, mich ihrer Alben anzunehmen und mich zu ihnen zu bekennen. Ich bin nämlich halber Ausländer, meine Mutter kommt vom Balkan. Mit Faschismus und Fremdenhaß habe ich allein deswegen nichts, aber auch gar nichts zu tun. Wären die Onkelz Nazis, würde ich keinen Pfennig für sie ausgeben, und sollten sie in Zukunft auch nur eine nationalistische Äußerung tätigen, würde ich meine CDs von ihnen wegschmeißen. Ich mache mir allerdings nicht die geringste Sorge um meine Onkelz-Sammlung.

Nun aber an alle, die der Band nach wie vor die Tür zuschlagen. Ich widme euch folgende Zeilen.

Die Onkelz waren gewalttätig und nationalistisch, unbestritten. Aber sie waren sehr jung und haben aus ihren Fehlern gelernt. Ihr aber verweigert ihnen die Chance, die jeder Mensch verdient hat, besonders in jungen Jahren. Ich finde das schlichtweg mies und heuchlerisch zugleich. Ihr negiert eine positive Entwicklung des Menschen, ja überhaupt eine Entwicklung. Scheinbar habt ihr euch nie entwickelt oder könnt es gar nicht. Ihr denkt wohl seit eurem fünften Lebensjahr nur so und nicht anders. Änderungen ausgeschlossen. Nun, wenn dies bei euch so ist und ihr euch dessen bewußt seid, dann schließt bitte nicht von euch auf andere. Denn andere können sich entwickeln! Und außerdem, wo bleibt der Resozialisierungsgedanke. Jeder, der aus dem Gefängnis kommt, soll doch angeblich genau diesen Gedanken verwirklichen, sich resozialisieren. Gerade Ihr, verehrte Linke, legt doch solchen Wert auf diesen Punkt. Dann beweist bitte, das ihr es mit diesem Gedanken ernst meint und ihn nicht nur in der grauen Theorie verwendet. Ich glaube aber, daß das bei euch nur hohles Geschwafel ist, damit ihr den anderen, angeblich "Vulgären" eure Pseudo-Humanität vorkotzen könnt.

Und Ihnen, lieber WOM-Chef, wünsche ich einmal so aufzuwachsen wie Kevin Russell. Mit einem Vater, der Sie schlägt, und einer Mutter, die zu besoffen ist, um aufzustehen. Es ist nur zu leicht zu reden, wenn man auf der Sonnenseite des Lebens steht, gutes Elternhaus hatte und mit Geld um sich schmeißen kann. Außerdem, wenn Sie für saubere Musik oder was auch immer eintreten, müßten Sie ihre Slayer-CDs ebenfalls aus Ihrem Angebot streichen, denn diese Band wird in rechtsradikalen Zeitschriften, nicht ganz zufällig, geschätzt und gepriesen. Mr. Clean oder Herr Heuchler, Sie sind so glaubwürdig wie die Zeugen Jehovas bei ihren Weltuntergangsberechnungen. Ich finde es außerdem skandalös, daß in WOM-Geschäften Leute,

Fanparty im »Linientreu«, Fotografie: Boris Geilert/GAFF

die nach Onkelz-CDs fragten, aus dem Laden verwiesen wurden mit der dreisten Begründung "Rechtsradikale unerwünscht".

Daß Ihr, liebes WOM-Team, die "netten Männer" für Faschos haltet, heißt noch lange nicht, daß andere das auch tun. Ich glaube nicht, daß euch ein informierter Mensch in diesem Land eure verleumderische These noch abnimmt. Kleinkriegen tut Ihr, Anwälte der Rechtschaffenheit, weder Band noch uns Fans, denn "Eure Lügen sind unsere Kraft". Denn stellt Euch vor, ich bin nicht faschistisch gesinnt und höre die Onkelz, warum, weil sie die Band sind, die am meisten und besten meine Gefühle auszudrücken vermag und meine Einstellungen zu wichtigen gesellschaftlichen Fragen widerspiegelt. Womit ich auch schon bei Punkt drei angekommen wäre, mit dem ich den

Vom Punk zum Skin (1981-83)

Gonzo und Kuchen, ein Freund der Band und ehemaliger Praktikant der Karl-Marx-Buchhandlung, waren die ersten aus der Frankfurter Punk-Szene, die sich wandelten. Den Anstoß holten sie sich in Berlin, wo sich seit 1980 schon eine kleinere Skinhead-Szene herausgebildet hatte. Als die beiden im Oktober '81 von einer Sauftour aus der Mauerstadt zurückkamen, waren ihre Köpfe kahlgeschoren. Noch im November folgten ihnen Kevin und Stephan, tauschten Pennermantel und stinkende Lederjacken gegen olivgrüne Bomberjacken (!), und auch Kevin wusch sich von nun an öfter, denn Skinhead zu sein bedeutete "nicht so asi, aber trotzdem krass".

Offengestanden hatten sie noch keinen wirklichen Plan davon, was Skinheads nun eigentlich seien. Sie wußten, daß die ersten Skinheads wie auch der Punk später aus Großbritannien kamen, daß es Arbeiterjugendliche waren, die Fußball, Bier und Prügeleien liebten und neben Oi!-Punk vor allem Ska hörten, jene energische, frühe Variante des Reggae. Das kannten sie alles schon von den Punks her. Doch Skinheads schienen noch härter, noch provokanter zu sein, und darauf kam es schließlich an. Wenn die *Onkelz* sich zwischen zwei Wegen entscheiden mußten, wählten sie stets den extremeren. Vor allem Kevin. Er war nicht unbedingt der große Vordenker, brauchte immer jemanden, der ihm sagte, wo es lang ging, doch sobald sich die Truppe in Bewegung setzte, stürmte er hart voran - in welche Richtung auch immer.

Natürlich gab es da neben der Band und der aufregenden neuen Skinhead-Geschichte, den Exzessen an den Wochenenden, auch noch den ganz normalen Alltag. Kevin, mal wieder arbeitslos, beginnt kurz vor seinem 19. Geburtstag auf Vorschlag seiner Oma in Hamburg eine Lehre als Schiffsmechaniker. In seiner Freizeit besucht er so oft wie möglich das Volksparkstadion und knüpft dort Kontakte zu den "Hamburger Löwen", die damals als die härtesten Hooligans Deutschlands galten. "Fiese Raubtiere, durchweg tätowiert. Spinnennetz am Hals und Knastträne unterm Auge, Gipsarm und Hakenkreuzanhänger, alle groß und breit und furchteinflößend, 60 Mann im Strudel von Arbeitslosigkeit, Alkoholismus und Kriminalität. Wikingerhafte Proleten, ohne Schulbildung und ohne Jobs, aber mit dicken aufgeschlagenen Fingerknöcheln und einem Aggressionspotential, das sogar Kevin beeindruckte" (danke für nichts, 64f.) Pe beendet seine Lehre als Schweißer und arbeitet zunächst bei einem Frankfurter Abflußreinigungsservice, ab Sommer '82 in einer Schlosserei. Gonzo bewirbt sich erfolgreich bei der Marine und beginnt am 1.7.1982 seinen Militärdienst in Kappeln nahe der dänischen Grenze. Stephan arbeitet zunächst als Fahrer für eine Wäscherei, bekommt schließlich von einem Bekannten seines Bruders das Angebot, als Subunternehmer in eine Firma einzusteigen, die Büromaterial ausliefert. Am 11. Mai 1982 heiratet er seine Freundin Pia.

Da bleibt nicht viel Zeit für die Band, zumal Kevin und Gonzo kaum in Frankfurt sind. Dennoch treffen sie sich immer wieder zu Proben, produzieren neue Stücke, von denen sie zwei auf einem Berliner Punk-Sampler platzieren können, und drei Demo-Tapes, das dritte sogar in einem richtigen 8-Spur-Tonstudio, die sie großzügig an Freunde und Fans verteilen. Seit Anfang '83 haben sie sogar einen eigenen Probenraum in einem Bunker in Offenbach-Bürgel. Gelegentlich treten sie live auf, so im Sommer '83 vor 50 Skins im Probe-Bunker der Berliner Skin-Band *Kraft durch Froide*. Dort spielen sie zum letzten Mal in ihrer Band-Karriere "Türken raus" sowie zum ersten und einzigen Mal live "Deutschland den Deutschen".

Innerhalb ihrer Subkultur haben die Onkelz aus Frankfurt schon längst Kultstatus errungen, außerhalb ihrer engen Szene kennt sie zu dem Zeitpunkt allerdings noch niemand. Denn noch haben sie keine eigene Schallplatte veröffentlicht. Doch noch im gleichen Jahr interessiert sich ein junger Sozialpädagogik-Student aus Marburg für sie. Selbst eifriger Fußball-Fan, hatte der Student sich für seine Diplomarbeit das Thema "Fußballfanclubs und Rechtsradikalismus" ausgewählt. Auf der Suche nach Interviewpartnern aus der Skinhead-Szene hatte man ihn in der Eintracht-Stadion-

Die Frankfurter Punk-Clique 1980/81

Pe (li.)

Kevin (li.), Pe 2.von re.)

Fotografien: Walter Truck

Kevin (li.), Hofnarr, Stephan, Pe

Pe li., Kevin 3.v.li.

Brief auch schließen möchte:

3. Zunächst einmal sind sie einfach eine geile Rockband. "Nichts ist für die Ewigkeit" ist der beste deutschsprachige Rock-Song aller Zeiten! Und auch sonst sind viele ihrer Lieder allererste Sahne. Sie sind für mich die beste deutsche Band und

B.O.S.C.-Party in Lammersdorf

deswegen höre ich sie! Soviel zum musikalischen Aspekt. Außerdem sind sie eine der letzten nicht-kommerziellen Bands

B.O.S.C.-Party in Lammersdorf

in den Hitparaden. Ihnen nimmt man noch ab, daß das, was sie singen, nicht einfach so dahingeträllert ist, sondern wirklich was dahintersteckt, sie selbst nämlich und nicht die Werbeindustrie-Authentizität. Die Onkelz sind die Band der kleinen Leute und sozial Schwachen.

Mit Liedern wie "Ich bin so wie ich bin", "Lieber stehend sterben als kniend leben", "Das Wunder der Persönlichkeit" oder jüngst mit "Wenn du wirklich willst" flößen sie einem Mut ein, geben einem Selbstwertgefühl und helfen einem über Abgründe hinweg. Diese und andere Songs zeigen auf, daß die Individualität des Einzelnen kostbares Gut ist und daß es einen Weg gibt abseits von Selbstverleugnung und kopflosem Aufgehen in der Masse. Außerdem machen sie einem klar, daß man sich von anderen nicht unterbuttern lassen sollte, wenn man im Recht ist. Die Onkelz bringen das alles auf eindrucksvolle Weise 'rüber. Die Jungs aus Frankfurt sind gegen Besserwisserei ("Zeig mir deinen Weg") und extremistische Ideologien und Ideologen gleich welcher Art ("Ohne mich") und haben somit in mir wichtigen Fragen die gleichen Standpunkte wie ich.

Ich sage nicht zu allem "Ja und Amen", was mir die Onkelz "vorsingen". Mit "Kneipenterroristen" kann ich null anfangen, aber in vielen Grundsätzen fühle ich mich eben durch sie mehr angesprochen als durch irgendeine andere Band. Deswegen höre ich sie, und ich habe es satt, daß man ihnen und mir ein Etikett anhängt, das nicht stimmt.

Ich würde aber auch nicht wollen, daß aus den Onkelz "brave Schwiegersöhne" werden. Denn angepaßte Spießer und Pseudo-Rebellen gibt es in diesem Land und in der Rock-Szene schon genug (Schöne Grüße nach Düsseldorf und Berlin!). **Würde Kevin so klingen wie Campino, wäre ich nie Onkelz-Fan geworden.** Kevins phänomenale Stimme vermittelt einem eben Authentizität, wahre Rebellion und Glaubwürdigkeit, wobei auch die Ironie zum Glück nicht zu kurz kommt. Auch dies sind Punkte, weswegen ich die Onkelz höre.

Thomas (22) aus München

Die Onkelz kenne ich jetzt seit etwa neun Jahren. Das erste Mal, daß ich von ihnen was gehört habe, war mit 12 oder 13, und zwar das Lied "10 Jahre". Irgendein Freund hatte es wieder von einem anderen Freund etc., und es wurde auch damals getuschelt, "daß mit denen was nicht stimme". Irgendwie lief dann die Platte "wir ham' noch lange nicht genug" bei jeder Party, und die Musik gefiel mir sehr gut. Ich hatte vorher so Sachen wie Iron Maiden und Helloween gehört, aber dies war völlig neu. Und

Kneipe gleich an den "Chef" Stephan Weidner verwiesen; man wurde sich einig, und so traf der Student schließlich am 16. Dezember 1983 mit einem "etwas mulmigen Gefühl" und bewaffnet mit einem Cassettenrecorder in der "Eichwald-Schänke" ein, einer Bornheimer Arbeiterkneipe, in der es zwar kein Faßbier gab, dafür aber zur Flasche ein Tonkrug gereicht wurde.

Knapp zehn Leute, die meisten Skins, versammelten sich um den Interviewer, Gonzo und Pe waren nicht dabei (Gonzo, weil er zu dem Zeitpunkt nicht vor Ort war, Pe, weil er ohnehin nur selten zum Fußball ging), aber Kevin, der wie oft bei Kontakten mit Fremden den Studenten mißtrauisch beäugte und nur selten eine Bemerkung dazwischen warf, und Stephan, der wie immer gerne und viel redete und 90 % des Interviews alleine bestritt. Die Band wurde auch nur ganz am Rande erwähnt, im Mittelpunkt des knapp 90 Minuten aufgezeichneten Gesprächs und der Fragen des Studenten standen das Selbstverständnis der Jungen als Skinheads und Fußballfans. Trotzdem werde ich das Interview im Folgenden nur unwesentlich gekürzt (vor allem um Passagen, die sich um Eintracht Frankfurt drehen, sowie um Redebeiträge von Nicht-*Onkelz*) dokumentieren, weil es einerseits das erste umfassende Interview der *Onkelz* (bzw. von Stephan Weidner) ist und zum anderen sehr authentisch und differenziert über die Lebenseinstellung der *Onkelz* und ihres Umfeldes während ihrer Skinhead-Phase Auskunft gibt.

"Anarchie ist nicht durchführbar" - ein Interview (1983)

Interviewer: Also, woll'n wir mal anfangen. Ihr sollt euch jetzt erst mal selber vorstellen, wer ihr seid und wie ihr dazu gekommen seid, euch so zusammenzuschließen in so 'ner Gruppe.
Kevin: Ja, so fing das halt an... (allgemeines Lachen) es war einmal... (Lachen) joh, ich war Proll, du Bastard... ich hab die Einstellung von vorher gehabt und dann hab ich mir eben so langsam so'n Kahlkopp geschnitten und war eben so langsam mit dabei.
Interviewer: Du kanntest die meisten schon?
Kevin: Ja, dadurch bin ich ja auch dazu gekommen.
Peter (Name geändert, kein Bandmitglied): Die ersten Skins, wir sind erst mal so bei den Punks dabei gewesen, früher, dann ham wir uns irgendwann mal getrennt. Die Interessen ham halt differiert zwischen Punks und Skins. Es sind dann immer neue Punks dazugekommen und die waren nimmer so wie wir, die sind dann politischer geworden, eher links und anarchistisch. Die Punks ham sich dann den Hippies angeschlossen, ham daraus 'ne Ideologie gemacht und sowas, da war das dann mehr Kindersache.
Interviewer: Also Anarchie lehnt ihr ab?
Stephan: Anarchie? Natürlich.
Interviewer: Und warum?
Stephan: Nicht im Grunde. Wenn die Anarchie durchführbar wäre, wär's nicht das Schlechteste, aber es ist nicht durchführbar, genau wie Kommunismus unmachbar ist, absoluter Quatsch.
Interviewer: Was sagt ihr eigentlich selber so zu dem, was in der Presse über euch gesagt wird?
Stephan: Die lügen alle. Das sind alles Klischees, was die schreiben, alles Klischees.
Paul (Name geändert, kein Bandmitglied): Wenn man in der Schule 'ne Arbeit schreibt, da informiert man sich ja von verschiedenen Seiten über ein Thema. Bei der Presse kriegen sie aber alles von einer Stelle zugeschoben, und das ist dann meistens sehr negativ gefärbt. Und meist steht man da, als wär man irgendwie asozial.
Ralf (Name geändert, kein Bandmitglied): Die lassen einen reden, natürlich, schreiben aber das, was denen grad' gefällt, daß du immer weiter in die neonazistische Szene reingetrieben wirst, grad' so, wie sie's halt brauchen. Wenn du sagst: "Scheiß-Kanaken", dann ist das gleich wieder Volksverhetzung.
Stephan: Na sowas interessiert die halt, die interessiert nur, daß du rechts bist.
Interviewer: Würdet ihr euch selber auch als rechts bezeichnen?

das Image der *Onkelz* gefiel mir, irgendwie wollte man ja selbst sowas wie 'n Rebell sein, und als die Pubertät über mich kam (und ich auch das 1. Mal kam, ähem...), waren die *Onkelz* natürlich der ideale "Soundtrack" zu meiner Pubertät. Rechtsgesinnt oder Skin war ich nie. Einige Freunde hatten sich dann die "Kneipenterroristen" geholt, das war dann halt "noch extremer", und wieder andere hatten vor irgendwoher noch ältere Platten bekommen... Aber niemand nahm diesen Singsang ernst, also war die Scheiße mit "Türken raus" und so weiter bald wieder aus unseren Hifi-Anlagen verschwunden.

So sind die Lieder der *Onkelz* seit neun Jahren die ständigen Begleiter meines Lebens, und zu fast jeder Situation oder Stimmungslage gibt es auch den passenden *Onkelz*-Track. Auch die "Viva los Tioz" hab' ich mir geholt, die *Onkelz* sind erwachsener geworden, und ich auch, und irgendwie will das "Ich gegen den Rest der Welt"-Image wohl bei keinem mehr so recht passen.

Oh well, time goes by... Jetzt kommt die neue "Generation" der *Onkelz*-Fans, und auch für sie gilt: Die *Onkelz* sind halt der persönlichste und glaubwürdigste Soundtrack zum Leben, sowohl des Lebens, das sie gelebt haben, als auch des Lebens, das ich gelebt habe. Und das macht Kevin & Co. so glaubwürdig

PS: Ich bin links, bin Christ und *Onkelz*-Fan.

Stefan (21) aus Münster

Vor vier Jahren saßen wir bei einem Kumpel und der hat im Hintergrund die *Onkelz* laufen lassen, und da meinte ich, warum hörst du denn sowas, das ist doch rechts, und der meinte, nee, ist nicht, lies dir mal die Texte durch, du wirst keine rechten Zeilen finden. Und es stimmte, ich hab' wirklich nichts Rechtes drin gefunden, und ich fand einfach, daß die Melodien sehr gut gewesen sind, und auch worüber die singen, damit konnte ich mich selber identifizieren. Die sind nicht unbedingt meine allergrößte Lieblingsband, das sind so mehr ganz linke Bands wie *Rage against the Machine* und *But Alive*. Richtig angefangen mit Musik hab' ich mit so Sachen wie *Nirvana, Green Day, Bad Religion*.

Und wie schaffst du es dann gleichzeitig, dich auch mit den Texten der Böhsen Onkelz zu identifizieren?

Die Onkelz sind für mich Arbeitermusik,

ein Ventil für Menschen, die wirklich Schwerstarbeit leisten. Wenn ich 12 Stunden gearbeitet hab', richtig fertig nach Hause gekommen bin, mach ich die *Onkelz* rein, richtig laut, und das ist einfach ein Ventil, wo ich alles raus lassen kann. Die Texte sind ehrlich und enthalten auch sehr viele Wahrheiten. Zum Beispiel die "Hier sind die *Onkelz*": persönlich finde ich die ziemlich links, obwohl sie nicht von den *Onkelz* links gemeint sein muß, aber hör' dir mal "Finde die Wahrheit" an, mein Lieblingslied von denen, weil ich es mit Linksradikalismus identifiziere, ohne daß sie es direkt aussagen. *Hast du schon mal Ärger gekriegt oder wissen deine sicherlich ebenfalls linken Freunde, daß du die Onkelz gut findest?*

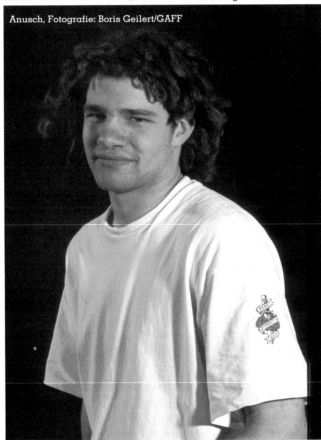

Anusch, Fotografie: Boris Geilert/GAFF

Stephan: Was heißt rechts, na schon rechts, aber nicht rechts in dem Sinne.

Interviewer: Wir haben uns im Stadion schon mal unterhalten über die Ideologie, also die Abgrenzung zu Neonazis ist dabei rausgestellt worden und, daß ihr euch als Rassisten bezeichnet. Was versteht ihr unter Rassisten?

Stephan: Rassisten in dem Sinne... ich mein, wenn Ausländer in ihrem eigenen Land leben, die interessieren mich nicht, die können da machen, was sie wollen, aber solange sie hier in dem Land sind, wo ich lebe oder wo ich aufgewachsen bin... Ich fühl mich halt als Deutscher, und wenn sie sich halt anpassen, kann ich das akzeptieren, das ist alles. Aber die passen sich ja net an, die versuchen ihre Kultur hier nach Deutschland zu bringen... was sie ja schon größtenteils geschafft haben, sowas lehne ich ab, dagegen bin ich und dagegen kämpf' ich.

Interviewer: Also deine Kritik richtet sich jetzt gegen welche Ausländer hauptsächlich?

Stephan: Türken.

Interviewer: Aber Italiener zum Beispiel?

Stephan: Italiener sind genauso beschissen. Weil Türken die Mehrheit hier sind, und die Türken wohl auch noch leben wie vor tausend Jahren, deswegen, und sowas lehn' ich ab. Bei Italienern geht das so 'n bißchen, obwohl die Sizilianer irgendwas anderes auch immer sind, also ich mag Italiener auch wenig, aber Türken fallen eben ganz anders ins Gewicht, weil's nun auch die meisten hier sind. Wenn ich überleg, daß hier in Frankfurt jeder vierte 'n Ausländer ist, dann ist das schon ziemlich hart.

Interviewer: Und wie reagiert ihr zum Beispiel, wenn ihr im Fußballstadion seid und im Block G zum Beispiel ist ein Türke oder so?

Stephan: Wir gehen nicht in Block G, also größtenteils zumindest nicht. Von denen tun wir uns absondern, weil wir mit denen nix groß zu tun haben wollen, weil's einfach dummes Proletpack ist, die dir alles nachmachen. Siehste ja schon, wenn... also wir sind im Stadion, und nächste Woche kannste schon wieder 50 Mann sehen, die Springerstiefel gekauft ham.

Kevin: Bomberjacke!

Stephan: Bomberjacke, ganz genau, und einigermaßen die Haare kurz und versuchen halt, einen auf Skinhead zu machen. Was willste mit so 'm Volk anfangen? Skinhead sein ist 'n Gefühl, das ham die alle gar net...

Paul: Und das versteht man auch nicht, ich mein', von außen ist das unheimlich schwer zu verstehen, aber wenn man diese ganzen Leute sieht, mit Springerstiefel, Bomberjacke... das kotzt mich an.

Stephan: 'n Skin hat keine Springerstiefel.

Paul: Punkt eins. Punkt zwei: Wenn die Randale machen, heißt's gleich wieder, das sind Skinheads, obwohl wir überhaupt nichts damit zu tun haben. Und wer muß das dann im Endeffekt wieder ausbaden? Nächste Woche laufen die wieder anders rum, und wer ist der Dumme?

Peter: Skinhead is 'ne Einstellungssache, ich kann kein Skinhead sein, wenn ich nur 'ne Glatze hab' und hab' aber 'ne total andere Einstellung, dann bin ich kein Skinhead, dann bin ich 'ne tote Hose, auf deutsch gesagt.

Stephan: Die kennen sich mit nix aus, die machen das einfach nur nach, das ist absolut Schwachsinn, genauso wie's damals mit den Punks gewesen is. Die Punks wollten einfach nur Spaß ham, saufen, wollten ihr Ruhe haben, die wollten für sich sein. Und was kommt dann? Dann kommen irgendwelche Hippies, schneiden sich die Haare kurz, bringen irgend'ne politische Meinung da rein und schreien dann dreimal "links sein ist gut, Anarchie, ihr müßt gegen alles sein", und schon schnappt das jeder auf und macht das. Und deswegen hat sich das alles aufgelöst. Die Punks, die's heute gibt, das sind alles Laumänner. Die kannste angucken, das sind alles Pfeifen, die ham mit früher gar nix mehr zu tun. Außerdem gibt's in Deutschland sowieso keine Punks in dem Sinne.

Interviewer: Die Mode von Punks, die ist ja heute teurer als normale Klamotten...

Stephan: Ganz genau. Ich mein', wenn se schon so einen auf asozial tun, dann dürfen se auch net in Berlin irgendwelche Punkerchosen kaufen, so zerrissene T-Shirts oder sowas. Früher ham se wenigstens noch Sachen gehabt, die

Ja klar, aber ich hab' noch niemals wirklich Ärger bekommen; sie tolerieren es. Ein paar von meinen ganz linken Freunden hören auch *Landser*, und die singen das auch zum Spaß auf der Straße. Ich hab' selber von denen eine Scheibe zu Hause, so als Spaß, und *Landser* ist ja wohl sehr rechtsextrem.

Anusch (22, Erzieher) aus Berlin

Onkelz kenne ich, seitdem ich 10 Jahre alt bin, seit der 4. Klasse. Hat mich gleich total fasziniert, und seitdem bin ich *Onkelz*-Fan, ohne Pause.

Trotz aller Veränderungen, die die Band in der Zeit durchgemacht hat?

Für mich kein Problem. Ich war nie rechts, ich war nie links, aber mit den rechten Phasen hab' ich kein Problem, weil die Lieder aus der Zeit waren super.

Politik interessiert dich generell nicht?

Max, Fotografie: Boris Geilert/GAFF

Scheiß Politik, genau! Ich hab' auf jeden Fall immer schon lange Haare gehabt, kann aber das rechte Gedankengut aus meinem Kopf nicht hundertprozentig ausschließen. Ich bin unpolitisch, aber ich hab' was gegen Leute, die sich hier aufführen wie die Sau, du weißt genau, wen ich meine.

Hast du Lieblingslieder?

Ich hab' Lieblingslieder, alle! Das Album "Es ist soweit" find' ich absolut faszinierend. Da sind einfach kranke Sachen dabei, und das mag ich gern, weil das ist eigentlich genau das, was dem Menschen aus der Seele spricht, und sowas hab ich gern.

Was hörst du außer Onkelz?

Außer *Onkelz* hör ich Hardcore, wie *Pissing Raisers*, außerdem *Pantera*. Aber meine wichtigste und meine absolute Lieblingsband sind die *Böhsen Onkelz*, weil das Lebensgefühl, das die ausdrücken, ist genau das gleiche, das ich auch fühle und mitgefühlt habe all die Jahre über. Das ist nicht nur einfach dumm dahergeschwätzt, sondern die haben den Scheiß miterlebt, wie ich auch, auf jeden Fall einen großen Teil davon. Auf jeden Fall sind die *Onkelz* mein Trost auch in vielen Zeiten gewesen, als ich Streß hatte, Ärger, familiär, arbeitsmäßig, freundinmäßig, die *Onkelz* standen mir zur Seite, hört sich scheiße an, aber ist so.

Max (23, Landschaftsgärtner) aus Baden-Württemberg

Wie seid ihr auf die Onkelz gekommen?

Marco: Durch Freunde, hat man halt gehört auf Partys.

Robert: Wo sie aus der rechten Szene raus sind, hat man ja immer wieder irgendwelche Geschichten gehört, und da wollte ich mich einfach mal schlau machen, was nun wirklich dahinter steckt, hab mir einfach mal 'ne CD gekauft, um das zu testen, das war damals die "Heilige Lieder", und die hat mich so fasziniert, daß ich dabeigeblieben bin.

Hört ihr hauptsächlich die neueren Onkelz-Sachen, ab "Heilige Lieder", oder auch ältere?

Marco: Alles, komplett, von "Der nette Mann" bis heute.

Textlich liegen zwischen "Deutschland den Deutschen" und "Deutschland im Herbst" ja Welten, verstört euch das nicht?

Marco: Ja gut, jeder hat mal 'ne Frustphase, wo man sagt "Scheiß Ausländer" oder so. Sie hatten die Möglichkeit, gleich

wirklich kaputt waren, die ham wir so selber gemacht oder die war'n wirklich kaputt. Aber heute ist das reine Modesache.

Interviewer: Hmh, und warum seid ihr manchmal auf 'm Sportplatz eigentlich, warum geht ihr zu so Spielen hin?

Stephan: Ja, wegen dem Fußball halt...

Interviewer: Und wie oft ist das ungefähr der Fall, so im Durchschnitt?

Stephan: Früher war's öfters, jetzt nicht mehr so.

Interviewer: Liegt das daran, daß die Eintracht jetzt unten steht, oder...?

Stephan: Wo se steh'n, das is egal, das hat damit nix zu tun. Erstens kannste als Skinhead schon kaum mehr ins Stadion gehen, ohne daß nur noch Bullen um dich rum wimmeln, auch wenn de nichts tust. Und zweitens kriegste eh nur Ärger, du eckst eh nur überall an, ich mein, da macht's doch auch kein Spaß mehr, ne? Und die Fußballprolls gehen mir halt auch auf'n Geist... hirnlos sind die.

Interviewer: Als ich am Samstag euch da getroffen hatte, gegen Hamburg, da sind viele gar net zum Spiel gegangen, die sind gleich in der Kneipe geblieben, aber ihr mußtet doch zuerst die Karten kaufen, um auf's Stadiongelände zu kommen, warum seid ihr denn dann in der Kneipe geblieben?

Stephan: Ja, an dem Tag ist Fußball net das Wichtigste gewesen, denn das Wichtigste war, daß die Hamburger da waren, weil wir da unseren Spaß haben wollten. Das sind gute Freunde von uns, die Hamburger.

Interviewer: Habt ihr denn sonstwie mit denen noch

Fotografie: Boris Geilert/GAFF

Kontakte, außerhalb vom Fußballplatz?

Stephan: Ja, entweder kommen die mal runter nach Frankfurt, oder wir fahr'n nach Hamburg; is halt so 'n freundschaftliches Verhältnis.

Paul: Manche von uns ham auch Briefkontakt, aber das is dann die Ausnahme. Hauptsächlich ist halt, wenn Fußball ist, daß die auch mal runterkommen oder wir dann eben mal hoch.

Interviewer: Habt ihr eigentlich das Gefühl, daß die Hamburger auch so diskriminiert werden wie ihr?

Stephan: Die sind wahrscheinlich 'n bißchen rechter als wir's

Marco und Robert, Fotografie: Boris Geilert/GAFF

ein Lied drüber zu machen, und damit haben sie sich leicht selbst in den Hintern gekniffen.

Robert: Ich mag politische Richtungen in der Musik eigentlich gar nicht, sei es links, sei es rechts, also von daher halte ich nicht viel davon, finde es aber auch nicht schlimm. Das ist lange her, da waren sie auch noch jung, und jeder macht mal Phasen durch, da hat er mal die Meinung und denn mal eher wieder die, sehe ich nicht so, daß ich die jetzt ein Leben lang verteufeln müßte.

Was hört ihr außer Onkelz?

Marco: Ist schon die Hauptband, um die sich eigentlich alles dreht. Man hört zu neunzig Prozent nur Onkelz.

Robert: Ich hör eigentlich auch fast gar nichts anderes. Noch ein bißchen Metal, aber ich finde, gerade auf dem deutschsprachigen Sektor gibt es sowieso nichts Besseres.

Marco: Faszinierend ist, wenn man sich ein Lied anhört, das in den Charts ist, dann hört man es viermal, denn ist genug, denn hat man es überhört. Die Lieder der Onkelz kann man tausendmal hören und sie sind immer noch gut.

Robert: Alles nur Plastik-Musik, was heutzutage gespielt wird, kann man sich doch nicht mit identifizieren. Und Punk ist nicht meine Wellenlänge, Metal ist viel mit englisch, was ich nicht so verstehe. Und das Gute an den Onkelz ist, die treffen immer den Punkt irgendwie, nicht mit allen Liedern, aber dreiviertel der Lieder auf jeder Scheibe, da sagste: "Genau! Das ist es. So denk ich, so fühl ich." Das ist mir noch nie bei einer anderen Band so untergekommen.

Marco: Sie sollten jetzt nur nicht den Fehler machen, durch den Kommerz oberflächlich zu werden, nur noch allgemeine Themen anzusprechen, nicht mehr über ihre Probleme singen, weil sie schon alles besungen haben.

Millionäre haben auch Probleme...

Robert: Aber ob die noch interessieren, ist eine andere Frage.

Marco (22, Industriemechaniker) und Robert (25, Beamter) aus Berlin

Im Sommer '96 hab' ich das erste Mal von den Bösen Onkelz gehört. Der Name kam mir wohl schon irgendwie bekannt vor und ich wußte, daß das eine deutsche Rockband ist, aber sonst hatte ich noch gar nichts von denen gehört. Balladen wie "Ich bin in Dir", "Erinnerungen" oder "Für immer" gefielen mir sofort, vor allem wegen der Texte, und zusammen mit Freunden hatten wir immer jede Menge Spaß dabei, wo immer wir auch waren, diese Lieder zu singen. Mit den meisten anderen Liedern auf der "Gehasst, verdammt, vergöttert"-CD (die jemand, den wir damals gerade kennengelernt hatten, bei mir vergessen hatte) konnte ich noch gar nichts anfangen, weil sich viele von ihnen mit der Geschichte der Onkelz oder ihrem Image in der Öffentlichkeit beschäftigten, wovon ich ja noch gar keine Ahnung hatte. Außerdem fand ich diese ganzen "Wir sind die allergeilsten"-Lieder ziemlich albern.

Natürlich stieß ich, sobald andere mitbekamen, daß ich Onkelz-Lieder mochte, auf das alte Vorurteil. Von allen Seiten

hier sind; es ham ja schon einige Leute von den Hamburgern in der Presse Interviews gegeben und sowas, und da steh'n wir halt net so hinter, obwohl ich glaub', daß des bei denen auch mehr Provokation ist. Wenn du dich jetzt so mit den Leuten unterhältst, die denken genauso wie wir, nur dieses Adolf-Hitler-Geschwätz und sowas is einfach reine Provokation für mich, da steht keiner im Endeffekt total dahinter.
Peter: Wenn 'n Punk mit 'm Hakenkreuz rumläuft, dann heißt das von vornherein Provokation, den nehmen wir nicht ernst.
Interviewer: Tut ihr vielleicht auch schon mal provozieren, absichtlich, weil euch ja auch schon viel Unrecht getan worden ist, wie ihr erzählt habt?
Paul: Also überhaupt so das ganze Gelabre über die Skins, das find' ich scheiße, gell, haste jetzt kurze Haare, kriegste keine Arbeit. Früher, wenn du lange Haare hattest, haste 'n Tritt in Arsch gekriegt, verstehst du, und warste kurzhaarig, haste 'ne Arbeit gekriegt.
Stephan: Ich frag mich, warum die Leute sich denn überhaupt wundern, daß nämlich nicht nur Skins zu rechts abdriften, sondern überhaupt so 'n großer Teil der deutschen Bevölkerung, das braucht so 'n Politiker überhaupt nicht zu wundern. Ich mein', die holen die Leute hier rein und ändern das auch nicht; das ist doch ganz klar, wenn Leute in Massen auftreten, daß die anecken, das ist nicht nur bei uns so, wenn wir 50 Mann irgendwo sind, ecken wir auch an, oder nicht? Und genauso isses bei den Ausländern, deswegen braucht sich keiner zu wundern, daß irgendwie 'ne Ausländerfeindlichkeit entsteht, das ist ganz natürlich, das Natürlichste von der Welt. Genauso wie das im Dritten Reich bei den Juden gewesen is. Die Juden hatten damals das Geld, die hatten wahrscheinlich auch Köpfchen gehabt und ham die ganzen Geschäfte besessen, und die Deutschen, die eigentlichen Deutschen, hatten eigentlich nur Arbeiter da, verstehste. Da kommt halt 'n Macker an und sagt: Hier, so geht das nicht, ihr seid die Deutschen. Is doch ganz normal, wenn dann irgendwann sowas mal wieder kommt. Ich mein', so in dem Ausmaß wird's wohl nicht mehr kommen, aber wenn die nicht bald irgendwas ändern, die Politiker, dann wird das ganz krass werden, kann ich mir schon vorstellen.
Interviewer: Du sprichst grad' von Politikern, was haltet ihr denn eigentlich so von den Politikern?
Stephan: Demokratie, sagen wir's mal so, ist von der durchführbaren Politik das Beste. Zwar isses direkt auch nicht so 'ne tolle Demokratie, die wir hier haben, aber es is immerhin *eine* Demokratie, also wenigstens 'ne leicht angehauchte, und das ist nicht schlecht, find' ich. Politiker, die reden viel, aber tun nichts.
Interviewer: Gegen die Demokratie habt ihr also nichts, die bejaht ihr...
Stephan: ...net in dem Sinne. Ich sag ja nur, daß Demokratie halt durchführbar is und deswegen isse mir auch lieber als irgend'n Kommunismus, der in der DDR oder in der Sowjetunion durchgeführt wird, da is mir Demokratie also wirklich noch hunderttausendmal lieber. Und ich bin auch froh, überhaupt in Deutschland zu leben, weil von den europäischen Ländern geht's Deutschland noch mit am besten, trotz alledem. Wenn ich mir in England die Arbeitslosigkeit anguck', die is noch zehnmal schlimmer als hier, also kann ich doch froh sein, daß ich hier lebe.
Interviewer: Bist du eigentlich arbeitslos?
Stephan: Ne, nicht, ich bin selbständig.
Interviewer: Ist von euch irgendjemand arbeitslos?
Stephan: Es waren einige, mittlerweile dürften se alle 'ne Arbeit ham, sind auch 'n paar beim Bund, und wir sind teilweise auch Schüler.
Interviewer: Was macht ihr eigentlich noch so, außer Stadionbesuch oder so?
Stephan: Wir treffen uns am Wochenende, und dann machen wir halt was, saufen zusammen, geh'n in die Kneipe...
Kevin: Spaß haben!
Stephan: Das ist halt das Wichtigste, Spaß zu haben.
Interviewer: Ihr habt ja auch Mädchen dabei, sind das hauptsächlich die Freundinnen, oder sind da auch andere, Solo-Mädchen dabei?
Stephan: Erstens sind's wenig Mädchen... Mädchen sind auch nicht so wichtig. Das erste is immer die Kameradschaft,

wurde mir erzählt, daß das eine Scheißband ist, die man auf keinen Fall unterstützen dürfte, weil die in Wirklichkeit üble Faschisten sind und nur "links geworden" sind, weil sie gemerkt haben, daß sich damit mehr Kohle machen läßt. Außerdem meinten alle, mir Beweise liefern zu können, daß das so stimmt.

Richtig verunsichert wurde ich aber erst, als ich mitkriegte, daß es Händler gibt, die nichts von der Band verkaufen. Ohne das zu ahnen, fragten wir in einem CD-Laden nach den Onkelz, woraufhin uns der Verkäufer richtig beschimpft hat und meinte, so etwas würden sie nie verkaufen. (Inzwischen hat dieser Laden die neueste Onkelz-CD natürlich auch im Regal stehen.) Vorher war mir das ganze Thema noch ziemlich egal gewesen. Es ging mir überhaupt nicht um die Band, sondern einfach nur um diese paar Lieder. Aber als ich immer mehr mit diesen Vorwürfen konfrontiert wurde, suchte ich, vor allem im Internet, nach Informationen, um zu erfahren, was da wirklich war, und um mich endlich mal verteidigen zu können.

Die Fans auf den Homepages und die Radio-Hardrock-Sendung "Wild Side" (Radio Bremen 4), die ich damals zu hören begann, behandelten die Band mit einer Selbstverständlichkeit, die so gar nicht zu den Reaktionen paßte, die ich bis dahin in Verbindung mit den Böhsen Onkelz erlebt hatte. Als die Onkelz-Platte "E.I.N.S." dann in der "Wild Side" zur LP des Jahres 1996 gewählt wurde, freute ich mich wahnsinnig. Irgendwo war das eine Bestätigung für mich, daß die Onkelz eigentlich eine ganz "normale" Band sind und es "normal" war, sie zu hören. Außerhalb dieser "Fanwelt" blieb es allerdings beim alten. Um abwertenden Blicken und großen Diskussionen aus dem Weg zu gehen, erzählte ich möglichst wenigen Leuten von den Onkelz.

Als unsere Klassenlehrerin mitbekam, was wir neuerdings für Musik hörten, meinte sie uns unbedingt vor dieser Band warnen zu müssen, drückte mir Artikel über die Onkelz in die Hand und sprach mich auf einmal mitten in der Deutschstunde darauf an und erwartete, daß ich mich jetzt vor der Klasse für meinen Musikgeschmack rechtfertige. Die Diskussion war verdammt lang und anstrengend und trotzdem zu kurz, um alles erklären zu können. Im Nachhinein ärgert es mich, daß ich damals noch nicht so viel darüber wußte wie heute und so nicht alle Vorwürfe, die Mitschüler irgendwo mal aufgeschnappt hatten, zurückweisen konnte. Im Prinzip hat die Diskussion dann auch nicht viel gebracht, die Leute aus meiner Klasse waren den Onkelz gegenüber immer noch genauso negativ eingestellt, obwohl sie immer noch viel weniger darüber wußten als ich zu dieser Zeit, und das ist nur ein geringer Bruchteil von dem, was ich jetzt weiß.

Kurze Zeit später bin ich durch Zufall an Karten für die "Wilde Side"-Abschiedsparty gekommen, an der auch die Onkelz teilnehmen sollten. Als die dann auf der Bühne interviewt wurden und auf einmal so direkt vor mir saßen, konnte ich kaum glauben, daß das die Menschen waren, über die wir die ganze Zeit diskutiert hatten, denn die waren doch "so normal". Als die Onkelz dann auch noch live zwei Lieder spielten, war ich begeistert und absolut fasziniert von dieser Band.

Danach ging es mir eine ganze Zeit lang so, daß ich auf dumme Sprüche nur noch mit einem gereizten "mir doch egal" reagierte, denn die meisten Leute waren ja gar nicht gewillt, sich Gegenargumente anzuhören oder gar ihre Meinung noch einmal zu überdenken. Ich hatte überhaupt keine Lust mehr, darüber zu diskutieren, obwohl ich die Musik der Onkelz immer mehr hörte, mich immer mehr für ihre Geschichte oder für Neuigkeiten interessierte und immer überzeugter davon wurde, daß das eine bewundernswerte Band ist und der Großteil der Vorwürfe gegen sie gelogen war.

Inzwischen weiß ich so viel zu den Böhsen Onkelz, daß ich wirklich zu allen Vorwürfen Stellung nehmen kann. Jetzt kann mich auch kein böser Zeitungsartikel mehr verunsichern, was vorher manchmal so war, weil ich ja nicht wußte, ob das, was die schreiben, stimmt oder nicht.

Wenn man die ganze Geschichte der Böhsen Onkelz kennt, kann man diese vier Menschen und ihren Werdegang eigentlich nur bewundern. Sicherlich haben sie damals viel Scheiße gemacht, und das sollte man auch nicht verharmlosen, aber es ist schon faszinierend, wenn man sich die Band heute anguckt und sieht, was aus ihnen geworden ist. Sie haben es aus eigener Kraft geschafft, sich aus der rechten Szene zu lösen, ihre Probleme zu

und Mädchen kommen halt ganz weit hinten, die sind nicht so wichtig. (Lachen)
Interviewer: Mich interessiert das auch wegen der Frisur und so Äußerlichkeiten. Ein Skinhead, sagt man immer, hat die Haare halt sehr kurz, aber ich seh' hier, daß bei euch auch Leute sind, die die Haare anders tragen...
Stephan: Ich muß se länger tragen, weil ich selbständig bin. Ich kann mir net erlauben, mit 'ner Glatze rumzulaufen, weil ich ja ausseh' wie 'n Schwerverbrecher mit der Glatze.
Interviewer: Was machst du eigentlich?
Stephan: Ich bin Fahrer, ich bin praktisch 'n eigenes Transportunternehmen.
Ralf: Guck mal, ich such' grad 'ne Lehrstelle und er auch. Wenn ich als Skinhead da ankomme bei der Firma, da kannste auch gleich abhauen. Ich find' die Jungs hier in Ordnung, aber ich lauf' so rum, wie's mir gefällt, und wir versteh'n uns trotzdem gut.
Interviewer: Also ihr habt keinen Gruppenzwang, wie also jemand auszusehen hat, der euch beitritt?
Stephan: Ja sicher, is schon Gruppenzwang irgendwo, weil 'n Skinhead muß sich auch so anzieh'n wie 'n Skinhead. Aber er ist ja kein Skinhead, er kann trotzdem dazugehör'n... zur Gemeinschaft, sagen wir's mal so.
Peter: Wenn einer nicht so aussieht wie ein Skin, bekommt der nicht automatisch eins auf die Fress' gehauen oder so.
Interviewer: Wie viele Leute seid ihr eigentlich so ungefähr?
Stephan: Wenn du se noch aus der Umgebung nimmst, die Leute noch aus Rüsselsheim, wie's früher war, früher war'n wir immer so 'n Mob von 50, 60 Leuten.
Interviewer: Ich hab' gehört, daß die Adlerfront (Eintracht-Frankfurt-Hooligans, kf) hauptsächlich aus Rüsselsheim käme?
Stephan: Stimmt net, die Adlerfront kommt hauptsächlich woanders her.
Paul: Aber das sind keine Skins, und wenn se in der Zeitung immer schreiben "die Skins von der Adlerfront", da sind zwei Stück, so Deppen.
Stephan: Früher waren auch 'n paar Skins bei der Adlerfront, aber das ist heute nicht mehr so. Ich mein', die wollen auch ihren Spaß haben, bei denen besteht halt anscheinend der Spaß darin, Leuten auf die Fresse zu hauen. Ich mein', mir is das egal, was die machen, die interessieren mich in dem Sinne nicht. Das Beste an denen ist der Name.
Interviewer: Haltet ihr die eher für militant?
Stephan: Skinheads sind in dem Sinne ja auch militant, weil se halt uniformiert aussehen, allein schon wegen demselben Haarschnitt oder denselben Klamotten. Punks sind auch militant, wenn des so nimmst... Aber wir sind bestimmt nicht in dem Sinne organisiert, sagen wir's mal so...
Interviewer: Reibereien habt ihr mit denen deswegen net?
Stephan: Wir ham mit denen überhaupt noch keinen Krach gehabt.
Interviewer: Überhaupt schon mal Reibereien mit irgendwelchen Leuten gehabt, oder seid ihr irgendwie in der Richtung von der Polizei vorbestraft worden oder so?
Stephan: Wir sind hauptsächlich wegen Hippies... da haben se uns immer erwischt, sagen wir's mal so.
Interviewer: Aber eigentlich war's nix Ernstzunehmendes?
Stephan: Es waren schon 'n paar ernstzunehmende Sachen dabei, aber es passiert immer mal, daß 'ne Schlägerei passiert, das passiert jedem, das passiert in der besten Kneipe. Und bei uns passiert's halt mal öfters. Aber doll is das auch net, es is nicht so, daß wir 'ne absolute Art von Superschlägern sind, daß wir nur auf Stunk aus sind. Ich mein', wenn da jemand Stunk haben will, dann soll er ihn gern haben, da is keiner abgeneigt, aber es is net unbedingt so, daß wir jetzt nur losgeh'n, um Stunk zu suchen, also wir erleben auch oft genug friedliche Nachmittage und friedliche Abende.
Interviewer: So das allgemeine Bild vom Skinhead is halt, daß er loszieht, um jemand zu verprügeln, also mit dem festen Vorsatz, und die meisten Leute ham das Vorurteil, daß jeder Skinhead vorbestraft ist.
Stephan: Weil alle Leute von Skinheads auf die Fresse kriegen, weil Skinheads nie verlieren, das isses nämlich. Wir ham niemals verloren, und jedesmal, wenn jemand was von uns auf die Fresse kriegt, sagt er natürlich: "Die Leute wollen immer nur Stunk haben."

bewältigen und ganz nach oben zu kommen. **Wenn man andere Bands sieht, die heute populär sind, kann man sich nicht darüber freuen, daß die so erfolgreich sind. Die werden ja von vornherein darauf zugeschnitten, was sich im Moment gut verkaufen läßt.** Die Musik hat oft so gut wie gar nichts mit den Leuten zu tun, die diese in der Öffentlichkeit präsentieren, damit sie gut vermarktet werden kann. Die Onkelz sind dazu einfach das krasse Gegengewicht. Sie haben es ganz allein geschafft, entgegen der Meinung der Medien, und das macht sie tatsächlich zu Helden. Deswegen freut sich wohl auch jeder Onkelz-Fan, wenn man sie auf einmal auf Platz eins der deutschen LP-Charts wiederfindet, ohne daß es davor eine große PR-Aktion zu dem Album gab oder man es im Radio hören konnte.

Die Lieder der Onkelz hört man tatsächlich nicht "so nebenbei". Dafür gibt es andere, vor allem fremdsprachige Musik. Bei den Onkelz sind die Inhalte entscheidend. Leider ist das nur noch bei wenigen Liedern, die man heute im Radio hören kann, so. Richtig aussagekräftige Texte findet man nur noch selten. Die Onkelz haben noch diesen Anspruch, mit ihrer Musik etwas bewegen zu wollen, die Leute zum Nachdenken anzuregen.

Wenn ich Lieder von anderen Bands so oft höre, gefallen sie mir meistens irgendwann nicht mehr. Bei den Onkelz-Liedern passiert mir das nicht. Ich kann mir die Lieder tausend mal anhören und kriege nicht genug davon, weil ich immer wieder etwas Neues darin finde und sie immer wieder, je nach Stimmungslage, neu für mich interpretieren kann. Wenn man dann mit Freunden über die Texte redet, entdeckt man oft zu einer Textstelle noch mal mehrere ganz unterschiedliche Interpretationen.

Vielleicht auch gerade, weil mein Leben so gut wie gar nichts mit der Vergangenheit der Onkelz zu tun hat, faszinieren mich diese Texte so. Es ist einfach total bewundernswert, wenn man weiß, wie die Onkelz aufgewachsen sind, daß sie heute so schöne und intelligente Texte schreiben und so tolle Musik

Onkelz-Coverband *Flanger*

machen können. Auch wie sich die Texte im Laufe der Zeit verändert haben, find ich sehr interessant, weil sie so direkt an der Entwicklung dieser vier Musiker dran sind. Besonders schön

Onkelz-Coverband *Terpentin*

finde ich, vor allem bei den Balladen und den neuesten Sachen, den Tonfall der Stimme an bestimmten Stellen der Lieder, der einem zum Teil wirklich Gänsehaut machen kann. Man spürt

Interviewer: Bezieht ihr jetzt eure Ideologie... also sagt ihr, ich komme aus der Arbeiterklasse und ich bin Skinhead, weil Skinhead 'n Ausdruck der Arbeiterklasse immer gewesen ist? Ich frag deswegen, weil die Frankfurter Eintracht mehr 'n bürgerlicher Verein gewesen ist, so Mittelstand, Bildungsbürgertum, während die Offenbacher Kickers eigentlich...
Stephan: ... Asos sind. (Lachen)
Interviewer: ... der absolute Arbeiterverein waren. Allein der Name Kickers war damals schon 'ne Provokation.
Stephan: Die Offenbacher Kickers sind auch heute noch 'ne Provokation. Das is der größte Aso-Verein, den 's überhaupt gibt. Offenbacher Kickers, da kotz ich mich aus, wenn ich allein schon den Namen hör, du. (Lachen) Die Eintracht issen deutscher Verein. Offenbach, das is 'n ausländischer Dreckverein.
Paul: 'N Scheißverein, ja.
Stephan: Bastarde.
Paul: Mal sind se oben, dann wieder unten, und die Eintracht, die kommt wieder hoch.
Interviewer: Bieberer Berg, der höchste Berg in Deutschland: ein Jahr zum Aufsteigen und ein Jahr zum Absteigen...
Stephan: Die Eintracht is 'ne Macht. Die war schon immer in der Bundesliga, solange es die Bundesliga gibt, und wird auch immer drin bleiben, das geht gar net anders.
Peter: Und falls se auch in die 2. Bundesliga absteigen würde, ich glaub' trotzdem, daß keiner von uns hier jemals 'n Ton gegen die Eintracht sagen würde, ne?
Stephan: Die ham zwar auch falsche Politik betrieben, aber der Verein an sich, der is nicht angreifbar, sagen wir's mal so.
Interviewer: Also ihr haltet dem Verein die Treue?
Stephan: Natürlich.
[Kassettenwechsel, kurze Pause, in der über eine *Stern*-Reportage von Gerhard Kromschröder über die Dortmunder Borussenfront diskutiert wird.]
Stephan: Der *Stern* ist erstens sowieso 'n Lügenblatt bis zum gehtnetmehr, von dem hab ich früher auch mal 'ne höhere Meinung gehabt, aber die Hitler-Tagebücher und so 'ne Scherze, das zeigt doch schon alles. Und zweitens, der Bericht über die Borussenfront, das war für mich absolute Hardcore-Lüge, also schlimmer kann man schon gar net mehr lügen, oder schlimmer kann man 'ne Minderheit nicht mehr in irgend'n Bild rücken, wie die se gern haben wollen. *Stern* is sowieso als linkes Blatt verschrien, also net direkt links, aber es ist schon 'n linkes Blatt, und die rücken die Skinheads halt so schön hin, wie sie's haben wollen. Die ham mindestens die Hälfte verschwiegen, was die Leute von der Borussenfront vielleicht noch gesagt haben. Ich kann auch sagen, "Scheißkanaken" und daß ich Kanaken halt auf's Maul haue, das kann ich ja auch sagen, und das wird auch aufgeschrieben. Aber *warum* ich das mache, das schreiben se nicht auf, und das ist das Schlimme an der Sache. Warum ich gegen Ausländer bin, sowas wird gar nicht erklärt, da wird nur erklärt, daß ich einfach nur aggressiv und brutal bin, so stellen die halt die Leute hin. Gut, wir sind vielleicht auch aggressiv, wir sind halt leicht reizbar, sagen wir's mal so, aber das kommt doch net von irgendwo her. Als Minderheit wirste halt leicht angegriffen, als Minderheit mußte auch lernen dich zu verteidigen, und das ist halt des Gute bei den Skinheads überhaupt, daß Skinheads sich wehren. Skinhead is halt irgendwie schon so 'n Ausdruck von Männlichkeit. Da kannste so klein und so schwach sein, allein dieses Gefühl, ein Skinhead zu sein, gibt dir Kraft, da träumt 'n anderer davon. Das is nämlich auch das, was man anderen Leuten nicht erklären kann, das, warum du 'n Skinhead bist. Das is einfach ein Gefühl, das kannste net erklären. Entweder du hast das Gefühl oder nicht. Als Skinhead fühlt man sich in 'ner Gemeinschaft, man fühlt sich also nicht nur in der Gemeinschaft stark, sondern auch alleine, du kannst auch mal alleine auf die Straße gehen, du weißt, daß du Skinhead bist, und du weißt, daß du stolz bist, 'n Skinhead zu sein, dadran kann dir keiner was rütteln, da können dich 50 Leute anmachen, du wirst dich immer noch verteidigen. Das is nämlich das Gefühl als Skinhead, das andere Volk sind alles erbärmliche Schweine, die ham alle Schiß, das is alles.
Interviewer: Wir ham jetzt auch über politische Sachen gesprochen. Wie ist das eigentlich, seid ihr irgendwie politisch tätig, also in irgendwelchen Parteien, oder tendiert ihr

bei den Texten richtig, daß alle Dinge, über die sie singen, einen ganz persönlichen Bezug zu den Bandmitgliedern haben, und dadurch werden diese Lieder so verdammt ehrlich.

Viele Lieder bauen einen wirklich auf, wenn man mal nicht so gut drauf ist, weil die *Onkelz* diese Stimmungstiefs in ihren Texten so wunderschön beschreiben können, einem aber gleichzeitig immer wieder klarmachen, daß es wieder besser wird ("denn auch die größte Scheiße geht mal vorbei..."), daß das Leben lohnenswert ist ("das Leben macht mich hungrig und ich krieg' nicht genug, der Himmel kann warten") und daß jeder Mensch seine ganz besondere Persönlichkeit hat. Das ist, denk' ich, auch für Leute, die richtig Probleme haben, wichtig und hilfreich. Und aus dem Mund der *Onkelz* klingen Sätze wie "Sei du selbst, steh zu dir... finde dich selbst" oder "doch bevor man andere lieben kann, liebe erstmal dich" auch nicht moralisch oder lächerlich, wie es bei Autoritätspersonen oder auch anderen Musikern klingen würde.

Die Beschäftigung mit der Geschichte der *Böhsen Onkelz* und das ewige Rechtfertigen hat mich noch mal ein Stück näher an diese Band gebunden. Genauso wie es da eine gewisse Verbundenheit unter den Fans gibt. Trifft man irgendwo richtige *Onkelz*-Fans, freut man sich und kommt oft ins Gespräch; auch wenn die Leute noch so seltsam sind, hat man doch immer was gemeinsam, denn "mit dieser Band hast du nicht viele Freunde, doch die, die du hast, teilen deine Träume...". Es ist tatsächlich immer wieder etwas Besonderes, gemeinsam diese Lieder zu würdigen und zu feiern. Bei *Onkelz*-Konzerten und -Partys kommt immer eine wahnsinnige Stimmung auf, wohl weil man die Lieder sonst nirgendwo so zu hören bekommt.

Durch die *Onkelz* habe ich viele Leute kennengelernt, die ganz anders sind als ich selber und aus einem ganz anderen Umfeld kommen. Es ist immer wieder interessant, deren Geschichten zu hören. Vor allem über's Internet bin ich mit vielen Leuten in Kontakt getreten, die seit vielen Jahren diese Musik hören, die *Onkelz* in ihrer Entwicklung begleitet haben und sagen, "die *Onkelz*-Lieder sind (oder beschreiben genau) mein Leben". Mir wurde so oft erzählt, wie *Onkelz*-Lieder in schwierigen Situationen geholfen haben, daß Fans dadurch wieder Mut gefaßt und ihr Leben in den Griff bekommen haben. Und das finde ich schon sehr erstaunlich, was da diese Musikband so alles bewirken kann und was die *Onkelz* für manche Menschen bedeuten.

Wenn man solche Gespräche hat, wenn man auf *Onkelz*-Partys oder -Konzerten ist oder Berichte in Metal-Zeitschriften liest, kann man sich immer gar nicht vorstellen, daß es tatsächlich noch Leute gibt, die bei diesem Thema so extrem reagieren. Immer wenn man gerade das Gefühl hat, alles ist lockerer geworden, die Leute reagieren ganz normal, kommt wieder so ein Vorfall. Irgend jemand kriegt mit, daß man die Musik hört, man wird böse angeguckt, gefragt, ob man rechtsradikal ist, und muß sich anhören, daß die *Onkelz* die schlimmsten Menschen überhaupt sind. Es ist schon wahnsinnig, was für Gerüchte sich durchgesetzt haben, was für gelogene Erzählungen immer wieder auftauchen, nur weil die mal in irgendeiner Zeitung standen. Mir macht es aber eigentlich immer noch (oder wieder) Spaß darüber zu diskutieren, weil ich soviel mehr darüber weiß als diese Leute und mir meiner Meinung sicher bin. Obwohl es manchmal schon ein bißchen frustrierend ist, wenn man merkt, daß die Leute ihre Meinung doch nicht ändern wollen oder es zumindest später nicht zugeben...

Steffi (18) aus Bremen

Internet@Onkelz

Als ich Anfang 1998 beschloß, mit dem Internet neben dem *B.O.S.C.-Fanzine* eine zweite Veröffentlichungsmöglichkeit für meine Texte über die *Onkelz* zu erschließen, und dies im Gästebuch der B.O.S.C.-Homepage bekanntgab, dauerte es nicht lange, bis sich ein gewisser Jens, besser bekannt unter dem Namen URANOS5, bei mir meldete und mich für eine Gemeinschaft mit Namen Internet@Onkelz anzuwerben versuchte. Ich schaute mir deren Page an und entschloß mich mitzumachen, auch wenn ich anfangs skeptisch blieb. Im Zuge meiner Arbeit über das Buch der *Onkelz* veröffentlichte ich auf der I@O-Page eine Übersicht über Zeitungsartikel zu diesem

irgendwohin?

Stephan: Also 99 Prozent sind nicht politisch organisiert. Es gibt ein, zwei Leute, die in neonazistischen Parteien drin sind. Deswegen, ich mein', die Nazis, das ist genauso wie damals mit den Hippies bei den Punks. Die Hippies ham sich bei den Punks eingeschlichen und heute versuchen sich die Neonazis bei uns einzuschleichen. Das merkste ja schon an so Aussagen vom Kühnen, wo er seine zukünftigen Leute sieht, halt unter Fußballfans und unter Skinheads, und das ist absoluter Schwachsinn, weil Skinheads sind alleine 'ne Macht, und die brauchen auch niemand anderes, wir vertreten unsere Interessen. Wenn es jetzt 'ne Partei gäbe, die meine Interessen total vertreten würde, wie ich denke und wie ich fühle, dann würde ich die auch wählen und dann würd' ich auch da eintreten, aber Neonazis sind vielleicht in der Beziehung mit Ausländern meiner Meinung, aber nur teilweise, aber ich bin doch kein Adolf-Hitler-Fanatiker, ich hab' mit dem doch nix zu tun, der war vor vierzig Jahren, der interessiert mich doch überhaupt nicht, wir ham heute ganz andere Probleme, vielleicht auch ähnlich, aber die kann man ganz anders durchsetzen, und ich mein': Diktatur brauchen wir bestimmt nicht mehr.

Interviewer: Geht ihr eigentlich zur Wahl?

Stephan: Ja, fast alle gehen zur Wahl.

Interviewer: Und macht ihr da eure Stimmzettel ungültig oder...?

Stephan: Ne, ich hab normal gewählt, Leute, die ich vielleicht noch 'n bißchen höher einstufe als andere Leute, auch wenn ich mit denen net so ganz übereinstimme. Sagen wir's mal so: das kleinere Übel wird gewählt, weil jede Stimme, die du nicht abgibst, is 'ne Stimme für die Partei, die du nicht wählen willst, also da mußte halt schon was machen, finde ich.

Interviewer: Im *Stern* ham sie auch Borussenfront-Mitglieder gezeigt, die Ordnungskräfte gespielt haben auf NPD-Parteitagen. Habt ihr da auch schon mal mitgemacht?

Alle: Nee.

Stephan: Nee, also die kriegen uns auch nicht dazu. Ich mein', einer von meinen besten Freunden is auch in der Partei, aber der belabert mich nicht mit seinen politischen Ideologien oder mit irgendwas anderem, das is für mich 'n Kumpel von seiner Art her, nicht von seiner politischen Meinung. Die interessiert mich halt net in dem Sinne. Ich stimm' zwar teilweise mit dem überein, aber bestimmt net über alles, also ganz und gar net über alles. Skinheads ham ihre eigene Meinung, das hat net unbedingt was mit Politik zu tun, sondern das is einfach 'ne Sache von deinem Gefühl her, und das mußt du vertreten, und da kann keine Partei kommen oder irgendwelche rechts organisierten Gruppen, das is absoluter Quark, mit denen können wir überhaupt nix anfangen, wir sind alleine stark genug, wir brauchen die nicht.

Interviewer: Ist das vielleicht auch ein Grund dafür, warum ihr zu den unorganisierten Fans mehr zählt?

Stephan: Ich glaub' schon, ja. Also wir sind nicht so unorganisiert, also untereinander können wir uns schon organisieren. Es gibt auch 'n paar Leute, die 'n bißchen mehr zu sagen ham, auf die die andern hören...

Peter: Die innere Einstellung zueinander ist wichtiger als 'ne politische Organisation, daß einer sagt und die anderen gehorchen.

Stephan: Um's mal so zu sagen, wir haben auch irgendwo 'ne Organisation, wir halten halt untereinander zusammen, aber wir verteidigen niemand anders.

Kevin: Kameradschaft wird bei uns großgeschrieben.

Stephan: Also jeder kämpft für jeden bei uns, das is richtig. Wenn einer das nicht tut, dann kann er mich am Arsch lecken, wenn ich seh', daß sich einer raushält und in die Hosen scheißt vor irgendwas, dann kann ich den nicht mehr akzeptieren. Also es gibt auch Grenzen bei uns, wo die Kameradschaft aufhört, aber daran denken wir in so 'nem Moment net, wenn 's 'ne Schlägerei gibt oder irgendwas anderes, in dem Moment is der 'n Skinhead, in dem Moment wird der verteidigt.

Interviewer: Und wie ist eigentlich euer Verhältnis zur Polizei oder Bundeswehr?

Stephan: Also ich kann nur von mir reden, zur Bundeswehr hab' ich überhaupt kein Verhältnis. Ich will auch nicht zur Bundeswehr. Also wenn ich jetzt nix hätte, wenn ich jetzt

Buch. Unsere Page hat sich im Laufe immer weiter entwickelt, wir nahmen explosionsartig an Mitgliedern zu, Berichte, Foren usw., alles weitete sich immer mehr aus. Die Page zog zweimal um, um dem regen Andrang gerecht zu werden.

Im Vordergrund, wie könnte es in der *Onkelz*-Szene anders sein, stehen natürlich die Menschen. Deswegen haben wir eine Mitgliederliste (ganz schön groß, nach einem knappen Jahr), wobei jeder auf Wunsch einen eigenen Steckbrief veröffentlichen kann, die alleine schon interessant sind. Man kann hier sehr gut sehen, was es alles so für Menschen gibt, die *Onkelz* hören. Wo viele Menschen sind, sollte es ab und an auch mal zu Kontakten kommen. Kein Problem, viele Freundschaften wurden schon auf den B.O.S.C.-Kennenlernpartys geschlossen, des weiteren haben wir eine Umfrage über die Konzerttermine gestartet und zu jedem Konzert alle teilnehmenden Mitglieder veröffentlicht. Nun war es ein Leichtes, per eMails Dates abzumachen. Ich hatte auf jedem meiner 5 Konzerte 1998 einige Leute zu treffen. Das war eine Sache, die mich persönlich (und nicht nur mich) sehr beeindruckt hat, es gab auf der Tour und auf den B.O.S.C.-Kennenlernpartys unzählige Kontakte unter unseren Mitgliedern. Die unzähligen eMails und Chattermine brauchen gar nicht erwähnt zu werden. Für jemanden wie mich, der einen großen Teil seiner Freizeit in den letzten Jahren in den entlegenen Winkeln Mecklenburger Seen verbracht hat, eine ganz neue Erfahrung.

Fanparty im »Linientreu«, Fotografie: Boris Geilert/GAFF

Des weiteren wollen wir möglichst aktuell über die *Onkelz* informieren. Viele unserer Mitglieder sind nicht im B.O.S.C., und gerade für die dürften unsere Page und unser Newsletter schon ein wichtiges Medium sein.

Ursprünglich war es mal Jens' Idee, die unendliche Breite von *Onkelz*-Seiten im Internet etwas zu reduzieren und einen Anlaufpunkt zu schaffen. Es hat sich dann aber anders entwickelt. Es gibt sehr viele, gute Pages im Internet, die sich mit dem Thema *Böhse Onkelz* auseinandersetzen. Bei dem Charakter, den das Internet und die Szene der *Onkelz*-Fans haben, liegt das ja auch nahe. Die *Onkelz* machen vor, daß man dem technologischen Fortschritt durchaus was Positives abtrotzen kann, ohne gleich andere auszubeuten, was deren Angebot im Computer/Internetbereich zeigt. Durch das Internet gelangten sehr schnell wichtige Informationen (allerdings auch absurde Gerüchte!) über die *Onkelz* unter die Fans. Dies war früher durch mangelndes Medieninteresse ja nicht unbedingt gegeben, die Verleumdungen über all die Jahre mal außen vor gelassen.

Ich bin nun schon einige Jahre unterwegs auf Konzerten, B.O.S.C.-Partys etc. und habe einige Leute dabei kennengelernt, jedoch ergaben sich dabei aufgrund meiner zurückhaltenden Art nicht unbedingt viele anhaltende Kontakte. 1998 änderte sich das aber, stark beeinflußt durch meine Veröffentlichungen und mein Engagement im Internet. Aus den anfänglich noch

nicht selbständig wäre und nicht verheiratet wäre und auch kein Bock mehr hätte hier auf die ganze Scheiße oder so, dann würde ich auch sagen, geh' ich zum Bund, is scheißegal, reiß die Zeit halt ab, vielleicht bringt's mir ja was. Ich bin also net unbedingt gegen die Bundeswehr, die is mir eigentlich scheißegal. Die Bundeswehr is eh nur 'n lächerlicher Haufen, den wir eigentlich gar net brauchen, weil, wenn uns wirklich mal was passiert, dann kannste dich net darauf verlassen.

Interviewer: Und mit der Polizei...

Stephan: ...die reden schön und tun beschissen, das isses. Beim Großteil von der Bevölkerung sieht's nämlich so aus, daß die meinen, daß die Polizei net hart genug gegen uns Skinheads durchgreift, und das ist überhaupt nicht wahr. Zum Beispiel ham jetzt zwei Leute 'ne Anzeige wegen versuchten Totschlags bekommen und solche Sachen, also das ist absoluter Quatsch, Skinheads werden genauso bestraft wie irgendwelche anderen. Aber wenn's denn so is wie auf der Startbahn, die Linken da dicke Wackersteine schmeißen und so viele Bullen verletzt werden, dann kommen se einfach davon, weil se noch keine 21 sind oder irgendwas anderes. Da redet kein Schwein drüber, aber wenn 'n Skinhead mal mit 'ner Geldstrafe wegkommt, dann is das gleich die größte Schweinerei. Dann bringen die Hippies irgendwelche Flugblätter raus, "faschistischer Skinheadterror in Sachsenhausen", und versuchen hinter jeder Tat, die wir machen, oder wenn's 'ne Schlägerei gibt, 'ne politische Ideologie dahinter zu entdecken.

Paul: Die Bullen hier in Deutschland, das sind feige Schweine, die nur mit der Knarre kommen können oder mit 'm Knüppel. Okay, Knüppel wär ja noch machbar, aber die zieh'n gleich den Ballermann, ja, das ham wir schon mal gehabt. 'n Freund von mir, den hamse in den Rücken geschossen.

Stephan: Bei 'n Bullen das is genau wie bei allen uniformierten Leuten, die sich einfach nur in ihrer Uniform stark fühlen können. Wir ham 'n Lied geschrieben, und das sagt für mich das aus, was ich über Bullen denke, also, wenn du sie halt privat treffen würdest, würden se in die Hose kacken oder lieber ihr Maul halten, bevor se irgendwas machen würden. Und wenn du se auf der Straße triffst, wenn sie die Staatsgewalt ausüben, obwohl se total im Unrecht sind, wie zum Beispiel nach dem HSV-Spiel, wo wir wirklich friedlich gewesen sind, im Spider-Pub, wo se uns da rausgeholt ham, obwohl wir überhaupt nix gemacht haben, und auf uns eingedroschen haben. Ich hab' allein vor fünf Mann gestanden, ich hab' einmal so gemacht, und da hamse alle fünf zusammengezuckt und sich in die Hosen gekackt, und da hamse mir gleich Gas ins Gesicht gesprüht. Das sind feige Schweine. Wir ham ja genug von unseren Zivis, und die tun halt vornerum immer schön und reden, ja, wir versuchen euch da rauszuboxen und das und das, aber hintenrum? Ich hab' net unbedingt was gegen Bullen. Polizei muß im Prinzip schon sein, oder sagen wir mal 'ne Ordnungskraft, aber die Ordnungskraft können genauso gut auch wir sein, dazu brauchen wir keine Bullen, wir sorgen schon für Ordnung. (Lachen) Also ich will net sagen, daß ich jetzt staatsfeindlich bin oder gegen Bullen bin, das bin ich nicht in dem Sinne. Wie einer so 'n Beruf ergreifen kann, das versteh' ich nicht, weil da muß ich schon vollkommen hinter dem Gesetzbuch stehen, also vollkommen, und das tu' ich nicht, und ich kann mir auch nicht vorstellen, wie das überhaupt einer tut, mit jedem Punkt im Gesetzbuch übereinzustimmen, denn es gibt ja wohl auch genug Bullen, die gegen die Startbahn sind und trotzdem da hin müssen. Also ich könnte so 'n Beruf nicht ergreifen.

Interviewer: Was haltet ihr zum Beispiel davon, damals, als die Eintracht mal geführt wurde von dem Achaz von Thümen. Der war ja beileibe kein Arbeiterfreund, der hat ja den Zuschauer als zahlenden Kunden nur gesehen, als irgend 'ne Kuh, die er halt melken konnte. Wie habt ihr euch eigentlich damals identifiziert?

Stephan: Wenn de hinner'm Fußballverein stehst, dann stehste net hinner'm Präsidium, sondern hinter der Mannschaft. Die Eintracht ist nicht das Präsidium, sondern deine Mannschaft. Du kommst aus Frankfurt, weißte, das is nämlich sehr wichtig. Der Frankfurter Nationalstolz ist noch wichtiger, als 'n Deutscher zu sein...

recht unpersönlichen und distanzierten Kontakten über Gästebücher, Chats und eMails entstanden alsbald die ersten Treffen und der Bekanntenkreis in dieser Richtung explodierte. Interessant war, daß der Prozentsatz an Leuten, mit denen man themenübergreifend etwas anfangen konnte, wesentlich höher war als anderswo. Wenn du beim Kaninchenzüchterverein jemanden triffst, kannst du mit demjenigen stundenlang über Karnickel quatschen. Vielleicht auch noch über das Wetter. Wenn man dann noch weitere Gemeinsamkeiten, Werte oder Charakterzüge entdeckt, hat man einen Menschen gefunden, den man schätzen lernen könnte. Und genau das passiert mir im Umfeld der *Böhsen Onkelz* viel häufiger als anderswo. Da triffst du Leute aus allen Schichten und aus allen geographischen Winkeln zumindest des deutschsprachigen Raums. Jeder hat andere Vorlieben und trotzdem versteht man sich, selbst wenn man das Thema *Böhse Onkelz* mal ad acta legt.

Hier bietet das Internet die unkomplizierte und effektive Möglichkeit, mit Gleichgesinnten in Kontakt zu treten. Früher mußtest du tatsächlich auf Konzerte und Partys hoffen, korrekte Leute kennenzulernen. Publikationen über die *Onkelz* gab es ja damals noch viel weniger als heute. Das Internet bietet jedem mit relativ geringen Mitteln (ja, ihr Hardcore-Surfer, man muß es ja nicht übertreiben?) die Möglichkeit, Informationen zu suchen oder zu veröffentlichen. Natürlich auch über die *Onkelz*. Von irgendwelchen Gegnern, die einem die Gästebücher verunstalten o.ä., darf man sich dabei nicht abhalten lassen.

Markus Möller
Onkel-markus@online.de
http://www.onkel-markus.onlinehome.de

Fanparty im »Linientreu«, Fotografie: Boris Geilert/GAFF

Ich habe eine Sozialisierung erlebt, die durch das mittelständische Elternhaus und später durch linke Betätigung und linkes Gedankengut (Humanität, Antisexismus, Antimilitarismus und -faschismus) geprägt war. In jungen Jahren, etwa parallel zu meinen ersten linken Gruppen, wurde ich von der Subkultur Heavy Metal angezogen. Im Grunde aber auch nur als Fan der Musik, das Verhalten in der Szene ging an mir vorbei, und vor allem, und darauf will ich hinaus, stießen mich extreme Vertreter der Musik, vor allem mit ihren Texten, anfangs ab. So stand ich *Slayer*, obwohl musikalisch großartig, kritisch gegenüber! Diese Entwicklung setzte sich mit Fällen wie *M.O.D.*, *Type-O-Negative*, *Pro Pain* und den *Onkelz* fort, die alle in der Metal-Presse pseudokritisch durchleuchtet wurden. Im Laufe der Jahre wurde mir der ganze Dogmatismus zu blöd. Linkes Gehabe ging mir genauso auf den Nerv wie rechtes. Obwohl ich auch anmerken möchte, daß der verstärkte Gewaltaspekt mir

Kevin: Deswegen woll'n wir nachher auf Binding noch kommen! (Lachen)

Interviewer: Und daß die Spieler soviel Geld verdienen, das stört euch also nicht sehr groß?

Stephan: Naja, nee... ich mein', was soll's? Mir stinkt's dann, wenn ich so Spiele seh' wie Deutschland gegen Österreich, dann denk' ich mir auch..., da hab' ich mich echt geschämt für Deutschland, ohne Scheiße, ehrlich. Aber trotzdem, mir ist das im Prinzip egal, ob die da jetzt viel Geld verdienen oder nicht, die ackern auch dafür. Die trainieren den ganzen Tag, und knochenhart. Was müssen die für Einschränkungen machen, die dürfen nicht saufen, im Prinzip, viel Spaß ham die auch nicht, der Fußball is ihr Beruf und da steh'n die 'n ganzen Tag dahinter, die ganze Woche und Samstag und Sonntag auch noch dazu.

Interviewer: Habt ihr mal Gespräche gehabt mit irgendwelchen Fußballspielern?

Stephan: Also ich war früher im Roten Club in Sachsenhausen, also der is auch net mehr so, wie er damals war. Aber durch früher und meinen Vater kenn' ich halt ziemlich viele Spieler, also ich kenn' zum Beispiel noch den Kraus persönlich, der jetzt bei Bayern is, den Grabowski, hab' ich 'n paar mal mit gesprochen, den Hölzenbein kenn' ich sehr gut sogar, weil der mal neben uns gewohnt hat... So näheren Kontakt haste zu solchen Leuten sowieso nicht, genausowenig wie du näheren Kontakt zu irgendwelchen Gruppen hast, so deine Favoriten oder irgendwelche Superstars, zu denen haste vielleicht noch zehnmal weniger Kontakt als zu Fußballern.

Interviewer: Aber das stört euch eigentlich net?

Stephan: Ich mach' mir da keine größeren Gedanken drüber. Wenn ich jetzt drüber nachdenken würde, dann fänd' ich's schon ganz gut, wenn die sich mehr um die Zuschauer bemühen würden. Ich mein', ich freu' mich jedes Mal, wenn ich dran denke, wo se damals bei Gladbach, beim Europa-Pokalendspiel, auf 'n G-Block zulaufen, dann noch die Trikots reinschmeißen und den Leuten winken..., da freu' ich mich ganz schrecklich, und mehr will ich auch gar nicht. Ich kann halt nur so einzelne Leute nicht aussteh'n, Breitner zum Beispiel, den haß' ich auf 'n Tod. Für mich is der Grabowski der beste Spieler, den 's wohl überhaupt gab, auf der ganzen Welt, zumindest im Mittelfeld, und der kam immer zum G-Block und hat gewinkt und sowas.

Peter: Da war eben das persönliche Verhältnis zum Fan, zum Unterstützer der Mannschaft irgendwie vorhanden.

Stephan: Man merkt da eben auch, daß der sein ganzes Leben nur für Frankfurt gespielt hat, das merkste. Der is niemals zu 'nem andern Verein gegangen. Der is von Wiesbaden damals zur Eintracht gekommen und hat 15 Jahre bei der Eintracht gespielt, also sowas, das lob ich mir. Und auch so die jungen Leute, die wir jetzt bei der Eintracht haben, die hier aus Frankfurt kommen, wo wirklich noch persönliches Engagement dahintersteht, die nicht so viel Geld verdienen, die trotzdem für den Verein kämpfen, so Leute find ich halt' irgendwie geil.

Interviewer: Warum geht ihr eigentlich in Block G? (Block G = der Stammblock der Fans; kf)

Stephan: Wir gehen nicht in Block G. Nicht mehr. Das is so 'n Aso-Haufen geworden, wo nur noch Kinder steh'n und nur noch Asos. Also ich weiß net, mit denen können wir nix anfangen, die bringen's halt nicht für uns, die sind auch gar keine Macht mehr wie früher, vor vier, fünf Jahren. Über die kannste nur noch lachen, und mit denen wollen wir nichts mehr zu tun haben.

Interviewer: Okay... ich schätze, für heute langt's erstmal.

Der Student, Thomas Schneider, bekam für die engagierte Arbeit von seinem Professor eine hervorragende Note, ging mit dem Diplom in der Tasche nach Hamburg, um dort in einem der ersten "Fan-Projekte" mit Skinheads und Hooligans zu arbeiten, und blieb bis heute seiner Fußball(fan)-Leidenschaft auch beruflich treu: Inzwischen koordiniert er von Frankfurt aus im Auftrag der Deutschen Sportjugend das Engagement der mehr als zwei Dutzend Fan-Projekte an bundesdeutschen Liga-Standorten.

Die Band ging 15 Wochen nach diesem Interview in ein Frankfurter Studio, um endlich ihr erstes eigenes Album aufzunehmen. Es sollte das bis heute bedeutendste und folgen-

die Faschisten verabscheuenswert macht. Ebensowenig konnte ich losziehen und Skins klatschen.

1996 war ich dann beim Wacken-Festival im Norden, Headliner *Onkelz*. War 'n netter Festivaltag mit viel Skins, Frankfurt-Security und Unsicherheit, wie die Stimmung während des Auftrittes und danach auf dem Zeltplatz sein würde. Das Konzert war geil, wahnsinnige Unterstützung der Supporter, geile Songs, einwandfreie Aussagen und liebe, sich freuende Skins und Metals beim Abfeiern. Ab da wollte ich alles von *B.O.*. Im Bekanntenkreis konnte ich keine große Unterstützung erreichen. Durch meine Arbeit für's Freie Radio Stuttgart bekam ich die "Viva los Tioz" & 2 Tickets für Stuttgart (8.11.98). Saugeiles Konzert, geniale Band. Inzwischen wirklich musikalisch großartig. Raffiniert und einfach. Und vor allem treffen die *Onkelz* in einer unnachahmlich ironischen Art textlich den Nagel oft auf den Kopf. Lieder wie "Weit weg" oder "Leere Worte" sind das Beste in deutscher Sprache für fühlende und reflektierende Menschen. Und es gab auch die klare Abfuhr an Faschisten. Für mich sind die *Onkelz* ganz unspektakulär eine der besten Bands, weil ich auf Abgehmusik mit Power und Lyrics mit Aussagen, mit denen ich mich identifizieren kann, stehe!

Alex aus Stuttgart

Vorausschicken muß ich, daß mein Alter schon etwas fortgeschritten ist = 49. Verheiratet bin ich auch, und ich habe 3 Kinder (2 Jungen = 24 + 11, 1 Mädchen = 14). Wir haben eine schöne Wohnung, und ich arbeite seit über 31 Jahren als kaufm. Angestellter in der gleichen Firma. Sicher bin ich ein stinknormaler Bürger und sicher nicht der typische *Onkelz*-Fan - falls es den überhaupt gibt.

In meiner Freizeit lese ich viel, höre Musik und ab und zu jogge ich. Außerdem spiele ich noch Gitarre in einer Oldie-Band (Rocksongs der 60er + 70er: *Rolling Stones, Santana, CCR* etc.). Hier ist vielleicht der Punkt, der mich von dem deutschen Michel unterscheidet - ich habe schon seit *Elvis* immer die etwas härtere Musik gehört: in den 60ern *Stones, Pretty Things*, in den 70ern *Led Zeppelin, Black Sabbath, Sex Pistols, Clash*, in den 80ern *Saxon, Iron Maiden*, in den 90ern *Bio Hazard*. Zwangsläufig mußte ich bei diesem Musikgeschmack auch irgendwann auf die *Onkelz* treffen. Das war so etwa vor 4 Jahren. Gelesen hatte ich schon einiges über die Jungs, aber nicht viel Gutes! Sie sollten ein Stück mit dem Titel "Türken raus" gemacht haben. Von der Presse wurde die Gruppe in die rechte Ecke gedrängt. Da ich noch keinen Ton von den *Onkelz* gehört hatte, im Radio oder Fernsehen wurden sie nicht gespielt, war ich neugierig auf die Musik. Einer meine Azubis brachte mir schließlich eine CD - "Gehaßt, verdammt, vergöttert" - mit, das Teil hat mich schwer beeindruckt. **Die beste deutsche Band seit den Toten Hosen.** Der Gitarrist ist sehr *Hendrix*-beeinflußt. Das gefiel mir sofort.

Inzwischen habe ich hier eine Sammlung von 8 CD's angeschafft. Die Entwicklung der Jungs ist beträchtlich, obwohl sie ihrem Stil treu geblieben sind. Natürlich sind die Scheiben auch produktionstechnisch besser geworden - man höre sich nur den Supersound von "Viva los Tioz" an. Für meinen Geschmack das beste Album ist jedoch "E.I.N.S.", und "Regen" ist der absolut geilste *Onkelz*-Song.

Mit den Texten kann ich nicht immer etwas anfangen. Aber sicher interpretiert die jeder anders. Um mehr über die Jungs zu erfahren, habe ich auch das Buch gelesen - "danke für nichts". Es zeigt die Geschichte der *Onkelz* in schonungsloser Offenheit. Was bewundernswert ist - die Band hat aus ihren Fehlern gelernt. Auch wenn sie mir doch ziemlich arrogant vorkommen - ich bin ein *Onkelz*-Fan. Ihre Musik zählt für mich!

Karlheinz (49) aus Bürstadt

Fast jedes *Onkelz*-Lied hat für mich eine gewisse Bedeutung. Für mich sind es mehr als nur Lieder, für mich sind sie ein Stück Lebensgeschichte. Der *Onkelz* wie auch von mir. Mit vielen Songs verbinde ich irgendeine Erinnerung. Teilweise schöne, aber auch schlechte. Die schönste Erinnerung habe ich allerdings bei dem Lied "Bin ich nur glücklich, wenn es schmerzt", da ich eigentlich wegen diesem Stück mit meinem Freund zusammen bin. Es ist eine lange Geschichte, aber den entscheidenden Auslöser gab dieses Lied.

Julia (17) aus Lohnsfeld

reichste Album in der Geschichte der deutschen Skinhead-Szene werden...

"Der nette Mann"

Das Album, im April 1984 innerhalb von fünf Tagen eingespielt, kam bereits im Mai auf den Markt, wenige Wochen vor der Europameisterschaft in Frankreich. Selbstverständlich eröffneten die *Onkelz* ihr Album deshalb mit einem Lied auf dieses Ereignis:

Frankreich '84
Im Sommer '84 fahren wir nach Frankreich
Um unsere Nationalelf siegen zu sehen
Und für unser Land geradezustehen
Fußball-Europameister
Es gibt nur einen, Deutschland heißt er
Deutschland, Deutschland ist die Macht

Ja, wir sehen uns in jedem Fall
Im Sommer '84 beim Frankreich-Überfall!
Ja, wir sehen uns in jedem Fall
Im Sommer '84 beim Frankreich-Überfall!

Laßt uns unsere Fahne hissen
Unseren Gegnern vor die Füße pissen
Zeigt ihnen, zeigt ihnen, wer wir sind
Fußball-Europameister
Es gibt nur einen, Deutschland heißt er
Deutschland, Deutschland ist die Macht

Ja, wir sehen uns in jedem Fall
Im Sommer '84 beim Frankreich-Überfall!
Ja, wir sehen uns in jedem Fall
Im Sommer '84 beim Frankreich-Überfall!

Im Sommer '84 fahren wir nach Frankreich
Um unsere Nationalelf siegen zu sehen
Und für unser Land geradezustehen

Laßt uns unsere Fahne hissen
Unseren Gegnern vor die Füße pissen
Zeigt ihnen, zeigt ihnen, wer wir sind!

Ja, wir sehen uns... Oi! Oi! Oi! Oi! Oi!

Auch das zweite Lied widmete sich dem zentralen *Onkelz*-Thema Fußball. Die Fan-Szene spaltete sich derzeit gerade in Kuttenfans und Gewaltbereite, für die die "3. Halbzeit" mindestens die gleiche Bedeutung hatte wie der Kampf auf dem Rasen. Die *Böhsen Onkelz* ließen niemanden im Unklaren darüber, zu welcher Fraktion sie sich zählten:

Fußball und Gewalt
Samstag mittag, Stadionzeit
Schnaps und Bier, wir feiern euch bereits
Linie 13 total überfüllt
Am Stadioneingang wird nach Waffen gefilzt

Wir stehen in unserem Block und singen unsere Lieder
Wir schwören auf unsere Farben und machen alles nieder
Fußball und Gewalt
Blutige Schlachten im Wald
Fußball und Gewalt!

Das Spiel ist aus, wir stehen am Bierstand
Das Stadion ist in unserer Hand
Wir warten auf unseren Gegner
Siege feiern können wir erst später

Wir stehen in einer Front und singen unsere Lieder...

Die Gewaltlust der *Onkelz* spiegelt sich auch in den meisten anderen Liedern dieses Albums wider, vor allem natürlich in Verbindung mit dem Skinhead-Kult.

Dr. Martens-Beat
Dr. Martens-Beat, Dr. Martens-Beat
Der Klang einer Stahlkappe

Gerade, wenn ich abschalten will, Probleme und Sorgen für eine Weile verwerfen will, dem Arbeitsalltag entfliehen will, höre ich mir die *Onkelz* an. Dann steige ich in mein eigenes Onkelz-Reich, wo mich keiner 'rausholen kann.

Zwar muß man seinen Weg im Leben größtenteils alleine gehen, doch **die Musik der Onkelz ist ein Antidepressivum** und treuer Wegbegleiter.

Anke (24) aus Hannover

Natürlich hat man auch Probleme, wenn man sich als *Onkelz*-Fan bekennt. Man wird angemacht, von links, von Normalen, und von Rechten! Doch das Onkelz-Shirt bleibt an!

Denn uns kotzen Leute an, die sich zum Beispiel im Rock Hard oder im Hammer über die *Onkelz* aufregen, daß sie eh Scheiße sind und ihren Wandel nur aus Imagegründen vortäuschen, daß man beim Rückwärtsabspielen der '94er Doppelveröffentlichung auf CD (! - eine ganz neue Technik...) satanische, rassistische und frauenfeindliche Texte heraushört, und dabei sogar ins Detail gehen und einen Leserbrief verfassen, in dem sie gleichzeitig über Stephans "schwules Blumenhemd" herziehen. So blöd darf man einfach nicht sein.

Martin (18) und Manuel (18) aus Wiesbach

Es mag wohl durchaus Bands geben, die eine ähnliche Entwicklung der Texte hinter sich gebracht haben wie die *Böhsen Onkelz*, aber bei wohl keiner ist dies so verkannt worden wie bei den vier Frankfurtern. Wenn denn überhaupt seitens der Öffentlichkeit eine Entwicklung erkannt wurde, so wurde dies schnell als kommerziell notwendig begründet. Es ist doch aber mehr als fadenscheinig zu glauben, ein hohlköpfiger Fascho schreibt aus finanzieller Not intelligente Texte und verprellt damit auch noch seine eigenen "Kameraden". Diese alte Leier soll hier aber nicht das Thema sein, sondern ich möchte versuchen, die Motive und die Entwicklung, die hinter den Texten steht, anhand einiger *Onkelz*-Songs festzumachen.

Der Anfang wird einigen kritischen Betrachtern vielleicht zu pauschal vorkommen, aber der folgende Teil ist Absicht. Hier sind sie nämlich zu finden, die schlimmsten, bluttrünstigsten, sexistischsten Textpassagen, die die Welt je gekannt hat. Ob sich aber einer der, die zivilisierte Gesellschaft vertretenden Herren mal Gedanken gemacht hat, warum James Dean in der 50ern einen Kultstatus erlangte, warum in den 60ern die Friseurläden pleite gingen oder in den 70ern alle plötzlich grüne, gelbe oder blau-rot-karierte Haare trugen? Die Antwort

»Die Fans halten zusammen, wie eine Mauer. Anbei mein Lieblingsfoto, am 13.10.98 auf dem Europaplatz in Kiel aufgenommen. Die *Onkelz* fingen klein an. Und heute? Das Foto zeigt es!«
Michael aus Kronshagen

hat für mich nur ein Wort: Provokation. Es ist das natürliche Aufbegehren der Jugend, nachdem der erste Teil der Kindheit meist mit dem Willen der Eltern konform war, entfernt sich der zweite Teil umso weiter von der Erwachsenen-Gesellschaft, um zum Schluß für sich das gesunde Mittelmaß zu finden. Hier stoßen meiner Meinung nach auch die fremdenfeindlichen Demos oder Lieder wie "Deutschland" rein, wobei dies aber

Die dich in die Fresse trifft
Dr. Martens-Beat, Dr. Martens-Beat
Der Tanz, den wir tanzen
Wenn es einmal nötig ist

Skinheadboots auf deinem Gesicht
Solange du auf die Fresse kriegst
Und siehst du dich dann im Spiegel an
Dann denke, denke immer daran:

Dr. Martens-Beat, Dr. Martens-Beat
Der Klang einer Stahlkappe
Die dich in die Fresse trifft
Dr. Martens-Beat, Dr. Martens-Beat
Der Tanz, den wir tanzen
Wenn es einmal nötig ist

Wenn die Stahlkappe dir in die Rippen knallt
Und du glaubst, dein Ende käme bald
Dann fürchte dich vor diesem Klang
Und denke, denke immer daran:

Dr. Martens-Beat...

Dem Skinhead-Kult werden mit "Singen und Tanzen" (ein Ska-Song), "Vereint" und "Stolz" vier weitere Lieder gewidmet, wobei vor allem das letzte in den Folgejahren zur bedeutendsten Skinhead-Hymne avancierte:

Stolz
Einer von vielen mit rasiertem Kopf
Du steckst nicht zurück, denn du hast keine Angst
Shermans, Braces, Jeans und Boots
Deutschlandfahne, denn darauf bist du stolz
Man lacht über dich, weil du Arbeiter bist
Doch darauf bin ich stolz, ich hör' nicht auf den Mist

Fotografie: Boris Geilert/GAFF

nicht mehr einfach als Provokation abgetan werden kann. Dies sehen die *Onkelz* aber genauso und verabscheuen ihr eigenes Tun von damals. Ein Recht, was man in unserem Land selbst Schwerverbrechern zugesteht, aber den *Onkelz* nicht?

Abgesehen von den in die politische Ecke gedrängten Texten gab es aber noch andere Themen, die der Bundesprüfstelle für jugendgefährdende Schriften schwer im Magen lagen. Fangen wir beim harmloseren Thema Alkohol an. Die Gesellschaft wird zu potentiellen Trinkern erzogen, kriegt man zu hören, wenn es um Texte wie "Alkohol", "Heute trinken wir richtig" oder "So ein schöner Tag" geht. Das Komische daran ist nur, daß sich die *Onkelz* meines Wissens nach immer noch bester Gesundheit erfreuen. *Harald Juhnke*, *Paul Kuhn* oder auch *Roland Kaiser* soll es da schon wesentlich schlechter gegangen sein.

Ein länger anhaltender Vorwurf ist der des Sexismus. Klar, ernst genommen ist ein Text wie

Willst Du mal 'ne Nummer schieben
Mädchen komm' zu mir
Denn ich bin der Schönste
Ich besorg es Dir

nicht der Text, von dem die emanzipierte Frau träumt, aber müssen wir denn alles so bierernst nehmen? Sicher, in einem Alter von 17-19 Jahren ist so etwas vielleicht noch als Meinung in einigen Köpfen vorhanden, aber heute gilt doch allerhöchstens noch die in der heutigen Musikszene allgegenwärtige Provokation gegen das Tabu der alten Schule.

Als Letztes wollen wir aber auch den Vorwurf der Gewaltverherrlichung nicht unter den Tisch fallen lassen, was man an dem Stück "Der nette Mann" am besten nachvollziehen kann. Dieses Stück ist wohl Synonym für ‚Das Feindbild' *Böhse Onkelz*. Wo liegt aber jetzt die Aussage bzw. das Gefährliche an diesem Stück? Nun, ganz ehrlich, ich weiß es nicht. Zum einen möchte ich mir nicht anmaßen, exakt festlegen zu können, wieviel Prozent Provokation und wieviel Prozent Zynismus in diesem Text enthalten sind. Ich kann nur sagen, warum die Jungs das Stück heute noch spielen. Leider gibt es auch heutzutage noch solche "netten Männer", und ein bißchen Provokation in Richtung des Instituts, welches einem erst mit 18 gestattet, einigermaßen unzensiert durchs Leben zu gehen, ist auch im Spiel. Es ist jedoch wohl einfach so, daß unsere Gesellschaft die Provokationen ihrer Jugend nicht verstehen will, aber vielleicht macht es ja unsere Generation in 10-20 Jahren endlich mal besser.

Spätestens auf der "böse Menschen, böse Lieder" tauchten dann aber die ersten Stücke auf, die sich eingehender mit der tatsächlichen Gesinnung der Band auseinandersetzten. Hier wurde absichtlich darauf verzichtet, den Leuten nach dem Mund zu reden, womit nur die wenigsten begriffen, worum es wirklich ging, sowohl sogenannte Fans als auch sogenannte Journalisten. Krassestes Beispiel hierfür ist für mich der Song "Häßlich, brutal und gewalttätig". Ein Lied, das mit "Tragen alle Hakenkreuze..." anfängt, hat in unserer Zeit natürlich sofort verschissen. Dabei sollte es doch nicht so schwierig sein, so einem Lied mal bis zum Ende zuzuhören. Denn wenn einem schlimme Taten vorgeworfen werden, so muß man zur Revidierung die schlimmen Bezeichnungen dazu auch in den Mund nehmen. So provokative Zeilen spiegeln aber die tatsächliche Einstellung der damaligen *Onkelz* recht gut wider. Es war ihnen schlicht und einfach egal, was die Öffentlichkeit von ihnen hielt. Dies mag aus image-technischen Gründen vielleicht ein Fehler gewesen sein, aber widerlegt dieser Fehler wiederum das Vorurteil, der sogenannte Wandel der *Onkelz* sei rein kommerziell. So wurde z.B. Mitte der 80er ein Lied über die heute allseits bekannte und viel diskutierte Politikverdrossenheit geschrieben mit dem provokativen, aber treffenden Titel "Hass". Dies geschah zu einer Zeit, in der wir noch in einer ziemlich guten wirtschaftlichen Situation waren, aber durch unsere Engstirnigkeit und Kurzsichtigkeit uns vielleicht die Zukunft verbaut haben. So ein Lied, heute von einer anderen Band mit einem "besser klingenden Namen" geschrieben, würde wahrscheinlich zum Kassenschlager werden. Nicht nur hier wird deutlich, daß man bei den *Onkelz* auch immer auf den Zusammenhang achten muß, was für viele leider zu hoch erscheint.

Irgendwann begannen dann die *Onkelz* aber auch aufzuhören, andere für ihr Leben verantwortlich zu machen, und an ihrem

Du bist Skinhead, du bist stolz
Du bist Skinhead, schrei´s heraus
Du bist Skinhead, du bist stolz
Du bist Skinhead, schrei´s heraus

Du hörst Oi!, wenn du zu Hause bist
Du bist einer von ihnen, denn du bist nicht allein
Du bist tätowiert auf deiner Brust
Denn du weißt, welcher Kult für dich am besten ist
Die Leute schauen auf dich mit Haß in den Augen
Sie schimpfen dir nach und erzählen Lügen über dich

Du bist Skinhead...

Hier formulieren die *Onkelz* bereits alle Voraussetzungen und Glaubensinhalte, die bis heute zentrale Identifikationsmerkmale der Skinhead-Kultur darstellen:
- optische Signale wie kurze Haare und bestimmte Mode-Accessoires (Ben-Sherman- oder Fred-Perry-Hemden, darüber Braces, also Hosenträger, akkurat gebügelte Sta-Prest-Jeans und Kampfstiefel bzw. die luftgepolsterten Arbeiterschuhe des bayerischen Dr. Maertens);
- eine musikalische Vorliebe für Ska und Oi!-Punk;
- eine aktive Teilhabe an der "Spaßkultur" der Skinheads, die sich im Wesentlichen in exzessiven Feiern erschöpft, zu denen viel Alkohol (vor allem Bier), Musik, "Singen und Tanzen", aber auch die Lust auf Schlägereien gehören;
- eine Selbststilisierung als militanter Underdog der Gesellschaft, Kämpfer und Märtyrer zugleich: Die Leute schauen auf dich mit Haß in den Augen, doch darauf bist du stolz...;
- eine nationalistische Grundhaltung: "Deutschlandfahne, denn darauf bist du stolz". Dieser "Patriotismus", der sich mit Beginn der 80er Jahre wieder verstärkt in den unteren Bildungsschichten breitmachte und durch die Regierungsübernahme von Helmut Kohl und Friedrich Zimmermann gefördert wurde, erwies sich für die Rabauken aus dem Arbeitermilieu auch deshalb als besonders attraktiv, weil sie sich damit noch einmal deutlich von gleichaltrigen Angehörigen der linken Szene und der kulturell dominierenden Mittelschicht absetzen konnten, bei denen dieser Hauruck-Patriotismus, erst recht, wenn er im Zusammenhang mit körperlichen Aggressionen auftrat, als "primitiv" verpönt war. Wenn man die Deutschlandfahnenträger jener Jahre jedoch fragte, womit sie sich eigentlich genau identifizierten, kam meistens wenig mehr zum Vorschein als Fußball, deutsches Bier und deutsche Autos, sowie gelegentlich deutsche Kulturträger wie Schiller und Goethe, die sie jedoch nie gelesen hatten. Bei Szene-Gängern der organisierten Rechten tauchten zudem oft schemenhafte "Erinnerungen" an die Zeit des "Dritten Reiches" auf, als die Welt noch in Ordnung schien. Doch selbst bei härteren Rechten blieb das "Deutschland"-Bild als politische Utopie eher diffus; nur die wenigsten hatten sich ernsthaft mit dem Nationalsozialismus beschäftigt. "Rechts" und "für Deutschland" zu sein, hieß auch damals schon im Wesentlichen, gegen "Linke" und "Ausländer" zu sein. Wenn man sonst schon nichts hat, auf das man persönlich stolz sein kann, bleibt eben nur noch das "Vaterland", der Nationalstolz übrig...
Die *Böhsen Onkelz* widmen diesem Thema auf ihrer Debüt-LP ein eigenes Lied:

Deutschland
Auch zwölf dunkle Jahre in deiner Geschichte
Machen unsere Verbundenheit zu dir nicht zunichte
Es gibt kein Land frei von Dreck und Scherben
Hier sind wir geboren, hier wollen wir sterben!

Deutschland, Deutschland, Vaterland
Deutschland, Deutschland, mein Heimatland

Den Stolz, deutsch zu sein, wollen sie dir nehmen
Das Land in den Dreck ziehen, die Fahne verhöhnen
Doch wir sind stolz, in dir geboren zu sein
Doch wir sind stolz drauf, Deutsche zu sein!

eigenen Weg intensiver zu arbeiten, kurzum die jugendliche Unbeschwertheit abzulegen. Alle in diesem Zusammenhang erwähnten Stücke zählen auch heute noch zu den ganz großen und dürften wohl einen großen Prozentsatz der heutigen Plattenkäufer zu *Onkelz*-Fans gemacht haben.

böhser abend
Heilige Lieder
der allseits beliebte Onkelz–Abend mit DJ Anette im
SPEAK EASY
Do. 30.01.97   20–1 Uhr
Frankfurt – Sachsenhausen , Große Rittergasse 42
Öffnungszeiten : So. Mo. Mi. Do 19 bis 1 Uhr Fr. Sa. 19 bis 3 Uhr , Trinke preiswert am Mi. + Fr.
RMV: Straß. 14 Frankensteiner Platz, Bus 36 Affentorplatz, S-Bahn S2–S6 u. Straß. 16 Lokalbahnhof

Festmachen möchte ich diesen Abschnitt an den zwei Stücken "Erinnerungen" und "Nie wieder". Es kommt wohl nur sehr selten vor, daß jemand so schonungslos seine Vergangenheit aufarbeitet wie die *Onkelz*. Wer die Vorgeschichte kennt und Zeilen wie:

> Mach dich bereit
> Es kommt die Zeit,
> In der du wissen mußt, wie's weitergeht

oder

> Doch ich muß mein Leben leben
> Meinen Weg alleine geh'n
> Mach's gut du schöne Zeit
> Auf Wiedersehn

in sich aufsaugt, der kommt wohl nicht umhin, haben ihn nicht allzu viele Vorurteile in ihren Bann gezogen, dieser Band sein Vertrauen zu schenken. Warum, meine Herren Kritiker, ist alles, was diese Jungs sagen, nicht wahr? Warum kann es nicht sein, daß es da Leute gibt, die aus ihren Fehlern lernen, dies anderen kundtun und dabei keine Hintergedanken haben? Ihr könnt es nicht beweisen, also müßt ihr es hinnehmen, und genau das fällt euch so schwer, denn es könnte ja sein, daß die *Onkelz* sich tatsächlich besser und direkter ausdrücken können als ihr jemals dazu in der Lage sein werdet.

Zeitkritisch sind vor allem die beiden 1993 erschienenen Alben "Schwarz" und "Weiß". Hier wimmelt es von Texten, die zum Nachdenken über die momentane Situation in unserem Land, in Europa und in der Welt anregen. Die Themenbreite reicht von rechtsradikalen Brandanschlägen über Wiedervereinigung bis zu ethnischem Haß und Rassismus in den USA. Die *Onkelz* wollten an diesen Geschehnissen nicht einfach vorbeigehen, da sie sich gegen das Abstumpfen unserer Gesellschaft durch den Horrorjournalismus wehren. Da sind Schlagzeilen mit weniger als ein Dutzend Toten doch noch vor der Obduktion im Papierkorb verschwunden. Das mitunter auch bemerkenswerte (Fehl-)Verhalten von Meier, Müller, Schmidt bleibt da in der Schublade. Aber gerade hier könnten vielleicht einige Zuhörer noch etwas lernen, und die anderen fühlen sich zumindest auf ihrem (richtigen) Weg bestätigt. So geht es mir, wenn ich Texte wie "Wer nichts wagt, kann nichts verlieren", "Nenn' mich, wie du willst" oder "Ich bin so, wie ich bin" verarbeite. Die Aufrichtigkeit, die für die *Onkelz* lange selbstverständlich ist, wird hier mit Zeilen wie:

> Ja, man schafft sich nicht nur Freunde
> Wenn man ausspricht, was man denkt
> Ich bin so wie alle sind, ich hab' euch nichts zu sagen

oder

> Du bist zu schwach, zu schwach, um nein zu sagen
> Doch stark genug, um deine Frau zu schlagen

eindeutig als erstrebenswert dargestellt. Nicht zu Unrecht, wäre doch vieles leichter, hätten wir so viele ehrliche wie unehrliche Menschen auf dieser Welt. Am Beispiel der "Öffentlichkeitsarbeit" der *Onkelz* läßt sich ablesen, daß Aufrichtigkeit nicht nur dann erstrebenswert ist, wenn man einen persönlichen Vorteil davon hat. Die Schlußfolgerung aus diesen Verhaltensweisen ist für die *Onkelz* "Das Wunder der Persönlichkeit". Dieses und noch ein paar andere Stücke, wie z.B. "Ich mache was ich will", stellen dar, was die *Onkelz* als Lehre aus ihrem Leben gezogen haben und was sie heute durch und durch verkörpern: Sich selbst treu

> Deutschland, Deutschland, Vaterland
> Deutschland, Deutschland, mein Heimatland
>
> Wir sind stolz, in dir geboren zu sein
> Wir sind stolz darauf, Deutsche zu sein
> Deutsche Frauen, deutsches Bier
> Schwarz-Rot-Gold, wir stehen zu dir!
>
> Deutschland, Deutschland, Vaterland
> Deutschland, Deutschland, mein Heimatland
>
> Es gibt kein Land frei von Dreck und Scherben
> Hier sind wir geboren, hier wollen wir sterben
> Deutsche Frauen, deutsches Bier
> Schwarz-Rot-Gold, wir stehen zu dir!
>
> Deutschland, Deutschland, Vaterland
> Deutschland, Deutschland, mein Heimatland
>
> Deutschland, Deutschland, Vaterland
> Deutschland, Deutschland, mein Heimatland
> Deutschland, Deutschland, Vaterland
> Deutschland, Deutschland, wir reichen dir die Hand!

Es ist nicht das erste Mal, daß sie dieses Thema aufgreifen. Schon auf ihren frühen Demo-Tapes hatten sie ein Lied, das sie zunächst "Oi! Oi! Oi!" (1981) und ein Jahr später "Deutschland den Deutschen" betitelten. Darin heißt es: "Deutschland versinkt in Schutt und Dreck / Und ihr, ihr Schweine, ihr seht einfach weg / Die Bullen werden den Aufstand schon niederschlagen / Immer nur draufhau'n, ohne zu fragen / Lange genug habt ihr mit angesehen / Wie unsere Städte zugrunde gehen / Deutschland den Deutschen! Deutschland den Deutschen! (erste Version: Oi! Oi! Oi!) / Jetzt gibt's einen Aufruhr in unserem Land / Die Kids von der Straße haben sich zusammengetan / Skinhead ist Zusammenhalt gegen euch und eure Kanakenwelt (früher: Punks und Skins ist Zusammenhalt gegen euch und eure Staatsgewalt)." Deutlich scheint hier schon das Selbstverständnis des Skinheads als selbsternannte Avantgarde des Volkes und Ordnungsmacht vor allem gegen "Ausländer" durch ("wir brauchen keine Bullen, wir sorgen schon selbst für Ordnung"), das sich Jahre später auch z.B. in *Störkrafts* "Wir sind Deutschlands (r)echte Polizei" manifestierte.

Allerdings gingen die *Böhsen Onkelz* auch von Anfang an auf Distanz zur Ideologie und Praxis des Nationalsozialismus. Zwar ließ sich vor allem Sänger Kevin gerne in rechten Posen fotografieren und noch Mitte der 80er Jahre ein Hakenkreuz auf den Arm tätowieren, dennoch verweigerte die Band selbst in ihrer Härte-Phase Auftritte für Neonazi-Gruppierungen und deren Vertretern Redebeiträge auf ihren Konzerten. Die Band war sich durchaus damals schon des Spannungsfeldes bewußt, in dessen Mitte sie sich bewegten. Einerseits waren Neonazis und faschistische Symbole so ziemlich das Provokativste auf dem Markt jugendlicher Gegen-Kulturen, zudem gab es inhaltliche Übereinstimmungen vor allem im Haß auf Ausländer und Linke. Andererseits wußten sie sehr genau, daß ihre Überlebenschancen angesichts ihrer kriminellen Alltagspraxis und der ungebremsten Lust auf Gewalt und Provokation in einem "Vierten Reich" nicht allzu hoch ausfallen würden. So schwammen sie eine Zeitlang tatenlos mit dem Strom, akzeptierten die neonazistischen Haltungen einiger guter Freunde, widersprachen nicht, wenn ihre Fans bei Auftritten den Nazi-Gruß zeigend "Deutschland den Deutschen" grölten, und beschränkten sich darauf, nicht selbst mitzumachen sowie in einzelnen Song-Zeilen Position zu beziehen. "SS-Staat im Staate / wird's das noch mal geben / SS-Staat im Staate / wir wollen's nicht erleben", heißt es bereits auf ihrem ersten Demo-Tape im Lied "SS-Staat" (1981). Konsequent eröffnen sie so auch ihre "Deutschland"-Hymne auf dem Album "Der nette Mann" mit einer Distanzierungserklärung zu den "zwölf dunklen Jahren in deiner Geschichte", und die Farben, die sie anschließend stolz besingen, sind nicht die Reichsfarben Schwarz-Weiß-Rot, sondern die der Nachkriegsrepublik.

Konsequenterweise werden diese und ähnlich ausgerichtete Statements sowohl von großen Teilen ihrer sich

zu bleiben und sich nicht von seinem Weg und seinen Vorstellungen abbringen zu lassen.

> Doch wenn Du wirklich lebst
> Wenn Du für Deine Wahrheit gehst
> Wenn Du wirklich an Dich glaubst
> Bekommst Du alles, was Du brauchst
>
> Denn jeder kann zaubern
> Seine Ziele erreichen

B.O.S.C.-Party in Gerolzhofen

> Du mußt es nur wollen
> Du stellst die Weichen
>
> Sei dein eigener Meister
> Dein eigener Jesus
> Regiere Dich selbst
> Es ist ein Licht, daß du sehn mußt
>
> Folgst Du meinen Zielen
> Bist Du mein Spiegelbild
> Siehst Du mit meinen Augen
> Oder bist Du etwa blind
> Hörst Du auf meinen Namen
> Trägst Du mein Lächeln im Gesicht
> Nur wenn Du das nicht tust
> Dann bist Du wie ich!

All das sind Textpassagen, die das Verlangen nach Selbständigkeit und Unabhängigkeit ganz klar unterstreichen, und zwar mehr in Richtung Persönlichkeit denn in Richtung materiellen Besitzes. Somit ist auch einleuchtend, daß die *Onkelz* sich selbst die Schuld geben für die Entwicklung ihres Lebens, sowohl die positiven als auch die negative Abschnitte, und sich nicht auf irgendwelche günstigen oder widrigen Umstände verlassen bzw. berufen. Ich glaube zwar auch an schicksalhafte Ereignisse in meinem Leben, aber es ist gut, daß man durch die Geschichte der *Böhsen Onkelz* eine Motivation erhält zu versuchen, solche möglichst auszuschalten.

Kommen wir nun zu dem für mich wohl heikelsten Thema, das je ein *Onkelz*-Song enthalten hat: die Liebe. Es dürfte nicht schwer sein zu erraten, daß sie auch dabei ihren eigenen Weg gewählt haben, sich dem Thema Nr. 1 der deutschen Musikszene zu nähern. Viel ist auch noch nicht geschrieben, denn es fing eigentlich erst 1993 auf der "Weißen" mit "Für immer" an und setzte sich dann auf der nachfolgenden "Hier sind die Onkelz" und dazugehörigen Maxi fort. Für mich findet hier das erste Mal ein Verbund der beiden Extreme zwischen Glück während und Traurigkeit nach einer Beziehung statt. Es gab ja bei anderen immer nur die abwechselnden Schilderungen davon, mit welch verrückten Ideen sich eine tolle Beziehung gestalten läßt inklusive Wegbeschreibung direkt in den Himmel oder sonstwohin, oder aber, wie cool man doch mit dem Ende einer solchen Beziehung umgehen sollte. Wie dicht beides beieinander liegt, drücken aber wiederum die *Onkelz*-Songs wie sonst keine aus. Zur Verdeutlichung seien hier einmal Teile der 2. und 3. Strophe von "Du kannst alles haben" gegenübergestellt:

rechts-ideologisch aufheizenden Fan-Gemeinde als auch von linken und staatlichen *Onkelz*-Hassern bis heute ignoriert. Als "Der nette Mann" zwei Jahre nach seinem Erscheinen verboten wird, findet das Lied "Deutschland" in der Urteilsbegründung keinerlei Erwähnung.

Das Verbot

Am 15. August 1986 treffen sich, vermutlich in Bonn, ein Leitender Regierungsdirektor, zugleich Vorsitzender der "Bundesprüfstelle für jugendgefährdende Schriften" (BPS), eine als "Schriftstellerin" firmierende ältere Dame, deren Werke allerdings in keinem Verzeichnis lieferbarer Bücher aufgeführt sind, sowie ein Amtsgerichtsdirektor a.D. als Repräsentant der Kirche. Ein harter Tag für das von der Bundesregierung eingesetzte Trio, denn sein Job besteht darin, sich Stunde um Stunde durch lauter geistigen Unrat durchzuwühlen, in Deutschland vertriebene Medienprodukte, die möglicherweise geeignet sind, die Jugend "sozialethisch zu verwirren". So versammeln sie sich mindestens einmal im Monat, mal zu dritt, mal auch zu fünft oder mehr Personen, um Hitler-Reden, Kriegspropaganda und pornographischem Gestöhne zu lauschen, sich zweifelhafte Computerspiele und härteste Rockplatten vorführen zu lassen. Denn: Verbieten dürfen sie nur, was sie zuvor persönlich gehört und gesehen haben. Kein leichter Auftrag...

Vor allem nicht an jenem 15. August 1986. Denn heute liegt ihnen "Der nette Mann" von den *Böhsen Onkelz* vor. Gleich vier Antragsteller - die Landesjugendämter Rheinland und Westfalen-Lippe und die Stadtjugendämter von Köln und Gladbeck, allesamt aus Nordrhein-Westfalen und fest in sozialdemokratischen Händen - verlangen, daß dieses "zum Rassenhaß aufstachelnde und Gewalt verherrlichende", "auch pornographische" Machwerk verboten werde. Und zwar dringend, denn "die Musikerzeugnisse dieser und auch anderer Gruppen, die z.T. schon durch ihren Namen (*Oberste Heeresleitung*,

BUNDESPRÜFSTELLE
für jugendgefährdende Schriften

Pr. 371/86

Entscheidung Nr.2638 (V) vom 15.08.1986
bekanntgemacht im Bundesanzeiger Nr.160 vom 30.08.1986

Antragsteller:
1. Landesjugendamt Rheinland
   Postfach 210720
   5000 Köln 21
   Antrag vom 24.06.1986
   Az.: 43.03

2. Landesjugendamt Westfalen-Lippe
   Postfach 6125
   4400 Münster
   Antrag vom 15.07.1986
   Az.: 50 21 80.3

3. Stadtjugendamt Köln
   Schaevenstraße 1b
   5000 Köln 1
   Antrag vom 22.07.1986
   Az.: 51/514/11

4. Stadtjugendamt Gladbeck
   Postfach
   4390 Gladbeck
   Antrag vom 23.07.1986
   Az.: 51/2-VII-Ro.

Verfahrensbeteiligte:
Rock-O-Rama-Records
Kaiserstraße 119
5040 Brühl

Die Bundesprüfstelle für jugendgefährdende Schriften hat auf die am 25.06.1986, 15.07.1986, 24.07.1986 und 25.07.1986 eingegangenen Anträge am 25.08.1986 gemäß § 15a GjS im vereinfachten Verfahren in der Besetzung mit:

Vorsitzender: Ltd.Reg.Direktor Rudolf Stefen
Literatur: Schriftstellerin Thea Graumann
Kirchen: Amtsgerichtsdirektor a.D. Werner Jungeblodt

einstimmig beschlossen: Böhse Onkelz
                           "Der nette Mann"
                           Schallplatte
                           Rock-O-Rama-Records, Brühl

                           wird in die Liste
                           der jugendgefährdenden Schriften
                           aufgenommen.

Am Michaelshof 8 · Postfach 20 01 90 · 5300 BONN 2 · Telefon (0 2 2 8) 35 60 21

Willst du mein Blut
Willst du meine Tränen
Willst du dich verlieren
Willst du mein Leben
Soll ich für dich singen
Oder für dich Töten gehn

Willst du meine Launen
Ertrag mich wenn du kannst
Willst du meine Schatten
Den Abszess aus Furcht und Angst

Hier wird deutlich, daß eine Beziehung immer aus zwei eigenen Persönlichkeiten besteht, die gegenseitig auf Stärken und Schwächen Rücksicht nehmen, also Akzeptanz üben. Dies ist viel umfangreicher als bloßes Geträume (auch sehr wichtig, aber nicht ausschließlich), wie es ja meistens mit irgendwelchen romantischen Bootsfahrten o.ä. anfängt. Hier geht es nämlich den entscheidenden Schritt weiter. Was ist nämlich, wenn mal einer oder beide von ihnen Schmetterlingen im Bauch im Stich gelassen werden und auf den Boden der Tatsachen zurückkehren. Wenn man dann noch annähernd genauso gut miteinander kann, dann kann man wirklich alles haben. Diesen "Wahnsinn" hat für mich noch keiner in solch einem kurzen Stück so gut beschrieben wie die *Onkelz*. Ähnlich tief geht da auch "Für immer", in dem mit lauter Fragen versucht wird zu klären, warum eine Beziehung gescheitert ist, und somit jeden Zuhörer unweigerlich an eine Situation in seinem eigenen Leben erinnert und in ihm vielleicht sogar das Verlangen weckt, diesen Text seinem Ex-Partner sogleich zu übermitteln, wie auch immer. Auf jeden Fall aber gibt es ihm die Möglichkeit, dadurch daß der Text bei Fragen bleibt und die Antworten vorenthält, seine eigene Antwort zu finden, auch wenn dies nicht immer einfach ist. Für mich steht fest, daß das Thema Liebe wohl das beste Beispiel ist, um zu sehen, daß die *Onkelz* sich auf einem wesentlich höheren Niveau, was die Qualität ihrer Texte betrifft, als die meisten Interpreten bewegen.

Markus aus Hamburg

Ich höre nicht nur die *Onkelz*, sondern eigentlich viele (unterschiedliche) Musikrichtungen, von *Vivaldis* "Vier Jahreszeiten" über *Orffs* "Carmina Burana" bis zu *Elvis'* "In the ghetto", aber hauptsächlich eben Hard/Punkrock, Metal (*Bad Religion*, *Grave Digger*, *AC/DC*, *Rancid*, *Aerosmith*) und eben die *Onkelz*. Zu den *Onkelz* selber bin ich eigentlich erst recht spät über meinen Bruder gekommen, der damit anfing und zum Geburtstag die Biographie "danke für nichts" bekam, in der ich mir, neugierig wie ich nun einmal bin, gleich die Bilder anschaute und nur "Oh mein Gott" dachte. Stephan ging in meinen Augen gerade noch als einigermaßen normal durch, aber **Gonzo fand ich einfach zu dünn und irgendwie ständig verdreht, Pe sah wie hingestellt und nicht abgeholt aus, und Kevin wirkte wie der letzte Berserker** mit einem Gesicht und Körperbau wie so ein schottischer Krieger in vergangenen (wilden) Jahrhunderten. Im Laufe der nächsten Wochen lästerte ich dann über die Band und ihre verworrenen Liedertexte, bis mein Bruder mich überredete, das Buch zu lesen, da man dann alles besser verstehen würde. Also las ich in Rekordzeit den Schmöker weg, mit dem Resultat, daß ich mich in Kevins krasse Art und Weise verknallte (tja, sowas kommt vor). Ich kaufte in den nachfolgenden Monaten langsam die CDs und gehöre nun zur stetig wachsenden Fan-Gemeinde derer, die vom *Onkelz*-Virus infiziert wurden.

Nun zum Punkt, was es für mich bedeutet, *Onkelz*-Fan zu sein. Theoretisch gesehen ist die Frage bescheuert, denn immerhin handelt es sich ja nur um eine Band und nicht den lieben Gott oder eine Sekte oder sowas. Ich meine, ich höre ihre Musik, weil mir die Texte zusagen, nachdem ich die Hintergründe usw. erfuhr, und weil mir die Melodien gefallen (nicht zu vergessen Kevins unbeschreibliche Stimme). Ich les mal 'nen Zeitungsbericht, kauf mir mal ein T-Shirt oder geh auf ein Konzert, aber mehr nicht. Ich hab weder mein Leben umgestellt, weil ich jetzt die *Onkelz* höre, noch haben sie mich vor Selbstmord, Drogen oder anderem bewahrt, es ist einfach mein Musikgeschmack.

Stoßtrupp, *Vorkriegsphase* etc.) ihren Standort deutlich machten, fänden in den letzten Jahren immer mehr Verbreitung. Hauptabnehmer dürften jugendliche Skinheads und Mitglieder von neonazistisch beeinflußten Fußball-Fan-Clubs sein. Einzelne Lieder oder Passagen daraus seien bereits als Schlachtgesänge in den Fußballstadien zu hören."

Das Album wird indiziert. Da das Plattenlabel Rock-O-Rama auf Widerspruch verzichtet, wird die Indizierung des Bonner Trios mit der Bekanntmachung im Bundesanzeiger am 30. August 1986 rechtskräftig. Am 5. Dezember des gleichen Jahres wird das Album durch eine Entscheidung des Amtsgerichts Brühl (am 22. April 1987 durch das Landgericht Köln bestätigt) bundesweit eingezogen. Diese Entscheide sind bis heute gültig. Zwar haben die *Böhsen Onkelz* seitdem den Titelsong "Der nette Mann" mehrfach öffentlich gespielt (und dafür empfindliche Strafen bis zu 20.000 DM gezahlt), jedoch eine Aushebelung des Verbotes, zum Beispiel durch eine Neuaufnahme bei Virgin, nicht versucht, obwohl inzwischen ein Teil der Urteilsbegründung - der "Kunstvorbehalt" - vom Bundesverfassungsgericht in einem Grundsatzurteil am 27. November 1990 einkassiert wurde.

Dabei wäre eine juristische Auseinandersetzung über die Indizierung durchaus interessant, liest sich die knapp sechs Seiten umfassende Begründung doch über weite Strecken wie eine Fälschung aus der *Titanic*-Redaktion. Die Gutachter waren offenbar nicht einmal in der Lage, die Texte akustisch zu verstehen, geschweige denn inhaltlich zu begreifen. So wimmeln die "wörtlichen" Abschriften von Entstellungen, zum Teil in entscheidungsbegründenden Passagen: Aus der "Nationelf" in "Frankreich '84" wird ein "nationaler Sieger", aus "Ich lieb es, alles vollzusauen" in "Mädchen" wird "Ich liebe alle deutschen Sauen" usw.. Auch die Interpretationen wirken wie bösartige Eulenspiegeleien. Weil diese Indizierung zentrale Bedeutung für die weitere Geschichte der *Böhsen Onkelz* hat, und um dem Vorwurf der Manipulation durch besonders krasse Zitate von vornherein den Wind aus den Segeln zu nehmen, dokumentiere ich die entscheidenden Passagen der Indizierungsbegründung ungekürzt (im Folgenden *kursiv*):

Sachverhalt

1. Der Verfahrensbeteiligte vertreibt die Platte "Der nette Mann" von der Gruppe "Böhse Onkelz". Die Langspielplatte ist 1984 erschienen.

2. Auf dem Plattencover ist auf der Vorderseite neben der Aufschrift "Böhse Onkelz" und "Der nette Mann" das Foto einer teilweise verstümmelten und verschmierten Kinderspielgruppe abgebildet. Die Rückseite des Plattencovers zeigt eine Fotografie von Mitgliedern der Musikgruppe "Böhse Onkelz". Unter dem Foto sind folgende Grüße abgedruckt: "alle ffm-skinheads, die hh un berlin skins die namenlosen helfern der binding brauerei unsere frauen, hubi, die es.ge.eh., den ha.es.vau und an die ONKELZ SECURITY".

Die Schallplatte enthält folgende Liedbeiträge:

1. Frankreich '84
2. Fußball + Gewalt
3. Der nette Mann
4. Deutschland
5. Singen und Tanzen
6. Mädchen
7. Tanz auf deinem Grab
8. Dr. Martens Beat
9. Vereint
10. Freibier
11. Stolz
12. Freitag Nacht
13. Böhse Onkelz
14. Alkohol

3. Der Landschaftsverband Rheinland hat beantragt,

die Schallplatte "Böhse Onkelz: Der nette Mann" in die Liste der jugendgefährdenden Schriften aufzunehmen.

Zur Begründung des Indizierungsantrags vom 24.06.1986 führt der Landschaftsverband aus, die Texte sprächen für sich und belegen unzweifelhaft, daß in diesen zum Rassenhaß aufgestachelt und Gewalt verherrlicht werden solle. Darüber hinaus wiesen die vorliegenden im Indizierungsantrag zugleich mit angesprochenen Schallplatten auch pornographische Inhalte auf, die dazu angetan seien, Kinder und Jugendliche sittlich zu gefährden.

Der Landschaftsverband Rheinland nimmt in seinem Indizierungsantrag auf ein Schreiben des Herrn Rudolf Homann, Mitglied des Landesjugendwohlfahrtsausschusses Rheinland, Bezug. Dieser beanstandet die in jüngster Zeit verstärkt zutreffende Tendenzen in der sogenannten Skinheads, aber auch bei anderen neonazistisch beeinflußten oder orientierten Jugendgruppen und -organisationen, fänden in der letzten Zeit Schallplatten bzw. Musikkassetten mit eindeutig faschistischem Inhalt mehr und mehr Verbreitung. Insbesondere beanstandet er die folgenden Schallplatten:

Böhse Onkelz: Der nette Mann
Body Checks: Tätowiert und kahlgeschoren
CotzBrocken: Jedem das Seine
Skrewdriver: Verschiedene Einzelstücke.

In den Liedern dieser Gruppen werde offen oder verdeckt zum Rassenhaß aufgestachelt, Gewalt verherrlicht oder Andersdenkenden Gewalt angedroht. Die Musikerzeugnisse dieser und auch... (z.B....) schon durch ihren Namen (Oberste...) etc.) ihren Standort...

- 3 -

Pr. 371/86

mehr Verbreitung. Hauptabnehmer dürften jugendliche Skinheads und Mitglieder von neonazistisch beeinflußten Fußball-Fan-Clubs sein. Einzelne Lieder oder Passagen daraus seien bereits als Schlachtgesänge in den Fußballstadien zu hören. Daran werde auch deutlich, daß die Texte von den Hörern sehr wohl verstanden würden.

4. Der Landschaftsverband Westfalen-Lippe hat ebenfalls beantragt,

die Schallplatte "Böhse Onkelz: Der nette Mann" in die Liste der jugendgefährdenden Schriften aufzunehmen.

Im Indizierungsantrag vom 15.07.1986 führt der Landschaftsverband aus, die Schallplatte sei jugendgefährdend. Zur Begründung nimmt das Landschaftsverband Bezug auf eine Vorlage für die Sitzung des Landesjugendwohlfahrtsausschusses vom 09. Juli 1986 von Rainer Siemon. Diese Vorlage ist im wesentlichen inhaltsgleich mit dem Schreiben des Herrn Homann, der dem Antrag des Landschaftsverbandes Rheinland beigefügt war.

5. Das Jugendamt der Stadt Köln hat ebenfalls beantragt,

die Schallplatte "Böhse Onkelz: Der nette Mann" in die Liste der jugendgefährdenden Schriften aufzunehmen.

Im Indizierungsantrag vom 22.07.1986 führt das Jugendamt aus, in zahlreichen Liedern dieser Schallplatte würde entweder Gewalt verherrlicht oder zur Gewalt aufgefordert. Des weiteren würden besonders in dem Lied "Der nette Mann" Brutalität, Gewalt, Folter und Mord an Kindern genüßlich geschildert.

In dem Lied "Mädchen" würden die Frauen bzw. Mädchen zum sexuellen Konsumartikel und zur Wegwerfware für den Mann degradiert. Besonders diese Darstellungsweise könne dazu führen, daß Kindern und Jugendlichen die Integration der Sexualität in ihre Gesamtpersönlichkeit erschwert oder unmöglich gemacht würde. Somit sei die Schallplatte offenbar geeignet, Kinder und Jugendliche sozialethisch zu desorientieren.

6. Das Jugendamt der Stadt Gladbeck hat beantragt,

die Schallplatte "Böhse Onkelz: Der nette Mann" in die Liste der jugendgefährdenden Schriften aufzunehmen.

Im Indizierungsantrag vom 23.07.1986 schließt sich das Stadtjugendamt den Ausführungen und Begründungen des Landesjugendamtes Westfalen-Lippe an. Es unterstützt dessen Indizierungsantrag.

Die Lieder der Gruppen reizten zum Rassenhaß an, verherrlichten Gewalt, drohten Andersdenkenden Gewalt an und seien somit jugendgefährdend. Eine baldige Indizierung dieser Produkte liege sicher im Interesse des Jugendschutzes.

7. Dem Verfahrensbeteiligten wurden Kopien der Anträge mit Schreiben vom 13.08.1986 zugeleitet. Ihm wurde mitgeteilt, daß über den Antrag im Verfahren nach § 15a GjS entschieden werden soll. Ihm wurde Gelegenheit gegeben, binnen einer Woche ab Zustellung dieser Benachrichtigung mitzuteilen, ob und welche Einwendungen er gegen den Antrag

Mein absoluter Favorit ist "Kneipenterroristen", da es eine tolle Melodie hat und zudem noch so in etwa die Art von Mann beschreibt, die mir gefällt (tätowiert, ein wenig bullenbeißig und berserkermäßig nach außen, innen allerdings ein großer Teddy, nach dem Motto: harte Schale, weicher Kern). Zu meinen Lieblingen gehören auch: "Ich lieb mich" (weil es so schön kraß ist), "Wir ham noch lange nicht genug" (tolle Melodie), "Zu nah an der Wahrheit" (einfach grandios), "Singen und tanzen" (so schön doof) und "Der Platz neben mir" (wegen dieser herrlich traurig-schnulzig-melodramatischen Art, besonders im zweiten Teil dieses "Ich pflücke Rosen für dein Grab...").

Zum Schluß noch eine kleine Geschichte vom letzten Onkelz-Konzert in Augsburg. Da stand ich nämlich schon seit drei Uhr vor der Halle, um ja in die erste Reihe zu kommen und möglichst viel von Onkel Kevin zu sehen. Und wie der Zufall so will, fährt ein schwarzes Auto vorbei und hält ca. 100 Meter entfernt. Ohne groß zu überlegen, renne ich mit meinen Sieben-Meilen-Stiefeln zu eben diesem Auto, will auf die Seite zu dem blonden Menschen pesen und stoße mit Gonzo zusammen, der mir entgegen kommt. Ich frag nur, ob ich ein Autogramm haben könnte, aber da der nichts sagt, drehe ich mich um, um anders herum zu Kevin zu kommen. Da allerdings Stephan Weidner auf dieser Seite bereits ausgestiegen war und mich irgendwie grimmig anschaut, bitte ich ihn um ein Autogramm (in der Hoffnung, da er der Ober-Onkel ist, daß, wenn er ja sagt, die anderen mir auch eins geben täten). "Hast'n Stift?" brummt der Meister der Bassgitarre. Ich kram einen Kuli und meine Eintrittskarte aus meiner Jeans, geb ihm das Zeug, blicke mich kurz um und stelle fest, daß ausgerechnet Kevin verschwunden war. Ich fragte, wo er sei und wann ich von ihm ein Autogramm bekäme und so, und Stephan meinte, leicht gereizt, nach der Show (und wie du dir denken kannst, wurde daraus nichts).

Dafür habe ich mich nach dem Konzert bei Stephan "gerächt", da ich nämlich wirklich in der ersten Reihe stand und

B.O.S.C.-Party in Gerolzhofen

er für gewöhnlich seinen Fans dort die Hand schüttelt und von ihnen gefeiert wird. Ich wartete also geduldig in meinem Trägerhemd auf ihn. Sobald er in meine Reichweite kam, tippte ich ihn an und fragte ganz unschuldig: "He, Stephan, kommt Kevin auch noch?" Da sich normalerweise alle um ihn reißen, blickte er einen Moment wirklich verdutzt und vollkommen sprachlos (vielleicht das erste Mal in seinem Leben) auf mich und meinen Drachen. Dann grinste er mich an, erklärte, "nur wenn er Lust hat", und ging weiter. Was hätte ich im Nachhinein

Pr. 371/86 und 373/86

und gegen die Behandlung im vereinfachten Verfahren erheben wolle. Dieses Schreiben ist am 14.08.1986 durch Niederlegung zugestellt worden. Bis zum Zeitpunkt der Entscheidung des sei Gremiums ist keine Stellungnahme eingegangen.

8. Wegen der weiteren Einzelheiten des Sach- und Streitstandes wird auf den Inhalt der Prüfakte sowie auf die der Akte beigefügte Schallplatte Bezug genommen.

G r ü n d e

9. Die Indizierungsanträge sind begründet. Die Schallplatte "Der nette Mann" der Musikgruppe "Böhse Onkelz" ist in die Liste der jugendgefährdenden Schriften aufzunehmen.

Schallplatten gehören zu den in § 1 Abs. 3 GjS genannten Ton- und Bildträgern, die den Schriften gleichstehen. Die Schallplatte ist daher eine Schrift im Sinne des GjS.

Die Schallplatte "Der nette Mann" ist jugendgefährdend. Sie ist geeignet, Kinder oder Jugendliche sozialethisch zu desorientieren, wie der Begriff "sittlich zu gefährden" nach höchstrichterlicher Rechtsprechung auszulegen ist, § 1 Abs. 1 Satz 1 GjS. Einige Lieder dieser Schallplatte propagieren nationalsozialistisches Gedankengut, andere fordern zu Gewalttätigkeiten auf und eines der Lieder hat pornographischen Inhalt.

10. Das Lied "Frankreich '84" hat folgenden Inhalt:

Im Sommer 84 fahren wir nach Frankreich
um unseren nationalen Sieger zu sehen
um für unser Land gerade zu stehen

Fußball Europameister
es gibt nur einen deutschen Meister
Deutschland, Deutschland ist die Macht

Ja, wir sehen uns auf jeden Fall
Im Sommer 84 beim Frankreichüberfall

Laßt uns unsere Fahne hissen
unseren Gegner vor die Füße pissen
zeigt ihnen, wer wir sind

Fußball Europameister
...
Deutschland ist die Macht

Das Lied "Frankreich '84" fordert von [...] pameisterschaft 1984 nach Frankreich der Deutschen Mannschaft bei [...] permitglieder der Band als [...] Ereignisse im Zweiten Weltkrieg [...] Frankreich als positiv dar. Nat[...] dere die Vorherrschaft und Dominanz [...]

Die Zuhörer werden aufgefordert, "[...] als "die Macht", als "der nationale S[...] für unser Land gerade stehen. Im Ge[...] Spieler bzw. das ganze französische Volk [...] sind nicht faire Gegner, denen man sich [...] vielmehr auf einer solch niedrigen Stufe, muß.

Das französische Volk wird wie Freiwild besch[...] nis der Bundesrepublik Deutschland als demokra[...] gleichberechtigtes Mitglied der Völkergemeinschaft [...] Völkerverständigung unter Einschluß gerade auch [...] Volkes mit den früheren Kriegsgegnern wird negiert [...] dert, daß die Bemühungen der Völkerverständigung un[...] nichte macht.

Die nationalistische Tendenz des Liedes "Frankreich '84" [...] spruch zu der in dem Artikel 25 Grundgesetz vor[...] nung. Dort wird die Bindung des völkerrechtlich zur deut[...] vorgeschrieben. Handlungen, die das friedliche Zusammenlebe[...] stören, widersprechen dieser Wertordnung. Ein Lied, das sich [...] die Völkerverständigung ausspricht und - mehr noch - dazu au[...] als minderwertig beschriebenes Volksstamm zu beleidigen, führt sozialethischen Verwirrung. Dieses Lied ist jugendgefährdend.

11. Das Lied "Fußball und Gewalt" hat folgenden Inhalt:

Wir stehen in unserem Block
und singen unsere Lieder
wir stehen zusammen und machen alles nieder

Fußball und Gewalt
blutige Schlachten entwalt
Fußball und Gewalt

das Spiel ist aus...
das Stadion ist in unserer Hand
wir warten auf unsere Gegner
Siege feiern können wir erst später

Wir stehen in einer Front
und singen unsere Lieder
wir stehen zusammen und machen alle nieder

...
zerschlägt den anderen das dumme Gesicht

Fußball und Gewalt
blutige Schlachten dem Feind
Fußball und Gewalt

Pr. 371/86

Das Lied ist jugendgefährdend, weil es nicht nur zu Gewalttätigkeiten reizt, sondern offen dazu auffordert. Fußball wird mit Gewalt gleichgesetzt. "Zerschlagt den anderen das dumme Gesicht" heißt es an einer Stelle.

Gewalt wird in diesem Lied als etwas beständig beschrieben. Der mit den Fäusten ausgetragene Kampf wird als legitimes und gängiges Konfliktlösungsmuster dargestellt. Wer mit Gewalt vorgeht, ist nicht allein, er findet Zuspruch von allen Seiten; alle anderen das "Fußballstadion" helfen ihm.

Besondere junge Rezipienten werden durch das "Fußballstadion" zur Begehung von Tätigkeiten, Verbrechen oder anderen Straftaten herrlich, vorbildlich und nachahmenswert beschrieben. Damit besteht die Gefahr, daß Jugendliche solche Verhaltensweisen übernehmen, sich aneignen und mit Gewalt gegen ihre Mitmenschen ...

"nette Mann" hat folgenden Wortlaut:

e Kinder hab ich gern
ckelt und in Scheiben
Fleisch, egal von wem
ei mit allen treiben
der Menschen...
tert und mit großer Lust
kleinen Gebeinen

e Mann von neb..
es sein
chau mich
e Schw...

13. Aufforderungen zu Gewalttätigkeiten enthält ebenfalls das Lied "Dr. Martens Beat", das folgenden Inhalt hat:

Der Klang einer Stahlkappe, die dich in die Fresse tritt
Dr. Martens Beat, Dr. Martens Beat
Dr. Martens Beat, den wir tanzen, wenn es einmal Prügel gibt
wir (zerspritzen?) dein Gesicht, dann wenn du die Fresse kriegst
und siehst du dich dann im Spiegel an
dann denke, denke immer daran

Dr. Martens Beat, Dr. Martens Beat,
Der Klang einer Stahlkappe, die dich in die Rippen knallt

Wenn die Stahlkappe dir in die Fresse tritt
und du glaubst dein Ende käme schon
dann fürchte dich vor diesem Klang
und denke, denke immer daran

Dr. Martens Beat, Dr. Martens Beat,
der Klang einer Stahlkappe, die dich in die Fresse tritt
Dr. Martens Beat, Dr. Martens Beat,
das ist "der Tanz, den wir tanzen, wenn es einmal Prügel gibt

Mit dem Namen "Dr. Martens" bezeichnen die Autoren spezielle englische Werftarbeiterschuhe, deren Markenname Dr. Martens ist. "In diese Schuhe sind Stahlkappen eingearbeitet ("häßlich, gewalttätig und brutal", der rechte Flügel der westdeutschen Jugendszene: Die Skinheads, Der Magazin, Ausgabe Nr. 26/86, S. 86, 87 ff.).

Das Lied fordert zwar nicht auf - wie das Lied "Der nette Mann" Kinder zu zerstückeln; die Aufforderung zur Gewalt richtet sich "nur" gegen die körperliche Integrität, eine direkte Aufforderung zum Töten wird nicht gegeben. Es wird zwar nicht bildlich und nachahmenswert statt dessen wird zu brutalen Schlägereien aufgefordert. Wiederum wird die Gewalt mit Stahlkappen, aufgefordert, als vorbildlich und als etwas Normales ausgestattet. Wiederum verherrlicht. Als vorbildlich und als etwas Legitimes dargestellt. Kampfauseinandersetzungen werden als legitimes und nachahmenswertes Brutales Kampfausmuster dargestellt, Prügeleien sind an der Kampfmethoden nicht beschrieben, sondern wie etwa durch brutale mittels, wie man durch brutale Kampfenmethoden gut bestehen, in Konfliktlösungsmustern werden nicht beschrieben, sondern es ist kan vielmehr die Gegner rücksichtslos zermalmen.

14. Das Lied "Böhse Onkelz" hat folgenden Inhalt:

Wir sind die bösen Jungs
und herrschen mit den Rechten
und sind die Könige der M...
wir sind die Herrscher...
...wir sind die Macht...
schreie in der Macht, denk an die Macht
denk an die Macht, denk an die Macht
gemeinsam werden wir die Welt regieren

Wir sind die bösen Onkelz
und machen was euch gefällt
heute gehört uns Deutschland, morgen die ganze Welt

Wir sind die Herrscher und die Könige der Macht
wir sind die Macht, also spielt unsere Hymnen
spürt die Kraft, die euch umringt
wir sind euer Wille, wir werden euch führen
gemeinsam werden wir die Welt regieren

Wir sind die bösen Onkelz
und machen was euch gefällt
heute gehört uns Deutschland, morgen die ganze Welt

...fährdend, weil es die nationalsozialistische Ideo- ...und deren Gedankengut darüber hinaus propa- ...nzige Macht beschreibt. Das deutsche ...lle anderen Völker zählen nichts. Rassi- ... Tage. Der nationalistische Staat wird als

...näher dargelegt, propagiert auch dieses ...Tendenzen. Die der Wertordnung unseres Grund- ...Das Bekenntnis der Bundesrepublik Deutsch- ...chberechtigtem Partner in der Völkergemein- ...iametral entgegengesetztes Leitbild wird pro-

genden Inhalt:

dchen komm und sprelz die Beine
on was ich meine
das eine ...

ob schwarz, ob rot, ob braun
alle Frauen, ich liebe alle deutschen Sauen
dünn und groß und klein
ihn jeder rein

en, Mädchen nimm ihn in den Mund
schon, ist gesund
es, das tut gut

ornographisch i.S.v. § 6 Abs. 2 GjS i.V.m. § 184 ...rt nämlich zu ungehemmter Sexualität ...t. Es ist damit offensicht... ...as bei § 1 Abs ...

Pr. 371/86

"Mädchen", das § 6 Nr. 2 GjS als schwer jugendgefährdend bis zum Mord auffordert wird dem Zuhörer aber auch anhand der Gewalttaten mit nationalsozialistischem Inhalt deutlich. den Lieder sowie der Songs mit nationalsozialistischem Inhalt.

17. Ausnahmetatbestände nach § 1 Abs. 2 GjS kommen nicht in Betracht. Insbesondere die Lieder auf der Schallplatte stellen keine Kunst dar und dienen nicht. Ein Kunstwerk liegt nämlich nur dann vor, wenn ein nicht allein in auch nicht. Ein Kunstwerk liegt nämlich dann vor, wenn sie nicht allein in Maß an künstlerischem Niveau vorliegt. Dies beurteilt sich nach dem Gewicht, das das Kunstwerk ästhetischen Kriterien, sondern auch nach den Vorstellungen über die Funktion für die pluralistische Gesellschaft nach deren Vorstellungen von der Stilrichtung der Musik sondern der Kunst hat. Dabei ist nicht nur auf den Inhalt der Texte abzustellen.

Die Lieder der vorliegenden Schallplatte sind für die pluralistische Gesellschaft ohne jede Bedeutung. Weder ist die Stilrichtung der Musik noch sind die Inhalte der Texte so bedeutsam, daß sie von derart hohem künstlerischen Gewicht, daß sie der Kunst dienen würden.

18. Ein Fall von geringer Bedeutung i.S.v. § 2 GjS kommt vorliegend nicht in Betracht. Dies vor allem wegen des hohen Maßes an Jugendgefährdung, das von den einzelnen Liedern dieser Schallplatte ausgeht. Im übrigen ist die Anwendung von § 2 GjS bislang nichts vorgetragen worden.

Rechtsbehelfsbelehrung

Gegen die Entscheidung kann innerhalb eines Monats ab Zustellung schriftlich oder zu Protokoll der Geschäftsstelle beim Verwaltungsgericht in 5000 Köln, Appellhofplatz, Anfechtungsklage erhoben werden. Die vorherige Einlegung eines Widerspruchs entfällt. Die Klage hat keine aufschiebende Wirkung. Sie ist gegen den Bund, vertreten durch die Bundesprüfstelle zu richten (§§ 20 GjS, 42 VwGO). Außerdem können Sie innerhalb eines Monats ab Zustellung bei der Bundesprüfstelle Antrag auf Entscheidung durch das 12er-Gremium stellen (§ 15a Abs. 4 GjS).

Graumann

Stefen
Ad/Ke

Jungeblodt

dafür gegeben, eine Kamera gehabt zu haben, um seinen dämlichen Gesichtsausdruck zu fotografieren. Solltest du während deiner Recherchen usw. mal zufällig den *Onkelz* über den Weg laufen, dann sag Stephan doch bitte, daß ich immer noch auf Kevins Autogramm auf meiner Eintrittskarte warte.

Rebekka (20) aus Kaufbeuren

Leider gibt es immer noch so viele Idioten, die sagen, daß die *Onkelz* Faschos sind. Das ist mir scheißegal: ich verteidige die *Onkelz* und habe auch schon ziemlich viele überzeugt, die sich in meinem Beisein ein Lied angehört haben. Die meisten Reaktionen waren: "Ey, das hätte ich jetzt nicht gedacht, das ist ja voll geil!" Ja, ohne Scheiß. Meistens habe ich dann irgendwelche langsamen Lieder vorgespielt wie z.B. "Wieder mal ein Tag verschenkt" oder "Viel zu jung", auch "H". *Onkelz*-Fan zu sein ist ein harte Aufgabe, aber es macht Spaß, und auch wenn ich sie nicht mehr ganz so oft höre wie mit 16 oder 17 Jahren, kämpfe ich immer weiter!

Das Leben, das scheiß doofe Leben, ist manchmal so aussichtslos,

so einsam, so kalt und häßlich. Man weiß nun, daß es irgendwo jemanden gibt, dem es auch schlecht, sauschlecht ging. Und dieser Mensch hat die Gabe, Texte darüber zu schreiben und es 'rauszuschreien. Und das tut verdammt gut! Jedes *Onkelz*-Konzert war für mich und meine Freundin eine Art Therapie! Uns ging's danach immer besser!

Mein Lieblingslied von ihnen ist "Bin ich nur glücklich, wenn es schmerzt". Es drückt haargenau aus, was ich fühle und wie ich denke. Als ich das allererste Mal dieses Lied in meiner Wohnung beim Fensterputzen gehört habe, mußte ich unterbrechen, lauter machen und mir liefen die Tränen, unendlich viele Tränen... Das ist alles, was ich dazu sagen kann. Ja, ich denke die *Onkelz* bedeuten mir soviel wie jeder Sonnenaufgang jeden Tag!

Jenny (22) aus Neunkirchen

Die Musik der *Böhsen Onkelz* verleiht mir in mißlichen Situationen die Kraft, eben diese zu überstehen, und zu begreifen, daß solche Situationen jederzeit überwunden werden kön-

nen und man sich nicht durch Zeiten der Schwierigkeiten abschrecken lassen sollte. In meinem Freundeskreis gibt es allerdings sehr viele Stimmen, die behaupten, die Texte der *Onkelz* wären blanker Schwachsinn und absolut "prollig". Das mag auf den ersten Blick so aussehen. Doch gerade eben diese Musik gibt mir den Stolz, "prolliger" zu sein als andere. Durch die Musik der *Onkelz* wird mir klar, daß ich aufgrund meines Umfeldes mehr im Leben kämpfen muß als Jugendliche, die aus "gehobeneren" (aber auch arroganteren) Kreisen kommen. Ich bin stolz darauf, daß ich aus der Arbeiterklasse komme und später von mir sagen kann, doch noch etwas erreicht zu haben. Ich besuche ein städtisches Gymnasium, und naturgemäß besuchen auch sehr viele "bonzige" Jugendliche diese Schule. Ich werde somit jeden Tag mit der eben genannten Meinung konfrontiert. Diese Diskussionen geben mir aber noch mehr Kraft, im Leben zu kämpfen, nie zu resignieren und weiterhin zu den *Onkelz* zu stehen. Ich bin Mitglied in der SPD und engagiere mich somit auch politisch für eine sozial gerechtere Gesellschaft, in der es nicht nur den Bonzen vorbehalten ist, gute Schulen und Universitäten zu besuchen. Denn niemand ist dumm geboren, er wird lediglich von der Gesellschaft dumm gehalten, und niemand hat von Geburt an das Privileg, höher gestellt zu sein als andere. Ich denke, das sollten sich viele Jugendliche klarmachen und trotz ihres beschissenen Umfeldes für ihre eigene Zukunft kämpfen und versuchen, die Gesell-

Die Indizierungsanträge sind begründet. Die Schallplatte "Der nette Mann" der Musikgruppe "Böhse Onkelz" ist in die Liste der jugendgefährdenden Schriften aufzunehmen.

Die Schallplatte "Der nette Mann" ist jugendgefährdend. Sie ist geeignet, Kinder und Jugendliche sozialethisch zu desorientieren, wie der Begriff "sittlich zu gefährden" nach höchstrichterlicher Rechtsprechung auszulegen ist, § 1 Abs. 1 Satz 1 GjS. Einige Lieder dieser Schallplatte propagieren nationalsozialistisches Gedankengut, andere fordern zu Gewalttätigkeiten auf und eines der Lieder hat pornographischen Inhalt.

Das Lied "Frankreich '84" fordert vordergründig dazu auf, zur Fußballeuropameisterschaft 1984 nach Frankreich zu fahren. Diese Fahrt zur Unterstützung der Deutschen Mannschaft bei der Fußballeuropameisterschaft sehen die Gruppenmitglieder der Band als einen Frankreichüberfall. Sie spielen damit auf die Ereignisse im Zweiten Weltkrieg an. Sie stellen damit den Kriegsbeginn mit Frankreich als positiv dar. Nationalsozialistisches Gedankengut, insbesondere die Vorherrschaft und Dominanz des deutschen Volkes werden propagiert. Die Zuhörer werden aufgefordert, "zu zeigen wer wir sind". Deutschland wird als "die Macht", als "der nationale Sieger" dargestellt. Wir können und sollen für unser Land gerade stehen. Im Gegensatz dazu werden die französischen Spieler bzw. das ganze französische Volk als minderwertig dargestellt. Sie sind nicht faire Gegner, denen man sich im Kampf stellt; die Franzosen stehen vielmehr auf einer solch niedrigen Stufe, daß man ihnen "vor die Füße pissen" muß.

Das französische Volk wird wie Freiwild beschrieben. Damit wird das Bekenntnis der Bundesrepublik Deutschland als demokratischen Rechtsstaat zu einem gleichberechtigten Mitglied der Völkergemeinschaft infrage gestellt; die Völkerverständigung unter Einschluß gerade auch der Aussöhnung des deutschen Volkes mit den früheren Kriegsgegnern wird negiert. Ein Handeln wird gefordert, das die Bemühungen der Völkerverständigung und der Anerkennung zunichte macht.

Die nationalistische Tendenz des Liedes "Frankreich '84" steht im Widerspruch zu der in dem Artikel 25 Grundgesetz vorgegebenen Werteordnung. Dort wird die Bindung des Völkerrechts für die deutsche Bevölkerung vorgeschrieben. Handlungen, die das friedliche Zusammenleben der Völker stören, widersprechen dieser Wertordnung. Ein Lied, das sich offen gegen die Völkerverständigung ausspricht und - mehr noch - dazu auffordert, einen als minderwertig beschriebenen Volksstamm zu beleidigen, führt zu einer sozialethischen Verwirrung. Dieses Lied ist jugendgefährdend.

[Daß es in diesem Lied nicht um "das ganze französische Volk", sondern sehr konkret um Fußball-Fans bzw. französische Hooligans geht, wird vom BPS-Gremium geflissentlich ignoriert bzw. vermutlich aus absoluter Unkenntnis der gewaltbereiten Fußball-Subkultur nicht begriffen. Sollte diese Indizierungsbegründung allgemeine bundesdeutsche Rechtsauffassung werden, müßten Bundesliga-Stadien und -Fernsehübertragungen für Jugendliche unter 18 generell gesperrt werden. Der insgesamt völkische Duktus der BPS-Schrift - Begriffe wie "Volk" oder gar "Volksstamm" tauchen im *Onkelz*-Song nicht auf - übertrifft die Vorgabe des indizierten Titels nicht nur in diesem Beispiel deutlich.]

Das Lied "Fußball und Gewalt" ist jugendgefährdend, weil es nicht nur zu Gewalttätigkeiten anreizt, sondern offen dazu aufruft. Die Rezipienten werden aufgefordert, "alles niederzumachen". Fußball wird mit Gewalt und blutigen Schlachten gleichgesetzt. "Zerschlagt den anderen das dumme Gesicht" heißt es an einer Stelle.

Gewalt wird in diesem Lied als etwas Normales beständig beschrieben. Der mit den Fäusten ausgetragene Kampf wird als legitimes und gängiges Konfliktlösungsmuster dargestellt. Wer mit Gewalt vorgeht, ist nicht allein, er findet Zuspruch von allen Seiten; alle anderen im "Fußballstadion" helfen ihm.

Insbesondere junge Rezipienten werden durch das Lied zur Begehung von Gewalttätigkeiten, Verbrechen oder anderen Straftaten angestiftet. Schlägereien im Fußballstadion werden als herrlich, vorbildlich und nachahmenswert beschrieben. Damit besteht die Gefahr, daß Jugendliche solche Verhaltensweisen übernehmen, sich aneignen und mit Gewalt gegen ihre Mitmenschen vorgehen.

schaft gerechter zu machen.

Zu der Ausländerfeindlichkeit, die die *Onkelz* in früheren Jahren in der Öffentlichkeit vertreten haben. Diese Ausländerfeindlichkeit war in meinen Augen keinesfalls politisch, sondern eher eine Kurzschlußreaktion auf die Lebensumstände der Bandmitglieder. In den nachfolgenden Jahren wurden die *Onkelz* aber zu sehr verteufelt und ihre früheren Aussagen zu oft auf die heutige Gesinnung der *Onkelz* gemünzt. Nach meiner Meinung wurde regelrecht Propaganda gegen diese Band betrieben. Ich finde, daß dort auch ein Nachteil unserer Gesellschaft liegt. In unserer Gesellschaft werden Skinheads und Rechtsradikale verteufelt (was sehr positiv ist), aber auf der anderen Seite werden ehemalige Skinheads niedergemacht und die Sinneswandlung einzelner Mitglieder nicht akzeptiert.

Am 10. Oktober 1998 war ich auf dem *Onkelz*-Konzert in Oberhausen. Kurz vor Konzertbeginn hatten einige Hools und Skins eine Deutschland-Fahne mit dem *Böhse Onkelz*-Schriftzug aufgehangen und rechtsradikale Lieder gegröhlt. Sofort betrat Stephan Weidner die Bühne und forderte sie auf, die Fahne abzuhängen, denn "die *Böhsen Onkelz* haben nichts mit Deutschland oder Rassismus zu tun". Diese Szene fand ich äußerst beeindruckend. Seitdem habe ich die absolute Bestätigung für den Sinneswandel der *Onkelz*.

Henning (17) aus Wuppertal

Ich selbst hielt die *Böhsen Onkelz* lange Zeit für Nazis, obwohl ich noch nie ein Lied von ihnen gehört hatte. Wo ich dieses blöde Gerücht aufgeschnappt hatte, weiß ich nicht mehr genau. Nach langer Zeit wurde mir dann klar, daß ich die *Onkelz* verurteilte, ohne überhaupt etwas von ihnen zu wissen. Also habe ich mir die Biographie der *Onkelz* gekauft und gelesen. Teilweise stiegen mir Tränen in die Augen, als ich las, welche Gemeinheiten die Medien über diese Band verbreitet haben. Dann wurde mir klar, daß ich genauso gehandelt hatte. Und dafür schäme ich mich noch heute. So habe ich aber gelernt, erst über etwas zu urteilen, wenn ich darüber Bescheid weiß.

Ich habe mir also mal eine CD angehört und war schwer begeistert. Die Musik gefiel mir, und die Texte waren die besten,

Fanclubparty in Schenefeld

die ich je gehört hatte. Innerhalb kürzester Zeit hatte ich alle Alben der *Böhsen Onkelz*.

Zu der gleichen Zeit hatte ich große Probleme an meinem Arbeitsplatz. Diese Probleme gingen so weit, daß ich mich umbringen wollte. Ich saß dann eines Abends, mit einem Messer in der Hand, in meinem Zimmer und wollte mir die Pulsadern aufschneiden. Doch dann lief plötzlich das Lied "Nichts ist für immer da" von den *Onkelz* in meinem Radio. Aufgrund dieses Liedes habe ich es mir anders überlegt. Ich habe den Arbeitsplatz gewechselt und bin nun wieder glücklich.

Ich hoffe, ich werde Stephan Weidner und Kevin Russell einmal treffen, damit ich ihnen für alles danken kann, was sie für mich getan haben.

Robin (18) aus Giebenach (Schweiz)

Ich bin ein Rock-Oldie von 37 Lentzen, seit 20 Jahren Lagerarbeiter, bald arbeitslos, ledig und bewohne eine kleine Mietwohnung. Ich scheiße auf die sogenannten "Regeln" unserer "feinen" Gesellschaft, laufe mit Matte bis auf die Schultern, Nato-Fleckenhosen, Kampfstiefel, Tattoos, Lederjacke, Ringe ohne Ende an den Fingern durch die Gegend. Und ich bin Alkoholiker (seit fast 10 Jahre trocken). Aber bin ich wegen all dem ein Verbrecher; schlechter Mensch oder Aussätziger, um den man einen Bogen machen muß? Nur weil ich mich gebe, wie ich mich wohl fühle, und nicht "meinem Alter entspre-

[Die Zeile "Zerschlagt den anderen das dumme Gesicht" ist eine pure Erfindung der BPS.]

Das Lied "Der nette Mann" hat der Gesamtschallplatte seinen Namen gegeben. Ihm ist die verstümmelte und mit Blut beschmierte Kinderspielpuppe auf der Titelseite des Plattencovers zuzuordnen. Dieses Lied stellt nicht nur Grausamkeiten dar, es predigt auch eine gefühllose Gesinnung gegenüber kleinen Kindern. Es verherrlicht Kindesmißhandlungen und -zerstückelungen, es predigt Mord an kleinen Kindern, § 211 StGB. Das Lied ist geeignet, rohe Instinkte zu wecken. Eine gefühllose, gegen Schicksal und Leiden anderer abgestumpfte Gesinnung wird hervorgerufen bzw. intensiviert. Die Begehung von schwersten Gewalttätigkeiten und Verbrechen wird verherrlicht. Perverses Menschenschlachten wird als herrlich, vorbildlich und nachahmenswert geschildert. Es ist zu befürchten, daß sich insbesondere junge Leute durch das Rezipieren dieses Liedes zu Gewalttätigkeiten hinreißen lassen.

[Zweifelsfrei der Höhepunkt in der Interpretationsphantasie der BPS: Aus einem Text, der "voller Sarkasmus und schwarzem Humor" (Alice Schwarzer) die "Normalität" der Gewalt gegen Kinder angreift, wird in der Lesart der BPS eine "Aufforderung, kleine Kinder zu zerstückeln". Hier zum Vergleich der Originaltext:

Der nette Mann

Kleine Kinder hab' ich gern
Zerstückelt und in Scheiben
Warmes Fleisch, egal von wem
Ich will's mit allen treiben
Ob Tiere oder Menschen
Ich seh' gern alles leiden
Blutbeschmiert und mit großer Lust
Wühl' ich in Eingeweiden

Ich bin der nette Mann von nebenan
Und jeder könnt' es sein
Schaut mich an, schaut mich an
Ich bin das perverse Schwein

Die Gier nach Qual und Todesschreien
Macht mich noch verrückt
Kann mich denn kein Mensch verstehen
Daß mich das entzückt
Komm, mein Kleines, du sollst heute Nacht mein Opfer sein
Ich freu' mich schon auf dein entsetztes Gesicht
Und die Angst in deinem Schrei

Ich bin der nette Mann von nebenan
Und jeder könnt' es sein
Schaut mich an, schaut mich an
Ich bin das perverse Schwein

Kleine Kinder hab ich gern
Zerstückelt und in Scheiben
Warmes Fleisch, egal von wem
Ich will's mit allen treiben

In der langen Liste bigotter Fehlurteile der BPS stellt die Indizierung dieses Liedes bis heute eines der eindrucksvollsten Plädoyers für die fristlose Auflösung der jugendgefährdenden Bundesprüfstelle dar.]

Aufforderung zu Gewalttätigkeiten enthält ebenfalls das Lied "Dr. Martens Beat". Mit dem Namen "Dr. Martens" bezeichnen die Autoren spezielle englische Werftarbeiterschuhe, deren Markenname Dr. Martens ist. In diese Schuhe sind Stahlkappen eingearbeitet ("häßlich, gewalttätig und brutal", der rechte Flügel der westdeutschen Jugendszene: Die Skinheads, Der Spiegel, Magazin, Ausgabe Nr. 26/86, S. 86, S. 87 ff.).

Das Lied fordert zwar nicht auf - wie das Lied "Der nette Mann" - kleine Kinder zu zerstückeln; die Aufforderung zur Gewalt richtet sich hier "nur" gegen die körperliche Integrität, eine direkte Aufforderung zum Töten wird nicht gegeben. Es wird zwar nicht der Mord verherrlicht, statt dessen wird zu brutalen Schlägereien und zu Tritten mit Schuhen, ausgerüstet mit Stahlkappen, aufgefordert. Wiederum wird besonders brutales Verhalten verherrlicht, als vorbildlich und nachahmenswert propagiert. Wiederum wird Gewalt beständig als

chend" auftrete, "so wie es sich gehört"? Verdammt, es ist doch scheißegal, wie jemand aussieht, Hauptsache, er ist okay. Diese bescheuerten Vorurteile. Jeder sollte seinen Weg gehen, ohne sich zu verstellen: so sein, wie man wirklich ist, ehrlich, geradeaus, ohne Kompromisse, auch wenn's noch so weh tut und man vielleicht allein ist! Und jetzt komme ich endlich auf den Punkt: Deswegen, ja genau deshalb bin ich absoluter *Onkelz*-Jünger!

Sie sind für mich keine Götter, die ich verehre, nein, sie sind tofte Kerle, die so ehrlich 'rüberkommen, daß man weiß und spürt, daß da keine Verarsche abläuft. Sie sind "wie ich", das merkt man. In den letzten Jahren läuft die Kohle bei ihnen zwar, aber warum nicht? Jahrelang war das nicht so, da sind sie im Underground vertreten gewesen. Und wichtig ist doch nur, daß sie die selben geblieben sind, und das sind sie.

Und die Nazi-Vergangenheit der *Onkelz*? Mein Gott, die Kritiker sollten endlich mal ihr Maul halten! **Wer hat nicht in bestimmten Situationen schon mal auf Ausländer geschimpft,** um dann zu merken, daß kein Ausländer, sondern nur wir selbst schuld an unserem Schicksal sind und es, zum Glück, selbst in der Hand haben! Außerdem waren die Onkelz zur Zeit dieser Songs noch sehr jung. Sollte eine Schuld ewig bestehen bleiben? Wer von uns hat nie Fehler gemacht? Sollte man die Chance zu lernen niemals und niemandem geben? Ich meine: All ihr "Fehlerlosen", haltet endlich euer Maul! Die Onkelz sind eine musikalisch erstklassige Heavy-Metal-Band mit sehr guten Texten, die euch Ärschen nicht gefallen, weil sie euch den Spiegel der Wahrheit vorhalten! Die Onkelz treten nach oben und stehen zu ihren eigenen Schwächen. Hört die Onkelz-Texte, informiert euch genau über die Onkelz-Vergangenheit, vergeßt eure vorgefertigte Meinung, eure Vorurteile, seid sachlich!

Ich finde, man sollte anerkennen, wenn jemand seinen Weg geht und was aus seinem Leben macht, gerade wenn dieser Weg nicht der Norm entspricht. Und jeder sucht sich Wegbegleiter, die seinen Vorstellungen entsprechen, die die gleiche dreckige Sprache sprechen, die nachvollziehen können und vielleicht sogar helfen. Das waren und sind bei mir halt die *Onkelz*. Groß geworden bin ich mit Musik von *Black Sabbath*, *Deep Purple*, *Status Quo*, *Udo Lindenberg* und später dann *Metallica*, *Judas Priest*, *Slayer*. Die Musik finde ich immer noch superklasse. Doch an die *Onkelz* kommt keiner auch nur annähernd ran. Alleine schon wegen meiner persönlichen Geschichte. Vom 16. bis zum 28. Lebensjahr nur Spaß gehabt und immer voll bis oben hin. Irgendwann total in der Scheiße, nur noch Alk, der absolute Wahn. Es gab nur noch eins, Leben oder Tod. Ich habe mich für's Leben entschieden, hatte auch Hilfe von einigen echten Freunden und meiner Familie. Dann "die Frau" kennengelernt. Sie war leider Junkie, doch ich wollte ihr helfen. Ich habe es ja auch geschafft, bis heute clean zu bleiben. Sie schafft es trotz meiner Hilfe bis fast zur Selbstaufgabe nicht. Trennung, leider. Ich war kurz vor'm Abkicken, kurz vor'm Rückfall. Aber ich dachte an Kevin von den *Onkelz*, auch er hat seine Heroinsucht, bestimmt auch mit Hilfe seine Band-Kumpels, besiegt. Ich bewundere Kevin dafür, jeden, der's schafft. Das schaffe ich auch, dachte ich, hörte *Onkelz*-CDs. Ja, das ist meine Welt, meine Sprache, das macht Mut! Ich bin bis heute clean.

Wolfgang (37) aus Essen

Als ich so in der *Rock Hard* 12/98 rumblätterte, wurde ich auf die Anzeige aufmerksam, daß Sie ein Buch über die Fans der *Böhsen Onkelz* schreiben wollen, und wenn jemand etwas dazu beitragen wolle, solle er Ihnen schreiben. Ich denke, ich habe Einiges zu erzählen, und damit will ich jetzt mal anfangen. Wie die *Onkelz* so schön singen: "Mein Leben war nicht einfach, nicht von Engeln bewacht...." Genauso sah und sieht meins aus. Mein leiblicher Vater haßt mich und beschäftigt sich am liebsten damit, mir zu sagen, daß Leute wie ich es sowieso nie schaffen werden. Mein erster Stiefvater hat mich behandelt wie ein Stück Scheiße. Mein jetziger Stiefvater ist auch nicht viel besser. Mit 13 lernte ich meinen Freund kennen, geriet in den falschen Freundeskreis und ließ mich von meinem Freund schlagen und vergewaltigen. Ich verlor meinen besten Freund, der mich auch mit den *Onkelz* vertraut gemacht hatte. Er brachte sich um. Er

etwas Normales geschildert. Brutale Kampfauseinandersetzungen werden als legitimes und gängiges Konfliktlösungsmuster dargestellt. Prügeleien sind an der Tagesordnung, diese kann man nur durch brutale Kampfmethoden und durch den Einsatz von Hilfsmitteln, wie etwa Stahlkappenschuhen, gut bestehen. Andere, friedlichere Konfliktlösungsmuster werden nicht beschrieben; ein Kampf muß nicht vermieden, vielmehr die Gegner rücksichtslos zermalmt werden.

Das Lied "Böhse Onkelz" ist jugendgefährdend, weil es die nationalsozialistische Ideologie unreflektiert übernimmt und deren Gedankengut darüber hinaus propagiert. Deutschland wird als die einzige Macht beschrieben. Das deutsche Volk ist das einzige wertvolle, alle anderen Völker zählen nichts. Rassistische Tendenzen treten offen zu Tage. Der nationalistische Staat wird als erstrebenswertes Ziel dargestellt.

Wie oben bereits näher dargelegt, propagiert auch dieses Lied problematische politische Tendenzen, die der Wertordnung unseres Grundgesetzes völlig entgegen stehen. Das Bekenntnis der Bundesrepublik Deutschland zum Rechtsstaat als gleichberechtigtem Partner in der Völkergemeinschaft wird mißachtet, ein diametral entgegengesetztes Leitbild wird propagiert.
[Zum Vergleich wieder der Originaltext:

Böhse Onkelz

Wir saufen mit links und herrschen mit der Rechten
Wir sind die Herrscher Frankfurts, die Könige der Nacht
Wir sind die Macht, also spielt unsere Hymnen
Schreie im Dunkeln, Schreie in der Nacht
Denkt an die Onkelz, denkt an die Macht
Denkt an die Macht!

Spürt ihr die Kraft, die euch umringt
Wir sind euer Wille, wir werden euch führen
Gemeinsam werden wir die Welt regieren!

Wir sind Böhse Onkelz und machen, was uns gefällt

Heute gehört uns Deutschland und morgen die ganze Welt
Wir sind Böhse Onkelz und machen, was uns gefällt!
Wir saufen mit links und herrschen mit der Rechten
Wir sind die Herrscher Frankfurts, die Könige der Nacht
Wir sind die Macht, also spielt unsere Hymnen

Spürt ihr die Kraft, die euch umringt
Wir sind euer Wille, wir werden euch führen
Gemeinsam werden wir die Welt regieren!

Auch hier wieder das bekannte "Interpretationsmuster: Die provokative Adaption des Nazi-Spruches "Heute gehört uns Deutschland und morgen die ganze Welt" muß dafür herhalten, aus einer pubertären Kraftmeierei und *Onkelz*-typischen Selbstbeweihräucherung ein Lied mit "nationalsozialistischer Ideologie" zu machen. Konsequenterweise verfälscht die BPS die Zeile "Wir sind die Herrscher Frankfurts, die Könige der Nacht" in ihrer Abschrift zu "Wir sind die Herrscher und die Könige der Macht" - würde der lokale Bezug zur Heimatstadt der Band doch der nationalistischen Interpretation der BPS widersprechen. Wie die BPS auf die Idee kam, das "Wir" stünde in dem "Böhse Onkelz" betitelten Lied nicht etwa für die Band, sondern für Deutschland, und in welchen Zeilen die BPS "offen rassistische Tendenzen" entdeckt hat, bleibt wohl ein ewiges Geheimnis der Bonner Inquisition.]

Das Lied "Mädchen" ist pornographisch i.S.v. § 6 Abs. 2 GjS i.V.m. § 184 Abs. 1 StGB. Es fordert nämlich zu ungehemmter Sexualität auf, propagiert Fellatio und Promiskuität. Es ist damit offensichtlich schwer jugendgefährdend und übersteigt das bei § 1 Abs. 1 Satz 2 GjS geforderte Maß an Jugendgefährdung.

Das Lied degradiert die Frau zum sexuellen Konsumartikel und jederzeit benutzbaren Gegenstand für den Mann. Die Frau wird als sexuelles Lustobjekt dargestellt. Die sexuelle Befriedigung wird als der allein menschliches Dasein beherrschende Wert dargestellt. Jugendlichen wird damit die

war HIV-infiziert und konnte wohl nicht damit leben. Ich hasse ihn für seinen Selbstmord. Danach fing ich mit Drogen an. Bei meinem ersten Schuß lief das Lied "H" im Hintergrund. Ich kotzte mir die Seele aus dem Leib. Um zu wissen, daß ich noch lebte, schnitt ich mir die Arme auf. Alles fing an schief zu laufen. Was das alles mit den Onkelz zu tun hat? Sag ich dir.

Ich sage, was ich denke, und wenn ich höre, was die Onkelz zu diesem Thema singen, merke ich, daß diese Eigenschaft nichts Schlechtes ist. **Ein Satz von Kevin hat mir geholfen, vom Heroin wegzukommen.** Dieser Satz war: "Ich liebe das Leben." Dadurch ist mir klar geworden, daß ich mein Leben auch noch ein bißchen mag. Im Moment geht es mir noch ziemlich dreckig. Ich bin seit 1 + Monaten clean. Wenn ich dran denke, mir 'nen Schuß zu setzen, höre ich "H", denke an den ersten Druck und wie ich meine Kotze wegwischen mußte, und dann kann ich widerstehen. Ich will mich bald endgültig von meinem Freund trennen. Ich hoffe, daß ich mein Leben in den Griff kriegen kann, aber warum nicht. Letztendlich hat Kevin es doch auch geschafft, dann kann ich es auch. In 8 Monaten bekomme ich ein Baby. Ich bin zwar erst 15, aber ich schaff' das schon. Ich will dir mit meinem Brief sagen, daß die Onkelz keinen schlechten Einfluß haben, sondern Mut, Hoffnung, Kraft, Lebenswillen und Selbstbewußtsein geben. Ohne die Onkelz wäre ich immer noch drauf oder schon längst tot.

Anonym (15)

Ein Onkelz-Fan zu sein ist heute immer noch nicht einfach. Als ich im März mein Studium an der Uni München antrat, fuhr ich ganz normal mit meinem Auto zur Uni, auf dessen Heckscheibe der Onkelz-Aufkleber angebracht ist. Ich merkte schon, wie die Leute komisch nach mir schauten. Dann passierte erst einmal gar nichts. Nach ein paar Tagen hörte ich plötzlich von anderen, daß meine Freunde und ich nur "die Rechtsradikalen" oder die "Deutschland-Fraktion" genannt wurden. Nur aufgrund dieses Aufklebers, denn gesprochen hatte ich bisher mit keinem von denen, die sich diese Namen ausgedacht hatten. Nach einiger Zeit und vielen Gesprächen merkten die Leute wohl, daß sie uns völlig falsch eingeschätzt hatten, und von da an waren diese Gerüchte zumindest in meinem Semester vom Tisch.

Man muß sich oft Fragen gefallen lassen: "Warum hörst du auch so eine Musik, daher kommen ja solche Gerüchte", oder:

Fanclubparty in Schenefeld

"Ist es dir nicht peinlich, Reklame für Rechtsradikale auf deinem Auto zu haben?" Solchen Leuten antworte ich immer dasselbe:

Fanclubparty in Schenefeld

Die Onkelz sind weder rechtsradikal noch gewaltverherrlichend. Sie sind für mich die einzige deutschsprachige Band, die in ihren Texten eine wirkliche Aussage haben. Diese Lieder kann man hören, wenn es einem schlecht geht oder wenn man fröhlich ist. Wenn es mir richtig schlecht geht, höre ich Lieder

Integration der Sexualität in ihrer Gesamtpersönlichkeit erschwert.

Die Jugendgefährdung ist auch offenbar i.S.v. § 15a GjS. Sie tritt offen und zweifelsfrei zutage. Dies erhellt einmal aus dem pornographischen Lied "Mädchen", das § 6 Nr. 2 GjS als schwer jugendgefährdend einordnet. Dies wird dem Zuhörer aber auch anhand der zu Gewalttaten bis zum Mord auffordernden Lieder sowie der Songs mit nationalsozialistischem Inhalt deutlich

Ausnahmetatbestände nach § 1 Abs. 2 GjS kommen nicht in Betracht. Insbesondere stellen die Lieder auf der Schallplatte keine Kunst dar und dienen ihr auch nicht. Ein Kunstwerk liegt nämlich nur dann vor, wenn ein bestimmtes Maß an künstlerischem Niveau vorliegt. Dies beurteilt sich nicht allein nach ästhetischen Kriterien, sondern auch nach dem Gewicht, daß das Kunstwerk für die pluralistische Gesellschaft nach deren Vorstellungen über die Funktion der Kunst hat. Dabei ist nicht nur auf die Stilrichtung der Musik, sondern auch auf den Inhalt der Texte abzustellen.

Die Lieder der vorliegenden Schallplatte sind für die pluralistische Gesellschaft ohne jede Bedeutung. Weder die Stilrichtung der Musik noch die Inhalte der Texte sind so bedeutsam bzw. von derart hohem künstlerischem Gewicht, daß sie der Kunst dienen würden.

Stefen   Graumann   Jungeblodt

["... stellen die Lieder auf der Schallplatte keine Kunst dar" - man ersetze in den letzten Zeilen das Wort "pluralistische" durch "nationalsozialistische" Gesellschaft und die grundlegende Ideologie solcher Zensurmaßnahmen tritt ungeschminkt zutage. Das erkannte wohl auch das Bundesverfassungsgericht und stoppte diese Begründungspraxis der BPS vier Jahre nach der Indizierung des "netten Manns" - leider nur in diesem einen Punkt. Die grundsätzliche Existenz dieser öffentlichkeitsscheuen Behörde wurde auch durch die rot-grüne Bundesregierung bisher nicht in Frage gestellt.]

Das Verbot der ersten *Onkelz*-LP konnte ihren Erfolg nicht stoppen - im Gegenteil. Naturgemäß verstärkte das Verbot das Interesse jugendlicher Fans, die wenig Lust hatten, ihren Geschmack den Vorstellungen der "pluralistischen Gesellschaft" anzupassen; eine rebellische Attitüde, die für fast alle *Onkelz*-Fans auch heute noch identitätsstiftend ist. Allein in den 80er Jahren wurden mindestens 200.000 Exemplare des Albums verkauft, größtenteils zu Schwarzmarktpreisen zwischen 80 und 200 DM - West-Mark wohlgemerkt, auch im Osten Deutschlands! - selbst für Bootlegs.

**VORTEX
KRAFT DURCH FROIDE
BOESE ONKELZ**

Eintrittskarte zum KDF – Gig, 9. November 1985 in Berlin

wie "Nichts ist für immer da" und es geht mir gleich viel besser. Die Onkelz haben sicherlich Fehler gemacht, doch wer von uns hat das nicht? Sie sind oft mißverstanden worden, und ihnen sind die Worte, die sie gesagt haben, einfach herumgedreht worden. Es ist aber interessant zu beobachten, wo man mittlerweile überall Onkelz-CDs kaufen kann. Bei Karstadt z.B. bin ich früher mal fast 'rausgeschmissen worden, nur weil ich nach einer Onkelz-CD gefragt habe. Heute stehen die CDs in der ersten Reihe. Ich kaufe meine CDs jedenfalls nur in den Läden, die schon immer Onkelz-CDs verkauft haben.

Meik aus Lage

Ich wohne in einem ca. 800-Seelen-Dorf, habe einen Bruder, der 25 Jahre alt ist. Er ist von Geburt an geistig behindert. Mein Vater erkrankte an einem Schlaganfall, als ich 6 Jahre alt war, es war kurz vor meiner Einschulung. Er war fast 10 Jahre krank und starb, als ich 16 Jahre alt war. Ich bekam 1996 meinen Realschulabschluß und befinde mich zur Zeit in einer Lehre zum Zerspannungsmechaniker.

Als ich mit 10 Jahren die Böhsen Onkelz zum ersten Mal hörte, wußte ich noch nicht, daß diese 4 Jungs aus Frankfurt mir noch viel Kraft und Freude schenken würden. Zu dieser Zeit hörte ich noch DJ Bobo und den ganzen Scheiß, der so im Radio läuft. Es war die "Live in Vienna" gewesen, die einer in unseren Jugendclub mitbrachte. Sie war nicht lange im Player drin, "die rechte Musik" kannst du zu Hause hören, sagte man ihm. Doch die CD blieb in unserem Jugendclub, man fing an, die Texte zu verstehen, und man hörte sie immer öfter. Man fand immer mehr Leute, die die Onkelz hörten, und jede CD gefiel einem besser. 1996 hatten wir genug Mut zusammen, um auf ein Konzert der Böhsen Onkelz zu fahren. Bis heute waren wir auf 7 Konzerten. Wer diese 4 Jungs nur von CDs kennt, dem sprech' ich hiermit mein Beileid aus.

Es gibt keine bessere Live-Band als die Böhsen Onkelz.

Man kommt hin und man wird eins mit der ganzen Menschenmasse. Man steigt aus dem Zug oder Auto, man sieht die Leute, die Onkelz-T-Shirts, und schon hat man ein breites Grinsen im Gesicht. Es wird sich gegenseitig abgeklatscht, und man begrüßt sich, und alles, was man dafür machen muß, ist lediglich ein Böhse-Onkelz-Fan zu sein. Die Sprechchöre gehen bis zur Konzerthalle und von dort aus bis zum Ende eines jeden Konzerts. In Dietzenbach dachten wir, wir sehen nicht recht, als wir diesen Typen vor unseren Augen sahen. Ich schätze, er war um die 40 Jahre alt, hatte einen grauen Bart, trug Birkenstock und hatte einen weißen Turban auf dem Kopf. Dieser Typ ging total auf Pro Pain ab. In Jübeck war auf dem Zeltplatz (bzw. Acker) eine Stimmung, die unbeschreiblich ist. Aus fast jedem Auto, Bus oder Zelt dröhnten die Onkelz.

Mein Lieblingslied war lange Zeit "Nur die Besten sterben jung". Da ich ja früh meinen Vater verloren haben und schon zwei meiner Kumpels verloren habe, war das Lied der Renner für mich. Dieses Lied half mir über die Menschen nachzudenken. Mit diesem Lied kann man gut trauern. Die Jungs haben schon recht, wenn sie sagen, "wir singen Lieder, die das Leben schreibt". Es gibt keine zweite Gruppe, die nur annähernd solche Texte schreibt. Man spiegelt sich in fast allen Texten wider, denn man hat dasselbe oder schon so etwas Ähnliches erlebt.

Die Onkelz sind direkt oder indirekt ein Wegweiser durch's Leben. Sie helfen dir fast in jeder Lebenslage. Sie geben mir Kraft, Spaß und manchmal Trauer. Sie machen mich stärker.

Achim (19) aus Ahl

Alle verbotenen *Böhse-Onkelz-*Produktionen, Stand: 15. Mai 2000

Das Verbot des ersten *Onkelz*-Albums hat den Mythos konstituiert, die *Böhsen Onkelz* seien "verboten". Bei vielen Fans erwachte das Interesse aufgrund dieses Gerüchtes, Lehrer begründen damit ihr Verbot, in der Schule T-Shirts der Band zu tragen, JugendklubmitarbeiterInnen wissen nicht, ob sie sich strafbar machen, wenn sie *Onkelz*-Titel in ihrer Einrichtung laufen lassen. Deshalb hier eine Auflistung sämtlicher indizierter *Onkelz*-Titel:

1. **Der nette Mann**
   1984 auf Rock-O-Rama Records erschienen, am 30. August 1986 indiziert[1], am 5. Dezember 1986 bundesweit eingezogen.

2. **Häßlich**
   1988 als Mini-LP, 1992 als CD bei Rock-O-Rama Records erschienen, am 30. Juni 1993 wegen "wesentlicher Inhaltsgleichheit" mit "Der nette Mann" indiziert. Die Mini-LP/CD enthält die Stücke "Frankreich '84", "Fußball und Gewalt", "Mädchen" und "Böhse Onkelz" vom "netten Mann" sowie als Bonus "Häßlich".

3. **Erinnerungen**
   Eine unter dem fiktiven Label-Namen "Early Music Germany" veröffentlichte Bootleg-CD mit Demo-Aufnahmen aus den Jahren 1981-83, indiziert am 31. Oktober 1998 vor allem wegen der enthaltenen Titel "Türken raus", hier als "T. Muschi" betitelt, und "SS-Staat", hier "...Staat". Bei letzterem, in der Tat akustisch kaum verständlich und inhaltlich in typischer Punk-Machart äußerst provokativ, verfälscht die BPS die Zeile(n) "SS-Staat im Staate, wird's das noch mal geben / Wir wollen 's nicht erleben" in "SS-Staat im Staate wir woll'ns miterleben". Dennoch: eine der übelsten *Onkelz*-Kompilationen. Der Täter wurde nie bekannt.

4. **Tanz der Teufel**
   Ein Live-Mitschnitt des *Onkelz*-Konzertes am 6. Mai 1989 in Offenbach, 1993 vom bekanntesten *Onkelz*-Bootlegger "Freddy Krüger" auf den Markt gebracht, am 31. Oktober 1998 wegen der enthaltenen Titel "Der nette Mann" und "Fußball und Gewalt" indiziert.

5. **Nette Menschen, nette Lieder**
   Ebenfalls ein "Freddy Krüger"-Bootleg mit 17 Titeln von 1994, am 31. Oktober 1998 aufgrund des enthaltenen Titels "Der nette Mann" indiziert. Eine von "Bonk" verbreitete, inhaltsgleiche Raubkopie dieses Bootlegs unter dem Titel "Zäh wie Leder, hart wie Kruppstahl" wurde bis heute nicht indiziert.

6. **Necronomicon - Offenbach '91**
   Ein "Bonk"-Bootleg mit 21 Titeln, am 31. Oktober 1998 wegen des Titels "Der nette Mann" indiziert. (Der ebenfalls enthaltene Titel "Mädchen" wurde "übersehen".)

7. **Hausmannskost**
   Eine unter dem Label-Namen "Haselnußtonträger" ab 1995 verbreitete Kompilation aus der rechtsradikalen Ecke, die 29 *Onkelz*-Titel (überwiegend Demo-Aufnahmen) sowie als "Zugabe" das Nazi-Fliegerlied "Bomben auf Engeland" im Originalton enthält. Indiziert am 31. Oktober 1998.

8. **Zieh mit den Wölfen - Live in Erlensee 91**
   Bootleg mit 20 Titeln, darunter "Mädchen" und "Der nette Mann". Nur letzterer führte auf Antrag des Jugendamtes der Stadt Bielefeld am 31. Oktober 1998 zur Indizierung.

9. **Rätsel des Lebens**
   Ein "Freddy Krüger"-Bootleg mit 18 Titeln, darunter "Der nette Mann". Indiziert am 31. Oktober 1998.

Weitere Produktionen der *Böhsen Onkelz* sind nicht indiziert oder anderweitig staatlich verboten worden. Somit sind von den *Böhsen Onkelz* lediglich ihr Debüt-Album "Der nette Mann" (und die Auskopplung "Häßlich") sowie sieben ohnehin illegale Raubkopien/Bootlegs verboten. Alle folgenden von den *Onkelz* veröffentlichten 16 Alben (siehe Anhang) sind ohne Altersbeschränkungen zugelassen und erhältlich.

---

[1] Als Indizierungsdatum wird im Folgenden stets das der ofiziellen Bekanntmachung im Bundesanzeiger, nicht das Sitzungsdatum genannt.

[2] Die *Böhsen Onkelz* selbst ließen allerdings das nach ihrem Wechsel zu Virgin von ihrer ehemaligen Plattenfirma Bellaphon veröffentlichte "Best of..."-Album wegen "Abzockerei" vom Markt nehmen.

Als ich im Sommer '97 umherzog auf der Suche nach neuen Taten, neuen Leuten, mir selbst, lernte ich plötzlich nur noch Onkelz-Fans kennen. Bis zu diesem Zeitpunkt hatte ich erst eine Onkelz-CD, die "Es ist soweit". Obwohl sie mich so sehr berührte, daß ich tagelang deprimiert oder wütend war, liebte ich sie total! Jedenfalls lernte ich alles von den guten Böhsen Onkelz kennen, sie sind schon ein fester Teil von mir geworden. Warum? Ich trat ihnen mit Neugier und ohne Vorurteile entgegen, wie anderen Menschen auch. Sie öffneten mir die Augen; sie halfen mir, wenn ich wütend, traurig oder voll down war. Außerdem sprachen sie das aus, wozu ich vorher keinen Mut hatte, aus Angst vor dem Schlag in die Fresse. Heute sage ich

Fotografie: Boris Geilert/GAFF

alles, was ich will, woran ich glaube. Onkelz sind Freunde, die auch durch schlechte Zeiten mit mir gehen, mir helfen und an mich glauben.

Am liebsten mag ich Kevin, weil er seine Erfahrungen weitergibt, sie herausschreit und nicht vertuscht! Ich hoffe, daß die Onkelz meinen Brief irgendwie zu lesen bekommen, weil ich ihnen danke sagen möchte, und daß sie niemals aufhören sollen, Musik zu machen!
Diana (17) aus Castrop-Rauxel

Ich bin jetzt seit ca. 7 Jahren bei der Onkelz-Fangemeinde dabei, und habe schon einige Konzerte der Band besucht, sei es in meiner Umgebung oder eine 12 Stunden lange Zugfahrt in Kauf genommen, um die Onkelz live zu sehen. Ich besitze alle offiziellen Alben der Band. Außer den Onkelz habe ich keine Lieblingsband, wenn ich keine Onkelz höre (was sehr selten vorkommt), höre ich nur Radio.
Torsten aus Waibstadt

Ich bin seit etwa 10 Jahren Onkelz-Fan. Das erste Onkelz-Lied, das ich hörte, hat mir der Schlagzeuger meiner damaligen Band vorgespielt. Ich war nie Skinhead - geschweige denn Faschist -, sondern bin viel für die Kirche aktiv; ich mußte aber erleben, daß man als Onkelz-Fan sehr schnell in die rechte Ecke abgedrängt wird, selbst von Leuten, die einen gut kennen und es besser wissen müßten. Besonders erschreckend war für mich, daß sich niemand an den Onkelz und ihren Fans gestört hat, bis eines Tages ein Artikel gegen sie in der Regionalzeitung zu lesen war (der Artikel war sehr schlecht recherchiert, um nicht zu sagen zusammengelogen).
Johannes (28) aus Naila

Ich bin Onkelz-Fan seit ca. 9 Jahren, d.h. seit ich 12 bin. Das erste Album, das ich von ihnen hörte, war "Es ist soweit". Dies war ein eben solches musikalisches Schlüsselerlebnis wie Metallicas "Kill èm all" und Priests "Painkiller". Doch im Gegensatz zu Priest oder Metallica verstand ich hier die Texte, und eben die Kombination aus Text, Musik und Gesang riß mich total vom

Vom Skin- zum Bonehead

Mittlerweile war auch in Deutschland eine zweite Skinhead-"Generation" nachgewachsen. Die Punk-Wurzeln bröckelten. Manche kamen direkt von der Schulbank zu den Skinheads, ohne den Umweg über Punk, Fußball, Rockabilly oder eine andere Subkultur. Manche kamen aus der Neonazi-Szene hinzu, und viele, weil sie die Skinhead-Szene für eine Neonazi-Kultur hielten.

Zu behaupten, die Mehrheit der Skins jener Jahre seien "Neonazis" gewesen oder sogar in feste Partei- und ähnliche Organisationsstrukturen eingebunden gewesen, wäre eine Überschätzung der Neonazis. Deren Versammlungen schmückten nur wenige Kahlköpfe. Doch wirklich "linke" Jugendliche waren in der Skinhead-Szene - damals wie heute - rar gestreut. Dazu war das Image der Skins von Anfang an zu eindeutig festgelegt. Als linker Skinhead machte man sich wirklich "keine Freunde". Auch nicht unter Skins. Für die waren "Linke" zumeist langhaarige Studenten und Gymnasiasten, die schon den Punk unterwandert, kommerzialisiert und politisiert hatten. "Links" hieß Langeweile und politische Opposition. "Rechts" dagegen versprach grenzenlose Provokation (mit NS-Symbolen beispielsweise), Kameradschaft (was bedeutet dagegen schon "Solidarität") und ungezügelte Männlichkeit: Spaß pur, ohne schlechtes Gewissen und - ohne Politik. Ideologen waren in der Skin-Szene verpönt. Rechte wie linke. Und machen wir uns nichts vor: die Linken waren mehrheitlich immer ideologischer orientiert als die "unpolitischen" Rechten. Das hat sicherlich damit zu tun, daß Linke die Probleme dieser Welt bewußter wahrnehmen und weniger ignorieren wollen. Aber auch damit, daß linke Jugendszenen zumeist von Mittelschichtkids getragen werden, die ihre Konflikte vorzugsweise verbal austragen und generell mit "proletarischen" Kulturen und extrem körperorientierten (Massen-) Aktivitäten - ob Fußball, Prügeln oder Saufen - so ihre Schwierigkeiten haben. Linke sind anspruchsvoller, und damit oft auch gehemmter, nicht nur im Umgang miteinander. Linke wollen nicht nur sich selbst, sondern möglichst die ganze Welt verändern. Skins wollen sich in erster Linie amüsieren. Das paßt nur selten zusammen.

Menschen, die sich selbst als "unpolitisch" bezeichnen, produzieren sehr häufig nur in besonders unkritischer Weise den vorherrschenden Zeitgeist. Nicht anders war (und ist) es bei vielen Skins. Bloß daß sie "Ausländer raus!" gröhlten, wenn die neue Bundesregierung Kohl/Zimmermann "Rückkehrprämien" anbot. "Sie Dreckshure! Leider ist es zu spät, um dir die Gebärmutter herauszureißen, die Bastarde sind schon geboren!" - "Ein Hund mischt sich nicht mit einem Esel. Aber ihr dummen Sauweiber schlaft mit Wilden aus dem Busch und werft nicht mal reinrassige Ferkel. Abschaum ist das, Abschaum." - Nicht untypische nachbarschaftliche Briefe an mit Ausländern verheiratete Frauen aus dem Jahre 1982, die auf den Punkt brachten, was viele brave deutsche Bürger dachten: "Wir brauchen das schwarze und braune Gesindel nicht." Kein Wunder, daß auch viele Skins Rassisten und Nationalstolzler wurden. Das unterschied sie zunächst nicht von anderen Stammtischpolitikern und ihren (Leser-)Briefe schreibenden Vätern. Nur daß sie die Menschen auf der Straße verprügelten, die ihnen Politik und Medien als Sündenböcke schmackhaft machten. Und damit natürlich deutlich mehr Aufmerksamkeit auf sich zogen.

Zum Beispiel die von Neonazis. Vor allem Michael Kühnen streckte seine Fühler in Richtung Skinhead- und Hooligan-Szene aus. Im Dezember 1982 aus vierjähriger "Gesinnungshaft" entlassen, übernahm der wichtigste Neonazi-Führer der 80er Jahre sofort wieder die Leitung der Aktionsfront Nationaler Sozialisten. Sein Hauptziel: die Wiederzulassung der NSDAP. "Wenn 10.000 Mann mit Hakenkreuzen auf die Straße gehen, dann wird es kein NS-Verbot mehr geben, und dafür werden wir sorgen", erklärte er am 30. April 1983. 32 "Kameradschaften" mit insgesamt 270 Aktivisten hatte er zu dem Zeitpunkt schon, den Rest wollte er sich aus der Skin- und Fußballrabauken-Szene holen.

Anfangs schien die Rechnung aufzugehen. Der *Haß* - vor allem gegen Linke und "Ausländer" - machte die beiden harten Männer-Szenen zu Verbündeten. Gruppen wie die Dortmunder Borussenfront und die Hamburger Savage Army

Hocker. Es war die Mischung aus Selbstverherrlichung, Provokation und Geschichten aus dem Leben, welche textlich knallhart auf den Punkt gebracht wurden. Wenn ich von Geschichten aus dem Leben spreche, dann sind mir solche natürlich meist erst später widerfahren. Wie dem auch sei, mit den *Onkelz* konnte man zu dieser Zeit natürlich sehr gut provozieren. Das eigentliche Problem bestand aber darin, überhaupt

Fanclubparty Worms, 1999
(v.l.n.r): Internet-Onkel Jens, Shannon(USA), Meenzer, Connor

an Scheiben von ihnen ranzukommen. Es dauerte ungefähr ein halbes Jahr, bis ich einen Laden gefunden hatte, welcher die

Fanclubparty Worms, 1999
Organisator Wolfgang zu vorgerückter Stunde

CDs verkaufte. Das war also der Anfang meiner Fan-Karriere. Richtig ernst wurde die Sache erst, als ich mich in eine Richtung entwickelte, welche einige Parallelen zu denen der Band auf-

weist. Zu diesem Zeitpunkt wurde mir wirklich bewußt, daß ich es hier mit Leuten zu tun hatte, die sich ebenso sehr wie ich ihrem Gewissen und ihren Überzeugungen verantwortlich fühlten. Persönlich gab mir die Band aber immer dann Kraft, wenn es mir schlecht ging. Dies waren meist Situationen, in welchen ich emotional ausgelaugt war und nicht mehr weiter wußte. Das krasseste Beispiel hierfür war der vergangene Sommer. Es fing alles damit an, daß sich meine langjährige Freundin von mir getrennt hat. Danach begann Murphys Law mein Leben zu bestimmen, sprich, es ist alles, was nur schiefgehen konnte, schiefgelaufen. Immer, wenn ich dachte, jetzt kann es gar nicht mehr weiter runter gehen, hat mich das Leben eines Besseren belehrt. Ich bin zwar kein Selbstmordkandidat, aber noch nie habe ich mich so deprimiert, ernüchtert und ausgebrannt gefühlt. Zu dieser Zeit bekam ich auch "danke für nichts" in die Hände und war zutiefst beeindruckt von Kevins Historie. Obwohl wir im Ansatz grundverschieden sind, ist er eine Person, zu welcher ich eine Art Seelenverwandtschaft spüre. Ich habe weder dieselben traumatischen Kindheitserfahrungen wie Kevin, noch hat sich mein Haß jemals gegen andere Leute gerichtet. Aber ich bin mir ziemlich sicher, daß, wenn wir uns kennenlernen würden, wir dennoch ziemlich viele Gemeinsamkeiten finden würden. Eine Sache ist die, daß es jemanden gab, der noch viel tiefer in der Scheiße steckte als ich und es wieder von ganz unten nach oben geschafft hat. Jemand, der seine gesamte destruktive Energie gegen sich selbst gewandt hat, und heute wie das blühende Leben aussieht. Vor dieser Leistung habe ich den allergrößten Respekt. Die *Onkelz* und vor allem Kevin haben mir die Kraft gegeben, allen Widerstand und persönlichen Enttäuschungen zum Trotz weiterzumachen und nicht aufzugeben.
Wolfgang (21)

Zu den *Onkelz* kamen wir (Niklas 5 Monate, Katharina 2 Jahre und meine Frau Manuela) erst vor 3 Jahren. Vorweg möchte ich sagen, daß ich weiß, was Fan-Kultur bedeutet. Im Alter von 10 Jahren fing ich an mit Bands wie *The Sweet*, *Status Quo* und *Kiss*. In den letzten 20 Jahren sind daraus mehrere tausend Kilometer durch Europa geworden. *Status Quo* habe ich 53 mal gesehen

signalisierten den gelungenen Schulterschluß zwischen Subkulturen und Nazi-Parteien. Man traf sich regelmäßig in Fußballstadien und Kneipen, bei Konzerten von *Skrewdriver*, *Kraft durch Froide* oder den *Böhsen Onkelz*.

Die Frankfurter Skinheads erzählten dem Studenten Thomas Schneider auch von ihren Erfahrungen mit der Kühnen-Truppe ANS/NA, die am 15. Januar 1983, getarnt als Klassentreffen, im Hinterzimmer eines Frankfurter Restaurants (wieder)gegründet worden war. "So 'n paar von der ANS kamen zu uns in die Hauptwache da im Simmer und, naja, da hamse halt rumgelabert, das und das, wegen Ausländer und so und all so 'n Mist. Ich mein', ich halt' da absolut nichts von. Erstmal, wenn die Nazis dran kämen, die ersten, die ins KZ kämen, wären wir wohl und die Punks. Aber ich bin total dagegen. Die ham ihre Hintergedanken, die ham das alles schon in ihrem Hirn drin, wie se alles machen wollen, aber da hat keiner von uns mitgespielt, keiner. Ich mein', ich bin auch gegen Ausländer und so. Aber die ham schon ganz andere Hintergründe. Die sind alle 'n bißchen überschlau, ham so 'n Überblick verloren, find' ich." Die "Organisierten" kommen selbst nicht "von der Straße", sind nicht "authentisch", sondern eher "Schwätzer", die körperlich "nichts drauf haben". Die Skins blieben mißtrauisch, trotz inhaltlicher Übereinstimmungen.

Nur "fünf oder sechs" der insgesamt sechzig Frankfurter Skins, schätzte auch ein polizeilicher Lagebericht, wurden damals wirklich Mitglieder der ANS. Auch nach damaliger Einschätzung des Bundesamtes für Verfassungsschutz waren Versuche, "Skinheads für neonazistische Ziele zu gewinnen, bis auf wenige Ausnahmen gescheitert" (*Der Spiegel* Nr. 26/1986). Skins und Neonazis pflegten lediglich "Trinkgemeinschaften". So waren die Skinheads zumindest solange, bis dem Verfassungsschutz mit der Kapitulation des realsozialistischen Blocks 1989 die Gegner ausgingen, "keine gezielten Beobachtungsobjekte". "In Wirklichkeit waren es nicht so viele Skinheads, die Nazis wurden, sondern Nazis, die zu Skinheads wurden", erinnert sich George Marshall in seinem Szene-Almanach "Spirit of '69. A Skinhead Bible". Doch anders als Linke wurden Neonazis, ob kahlrasiert oder im modernen Schlips- und Scheitel-Outfit, zu einem akzeptierten Bestandteil des Szene-Alltags. Ihre Stimmungsmache gegen "Ausländer" und die Gewaltlust der eher diffus rechtsorientierten Skinheads vereinte sich in "spontanen" Aktionen. Nächtliche Überfälle auf Flüchtlingsunterkünfte und geplante Morde standen noch nicht auf der Tagesordnung. Doch die Lieder der Szene kündigten bereits eine weitere Radikalisierung an.

Skinhead heißt der Weg, den du erwählst.
Er gibt dir die Kraft zu überstehen

heißt es in dem Lied "Dein Kampf" der Berliner Band *Kraft durch Froide*, die sich wie die *Onkelz* rasant weiterentwickelte, allerdings in die genau entgegengesetzte Richtung, und nun zusehends zum Shootingstar all jener Skins aufstieg, denen die *Böhsen Onkelz* längst zu "harmlos" geworden waren.

Du wirst kämpfen und wirst siegen
Du wirst diese Schweine killen, killen, killen...

Am 24. Juli 1985 erschlugen zwei Skinheads und ein dritter Kumpel in Hamburg-Langenhorn nach einem Kneipenstreit den 29jährigen Mehmet Kaynakci mit einer Gehwegplatte. Nur fünf Monate später, am 21. Dezember 1985, wird in Hamburg-Wandsbek der 26jährige Ramazan Avci von einer Gruppe von Skinheads zu Tode getreten. Wochenlang sieht man nicht nur auf Hamburgs Straßen keinen Skinhead mehr. So mancher tauscht seine Bomberjacke und Stahlkappenschuhe gegen Iceberg-Pullover und Ballances-Turnschuhe ein. Ältere Glatzen nutzen den Anlaß, um sich endgültig aus der "Jugendkultur" zu verabschieden.

Sie werden schnell durch Neuzugänge ersetzt, die durch die bluttriefenden Medienschlagzeilen über die neue "Nazi-Kultur" - "Häßlich, gewalttätig und brutal", *Der Spiegel* Nr. 26/86 - angezogen werden wie Motten vom Licht. Es war nicht schwer, in dieser Zeit Jungglatzen zu begegnen, die ernsthaft beleidigt reagierten, wenn du ihnen erklärtest, die Skinhead-Kultur sei nicht erst Ende der 70er Jahre von *Skrewdriver* erfunden worden, sondern schon zehn Jahre früher von weißen und schwarzen Arbeiterjugendlichen

und alle anderen von AC/DC bis ZZ-Top über 200 mal. Hardrock war unsere Religion, die wir ohne Kompromisse vertraten. Nach 20 Jahren Status Quo konnte ich mit ihrer Art von Musik (Fun, Fun, Fun mit den Beach Boys usw.) nichts mehr anfangen. Dem Metal ging langsam die Luft aus. Dann kam der Hammer. Ein Freund lieh mir die "Onkelz live in Dortmund", und es war vorbei. Ob Ballade, Midtempo oder Nackenbrecher - einfach genial. Wir waren infiziert. Am meisten neben der geilen Mucke beeindruckten uns die Texte, die unsere Lebenseinstellung (Musik, Motorrad, Fußball) voll wiedergaben. Mit Onkelz-Musik hatte ich mich nie befaßt, da ich unwissend sofort Skins im Kopf hatte. Da unser Auto und meine Lederweste mittlerweile mit Onkelz-Logos zugepflastert sind, machten sich einige Leute auf einmal Sorgen. Meine Mutter fragte mich, ob ich rechtsradikal wäre, und meine früheren Kollegen schüttelten nur den Kopf. Erst Rocker, dann Rechter, waren wohl ihre Gedanken.

Onkelz-Nachwuchs

Was soll's? Auch ich habe früher so gedacht, ohne mich je mit den Onkelz beschäftigt zu haben. Zu meiner Schande muß ich gestehen, daß ich nicht unbewaffnet zu meinem 1. Konzert ging. Schuld daran waren viele negative Storys über Hooligans und Skinheads. Was dann kam, war unbeschreiblich. Ob in den Gängen oder auf den Rängen - Partytime pur. 18.000 Fans sangen jedes Lied mit und waren teilweise lauter als die Anlage. Bombastisch! Wäre ich 13 Jahre jünger und ohne Familie, würde ich die Onkelz so verfolgen wie zu meiner Zeit Status Quo, in der ich als Fan alles erreicht habe, wovon man träumt. Mit 30 Jahren bekam ich noch einmal den Kick, den ich im Musikbereich fast schon verloren hatte.

Thomas (33) aus Holzwickede

Ich muß zugeben, daß Skins bislang für mich nur nationalistische und sich prügelnde Schweine waren und ich dadurch dauerhaft in Gewissenskonflikte wegen meiner Lieblingsband, den Onkelz, und deren Vergangenheit lebte. - Wie du siehst, war auch ich ein Opfer der subjektiven medialen Berichterstattung.

Ich mag die Onkelz deshalb, weil sie Menschen sind, vor deren Lebensweg ich so etwas wie Respekt empfinden kann, und weil ich in den Texten unheimlich viele eigene Gedanken wiederfinde. Trotzdem stört mich das Wort "Fan" unheimlich; das hat so was Geiferndes, zu Götzen Aufschauendes. Wenn ich beim Bummel durch Frankfurt einen der vier Jungs treffen würde, würde ich ihn mit hoher Wahrscheinlichkeit nicht mal ansprechen, geschweige denn um ein Autogramm bitten. So was ist einfach lächerlich.

Ich habe in den vergangenen Jahren einige Konzerte der Band besucht und von den "Fans" nur Scheiße zu sehen bekommen. Von wegen "mit dieser Band hast du nicht viele Freunde..." - du hast gar keine. Als ich noch zur Schule ging, mußte ich mir das pseudo-antifaschistische Gequatsche anhören, **und auf Onkelz-Konzerten darf ich mich mit absolut Hirnamputierten 'rumärgern.** Überhaupt scheint Intoleranz eines der größten Probleme vieler Fans zu sein. Die sehen dir ins Gesicht, dann wandert der Blick über den

gemeinsam zum Sound von schwarzer Musik gezeugt worden. "Selbst vor Glatzenheiligen Sachen machen diese Kotzbrocken nicht halt", empörte sich ein langjähriger Straßenkämpfer der Fürth/Nürnberger Szene in seinem Fanzine *Aasgeier Kurier* (Nr. 5). "Ich weiß noch genau, wie stolz ich auf mein für 35,- ergattertes erstes (einfarbig blaues) Perry war. Ich hab mir echt den Arsch aufgerissen um ein Perry zu kriegen. Und heute geht der letzte Depparsch in den Laden und kauft sich das Ding einfach (natürlich zu übertuerten Preis). Jeder Modeaffe läuft in Londsdale/perry rum. Diese Leute habe keine Beziehung zu den Sachen die sie tragen." - "Was mir in der lesten Zeit sehr auffiehl ist das kaum die Hälfte aller Skins noch Hosenträger tragen", empört sich auch ein Skinhead der Marke "Deutschland den Deutschen" aus Lüneburg in seinem Fanzine *Kahlschlag* (Nr. 2, 1986) in dem für die rechte Szene typischen kreativen Umgang mit der deutschen Spache. "Ich frage warum sie keine Hosenträger tragen antworten fast alle das selbe: einige sagen es wäre unbequem und andere meinen man braucht sie eben nicht mehr. Ich bin der Meinung das Hosenträger nicht unbequem sind und Leute die meinen das Hosenträger unbequem sind, die sollten mal überlegen wir sind doch Skinheads und keine Hippies, denn die können sich anziehen was ihnen gerade past. Und die Leute die sagen man braucht keine Hosenträger mehr sollten mal mehr an die Tradizion von uns Skinheads denken und sie besser flegen. Wir sind ja keine Modebewegung wo jeder rumläuft wie er will. Und deshalb tragt alle wieder Hosenträger!!!"

"Modeaffen" ohne Background und "Boneheads", wie die rechtsradikale Skinhead-Fraktion nun von ihren Gegnern genannt wurde, bestimmten mehr und mehr das Bild der Skinhead-Kultur sowohl in den Medien als auch auf Konzerten und der Straße. Nicht nur die *Böhsen Onkelz* gingen auf Distanz.

"Häßlich, brutal und gewalttätig"

1985, also noch vor der Indizierung ihres Debüts "Der nette Mann", erscheint das zweite Album der *Onkelz* "Böse Menschen - böse Lieder". Es wird zugleich das letzte "Skinhead"-Album der *Onkelz* sein.

Die sich ausbreitende Uniformierung und erneute Politisierung (diesmal von rechtsaußen) "ihrer" Subkultur nervt sie zunehmend. Der öffentliche Druck macht es immer schwieriger, "Spaß zu haben". So haben sie zwar mit "Frankreich '84" die Hymne der Rabauken-Jugend zur Europameisterschaft vertont, doch selbst aktiv daran teilzuhaben wurde ihnen verwehrt: Nach ersten Ausschreitungen in Strasbourg beschlagnahmte die französische Polizei kurzerhand die Eintrittskarten von Pe und Stephan. Gezwungenermaßen verbringen sie den Rest ihres Urlaubs meditierend am Mittelmeerstrand. "Es fängt an zu nerven... alles fängt an zu nerven. Scheiß auf Fußballrandale... Scheiß auf alles, nur nicht die Band." (danke für nichts, 82)

Auf dem Album findet sich allerdings noch keine Spur davon, daß sie bereits auf dem Absprung aus der Szene sind. Im Gegenteil: Mit "Signum des Verrats" widmen sie einem "Verräter" eines der von der Komposition und Interpretation her aggressivsten Lieder, das sie je aufnahmen:

Signum des Verrats
Es ist kein Mal wie du es kennst
Kein aufgebranntes Zeichen
Man bemerkt es
Doch man sieht es nicht
Und es prägt dich ohnegleichen
Du glaubst, die Intrigen bemerkt man nicht
Doch dein schleimiges Wesen zeichnet dich
Das Signum des Verrats steht dir im Gesicht
Für Geld verrätst du Freunde
Deine Worte sind nichts wert
Die Seite, die du wähltest, die war verkehrt
Du glaubst, die Intrigen bemerkt man nicht
Doch dein schleimiges Wesen zeichnet dich
Das Signum des Verrats steht dir im Gesicht

Nasenring zum eintätowierten Cannabis-Blatt am Oberarm (Symbol für Schamanismus), und fertig ist die Meinung: "Scheiß-Kiffer, die lassen ja alles hier rein." Solche Statements machen mich echt sauer. Diese Typen empfinden sich automatisch als "wahre" Fans und sind meistens noch im Teenager-Alter. 1996 beim Konzert in Saarbrücken drehte so ein Kid total durch und schleifte kurzerhand ein zufällig neben ihm stehendes Mädel quer durch den Raum - an den Haaren. Ich weiß nicht, ob es am Iro des tatenlos zusehenden Freundes lag oder woran auch immer. Ich bin nur froh, daß die *Onkelz* sich selbst nicht aus dem Publikum erleben können, denn besonders vor dem Konzert geht es echt ätzend ab (zum Beispiel "Adolf Hitler ist ein Freund von mir" und "Wir wollen *Störkraft* sehen"-Gesänge).

Warum *Böhse Onkelz*? Fasziniert haben mich die *Onkelz* zu Beginn hauptsächlich wegen der Aggressivität und der Kompromißlosigkeit in den Texten. (Ich steckte damals tief in der Pubertät.) Ich konnte durch die Musik etwas ausleben, daß ich sonst unterdrückt hätte, um für das Umfeld eine Rolle zu spielen. Irgendwann war's mir dann zu wenig, nur zu den Vieren aufzuschauen, weil die es gepackt hatten, ihren eigenen Weg zu gehen. Die *Onkelz* waren eine Art Anstoß zur Ich-Findung. Daß man es hoch hinaus schaffen kann, ohne dauernd Ärsche küssen zu müssen - das gab mir Mut.

Ich bin jetzt seit Oktober hier in der Uni eingeschrieben und schon hatte ich einige Kollisionen mit Kommilitonen, die sich über mein *Onkelz*-Longsleeve aufgeregt haben. Ich muß dazu sagen, daß es mir stets widerstrebt hat, T-Shirts mit Bandlogo zu tragen, weil mich dieses Fan-Band-Getue und die Götzenanbetung an sich ankotzt. Doch seit ich *Onkelz* höre, gibt es für mich eine Band, zu der ich voll und ganz stehe; und da mir diese 4 Musiker, als erste Musiker überhaupt, so etwas wie Achtung abringen (vor allem dadurch, wie sie ihr Leben gemeistert haben), besitze ich jetzt 1 *Onkelz*-Longsleeve, das ich auch auf dem Campus getragen haben. Und sofort kamen die dümmsten Sprüche, wie z.B.: "Ach du Scheiße, ham' wir jetzt auch Nazis auf dem Campus?" oder: "Jetzt guck' dir das an, wie kann man nur als Student so verblendet sein..." oder: "Ich dachte, für's Abitur bracht man einen Mindest-IQ...!" Das Härteste war jedoch ein Typ, den ich kennengelernt habe und der mir ganz gut gefallen hat. Ich bagger ihn ein wenig an und er fragt mich, ob wir 'nen Kaffee zusammen trinken. Im Café suchen wir uns 'nen Tisch und ich ziehe meine Jacke aus. Als erstes fällt mir sein entsetztes Gesicht auf, dann sagt er: "Du, tut mir leid, aber mit rassistischen Bräuten hab' ich nix am Hut." Und weg ist er. Unglaublich, oder?

Joya (22) aus Saarbrücken

Danke für alles
Sie sind ein Phänomen, das ich so beschreiben kann:
Seit sie mich fesseln, bin ich ein freier Mann
Eine Sonne, um die sich meine Welt jetzt dreht
Vier Jungs, die nicht jeder versteht
Die Freiheit ihrer Gedanken hat das Wort übernommen
Nur so können wir Lieder der Wahrheit bekommen.

Oft wird ich gefragt: "Welche Musik hörst denn Du?"
Ich sage nur "*Onkelz*" und stehe dazu
Die Reaktionen gehen dann weit auseinander
"Bist du links oder rechts?" - "Ich bin der Zander!"
So selbstbewußt stand ich nicht immer da
Doch mir wurd klar, nur das ist wahr!

Ich träum von einer Zeit, da hört sie jedes Kind
Ich grüß die *Onkelz*, die böse nicht sind!

Christian (23) aus Gladbeck

(Eines von mehreren eingesandten Gedichten. Die *Onkelz*-Lyrics motivieren immer wieder Fans, es auch zu versuchen.)

Nach Ansicht ihrer Gegner aus der rechtsradikalen Szene und mancher frustrierter Fans haben sie damit ihre eigene Geschichte geschrieben. "Für Geld verrätst du Freunde, Deine Worte sind nichts wert..." - diese Zeilen werden ihnen zukünftig immer wieder entgegenschallen, bis sie sich schließlich sogar trotzig entscheiden, um ihren Gegnern das Maul zu stopfen, das "Signum des Verrats" im Frühjahr 2000 noch einmal auf eine Single zu brennen.

Zu dem Zeitpunkt, an dem die Vier ihr zweites Album produzieren, verstehen sie sich durchaus noch als Skinheads (auch wenn Gonzo und Pe ihr Haar bereits deutlich sichtbar sprießen ließen). Doch enthielt "Der nette Mann" noch drei explizite Skinhead-Hymnen und fünf weitere Sauf-, Party- und Fußballgesänge, so findet sich auf "Böse Menschen - böse Lieder" keine einzige wirkliche Skinhead-Hymne mehr, und auch das für den Skinhead-Kult so zentral identitätsstiftende Spaß-Element, der rauschhafte Genuß von Alkohol, Musik, Fußball und Gewalt erschöpft sich in einem Trinklied ("Heute trinken wir richtig") und dem zweiten Fun-Song des Albums, "Was kann ich denn dafür". Dieser beginnt mit einer Beschreibung des typischen Skinhead-Stils ("Die Haare erst geschoren, die Doc Martens frisch geputzt...") und endet mit einer (ironischen) Hymne auf die Band: "Was können wir denn dafür, daß wir so schön sind / Die schönste Band, die es gibt." Mit "Keiner wußte, wie 's geschah" widmet sich die Band gleich noch einen Song. Auf "Onkelz wie wir" (1987) wird ein weiterer folgen (der Titelsong), ebenso auf "Kneipenterroristen" (1988) mit "So sind wir", die "Heilige Lieder" (1992) bringt es schließlich sogar auf drei *Onkelz*-Hymnen (neben dem Titellied "Diese Lieder" und "Gehaßt, verdammt, vergöttert"). Der Skinhead-Kult erfährt immer deutlicher eine Umorientierung auf die Band selbst. Haben sich die Vier bisher im Wesentlichen auf die "Kameradschaft" der Szene gestützt, so verlassen sie sich von nun an fast ausschließlich auf ihre eigene Stärke, auf die Band und (ab etwa 1992/93) die neu gewonnenen, "treuen" Fans. "Scheiß auf alles, nur nicht auf die Band".

Doch 1985, zur Zeit der Produktion von "Böse Menschen - böse Lieder", sind sie noch nicht so weit, sich ausschließlich auf das "Wunder der Persönlichkeit" zu verlassen. Die Skinhead-Subkultur bedeutet ihnen noch viel, zumal sie auch in der Öffentlichkeit immer wieder als deren wichtigste Repräsentanten dargestellt werden, und so sehen sie sich gezwungen, sich mit ihrer Darstellung in den Medien zu beschäftigen.

Häßlich, brutal und gewalttätig
Wir tragen alle Hakenkreuze
Skinheads haben nur Gewalt im Sinn
Ist es das, was ihr hören wolltet
Daß wir hirnlose Schläger sind?

Gewalt, Gewalt, Gewalt
Nackte Gewalt, Gewalt

Wir sind häßlich, brutal und gewalttätig
Wir schrecken vor nichts zurück
Wir sind häßlich, brutal und gewalttätig
Wir sind total verrückt

In den Medien steht es immer wieder
Daß wir Schlägertrupps für Nazis sind
Doch wir haben uns nichts vorzuwerfen
Denn es ist ihr Gerede, das stinkt

Lüge, alles Lüge, Lüge
Alles Lüge, Lüge

Wir sind häßlich...

"Häßlich, brutal und gewalttätig" ist nur das erste Lied einer langen Reihe von Texten, in denen sich die Band mit den Medien auseinandersetzen wird. Legten die *Onkelz* in den folgenden Jahren ein Feindbild nach dem anderen ad acta, so verfolgen sie die Medien bis heute mit inniger Lust. Kein Wunder, verfestigten und erneuerten die Medien doch den

Fans in der (ehemaligen) DDR

Jetzt tragen wir die gleichen Farben
Doch sind wir alle gleich?
"Worte der Freiheit", 1993

Normalerweise ist das bei keiner anderen Band so. Mein Gefühlsleben wurde in Sekundenschnelle umgekrempelt. Ich fühlte mich ertappt mit all meinem Haß im Bauch, für den ich mich nie hätte schämen sollen. Es anderen immer recht zu machen, kann eine Lebensaufgabe sein, aber sich selbst zu finden ist eine Aufgabe, die fast keiner zu lösen vermag. Manchmal zwingen sie mich förmlich zum Egoismus. Tja, sie haben mich herausgefordert und ich werde ihnen zeigen, daß ich bis zum Ende fighten werde. Nichts mehr mit Selbstmitleid und Suizidgedanken. Die *Kurt-Cobain*-Phase verhinderte schon immer das Ausschütten meiner Adrenalinhormone. Die *Onkelz*-Phase steigert mein Selbstwertgefühl. Ich hoffe, sie dauert mein ganzes Leben lang an. Ich bin Teil der Lösung, und Kevin & Co. helfen mir dabei. Um keinen Preis der Welt möchte ich dieses euphorische Gefühl missen, wenn ich die vom Leben gezeichnete Stimme von Kevin höre. Niemanden beneide ich so sehr wie diesen Mann, der erkannt hat, daß er ein Mensch ist, der die Lösung zum Problem gefunden hat: kämpfen.

Natürlich war es für ihn ein verdammt harter Weg, den er gegangen ist. Er fing einfach an, geradeaus zu laufen, um dem Rumpelstilzchen, das in der Ferne ums Feuer tanzte, ins Gesicht zu spucken. Mittlerweile frage ich mich, was das für ein befriedigendes Gefühl war, als er diesem Teufel zeigte, was er von ihm hält. Kevin weiß gar nicht, wie sehr mich seine Worte verletzen. Aber irgend jemand muß es tun, damit ich nicht weiter auf der Stelle trete. Schließlich muß ich doch so etwas besitzen wie meinen eigenen Willen, und ja, den besitze ich. **Stehend zu sterben statt kniend zu leben ist echt ein harter Job.** Aber es ist auch nicht einfach kniend zu leben, wenn man innerlich Tag für Tag den Sturm auf die Bastille erlebt. Kniend leben und kniend leben, können zwei völlig verschiedene Dinge sein. Das, was die *Onkelz* in ihren Liedern meinen, ist die Unfähigkeit von Mitläufern, die zu allem ja und amen sagen. Nein, definitiv lebe ich dieses Leben nicht. An manchen Stellen meines Weges ist es schon angebracht, zu schlucken statt zu spucken, nur so kann ich erfolgreich sein. Die Gesellschaft in diesem System zwingt eben manchmal zur Einsichtigkeit, obwohl es von meiner Seite eher als Ignoranz zu beschreiben wäre. Ein Beispiel: Ich mache zur Zeit eine Lehre in einer Bank. Was ich von Kleiderordnung halte, konnte ich erst mal nicht zum Besten geben, denn dann wäre ich schneller gegangen als ich gekommen bin. Ich mußte mir einfach sagen: Sei froh, daß du bei der heutigen Lehrstellensituation überhaupt arbeiten darfst. Dann wäre da noch das lästige Problem der bürokratischen Kopieraktionen, zu denen nur die Azubi-Aushilfstullis verdonnert werden. Einmal erwischte es mich so krass, daß ich ein Organisationshandbuch mit einer Dicke, die man sich nicht vorstellen kann, 240 mal kopieren mußte. Mal davon abgesehen, daß mehr als zwei Stunden Kopierarbeit täglich gesetzlich nicht erlaubt sind, habe ich diese Hauruckaktion in vier oder fünf Wochen beenden dürfen, da mein Urlaub anstand.

Mein Ziel in der Angelegenheit ist einfach, daß ich einen Abschluß bekomme, mit dem ich finanziell irgendwann mal anders dastehen werde als jetzt. Ob ich den Beruf ausführen werde, weiß ich nicht. Immer ein Ziel nach dem anderen erreichen, ist meine Form von Kämpfen. Unterbuttern laß ich mich nicht, aber ich will mir möglichst wenig Steine in den Weg legen, die werden mir die anderen genug verpassen. Und gegen die gilt es Kräfte zu sammeln!

Ich weiß nicht, wie die *Onkelz* mit den Fans umgehen. Ich weiß nur, daß sie einen großen Einfluß auf uns ausüben. Ich bin sogar letztes Jahr im Mai nach meinem Rock-am-Ring-Besuch nach Sachsenhausen gefahren, um sie zufällig zu treffen. Das einzigste, was ich dort gemacht habe, war warten. Doch nachdem die Wirtin mir sagte, daß die hier nicht so schnell aufkreuzen, gab ich die Hoffnung vorläufig auf. Wie sie die Fans persönlich von Angesicht zu Angesicht behandeln, davon habe ich keine Ahnung. Das wollte ich damals mit dem Besuch herausfinden.

Ruf der Band als Neonazis noch zehn Jahre nach ihrem Ausstieg aus der rechten Skinhead-Szene.

"Böse Menschen - böse Lieder" und auch allen nachfolgenden Alben der *Onkelz* fehlt die aggressive Leichtigkeit und pure Spaß-Orientierung ihres Debüts. Sicherlich auch eine Folge des enormen Außendrucks, der auf der Band lastete, dem beständigen Rechtfertigungszwang gegenüber Medien und Veranstaltern, alten und neuen Fans. Doch nicht nur. Die Bandmitglieder, inzwischen 22 bis 24 Jahre alt, begannen, ihre Erfahrungen zu reflektieren. Zumindest Gonzo, Pe, der sich schon seit Gründung der Band an keiner einzigen Schlägerei beteiligt hatte ("Es schien, als trüge er nur wenig Zorn in sich, den er durch Aggression artikulieren mußte"; danke für nichts, 71), und Stephan, der ohnehin immer auf der Suche nach neuen Erfahrungen und Erkenntnissen war, hatten erkannt, daß Haß eine Einbahnstraße war, die ihre eigene Persönlichkeit begrenzte. Reisen in verschiedene Länder, Begegnungen mit anderen (Sub-)Kulturen, neue Freundschaften und Liebesbeziehungen hatten ihren Horizont erweitert. Aus Predigern und Protagonisten der Gewalt waren Chronisten der Straße geworden, die selbst erfahren hatten, worüber sie berichteten.

Gesetze der Straße

Zeig was du denkst, tu was du willst
Nur verlier' nie dein Gesicht
Zeig keine Schwäche, zeig keine Angst
Denn Verlierer zählen nicht

Gesetze der Straße sind Gebote der Gewalt
Gesetze der Straße sind Blut auf dem Asphalt

Kampf in den Stadien
Kampf in den Straßen
Nie endende Gewalt
Sind Ausdruck des Unmuts und der Arbeitslosigkeit

Onkelz-Fans Rick und Freundin, Fotografie: Boris Geilert/GAFF

Gewalt ist hier kein pures Vergnügen mehr, sondern oft geboren aus Not, verbunden mit Schmerzen und Tod - die Kraft der Schwachen. Während Sänger Kevin Russell weiterhin glaubwürdig das Image des Bösewichtes verkörpert, enthalten Stephan Weidners Texte deutliche Warnhinweise auf die Zweischneidigkeit von Gewalt. Die harte, aggressive Stimme muß erkennen, daß auch für sie die Endstation Hölle heißt:

Das Tier in mir
Ein Apostel des Bösen
Glaub' ich oft zu sein
Denn Dinge, die ich tue
Sind voller Schmerz und Pein

Es ist das Tier in mir
Daß meine Sinne leitet
Meine Seele verwirrt
Es ist das Tier in mir
Es ist das Tier in mir
Das Tier in mir, das Tier in mir

Abnormitäten sind das Zeichen der Zeit
Ist es nur ein Traum
Oder ist es Wirklichkeit?

Mit dem Rücken zur Wand überlegt man nicht
Der Himmel ist für Helden
Die Hölle ist für mich

In der wirklichen Welt wird es noch ein Jahrzehnt dauern, bis auch die Stimme der Band ihrer privaten Hölle entkommen kann...

Der Ausstieg

Als 1987 die LP "Onkelz wie wir" erscheint, das erste richtige Album seit zwei Jahren und zugleich das erste seit der

GOTT, DIE WELT UND
BÖHSE ONKELZ

verschwunden, zu viele Leute, die diesen Ruf nicht halten können, sind dazugekommen. Was aber nicht heißen soll, daß ich damit jeden Skin meine, der erst seit kurzer Zeit dabei ist.
Ich habe eine Menge Leute kennengelernt, die wirklich in Ordnung sind. Nur brauchen wir uns von diesen Leuten nichts vorwerfen und schon gar nichts sagen zu lassen. Wir kennen die Sache.
Die Skins, die von sich behaupten können, 4-6 Jahre dazugehört zu haben, kann man an einer Hand abzählen.
...
Hört Euch die nächste Platte an und urteilt selbst, daß wir besser sind als je zuvor."
Hört euch die nächste Platte an und urteilt selbst das wir besser sind als je zuvor.
Viel Glück für Deine Zine!

Onkel Stephan

Damit wäre wohl alles gesagt. Bleibt nur noch anzumerken, daß es immer wieder erstaunlich ist, mit welcher Schnelligkeit die Onkelz antworten und natürlich, ehrlich und 'volksnah' sie trotz ihres Erfolges geblieben sind. Besten Dank.

Adresse:

Stephan Weidner
Reuterweg 60
6000 Frankfurt 1

Der nette Mann

Singen und Tanzen Nr. 3, Winter 1986/87

Trennung von Rock-O-Rama-Records, sind die *Onkelz* noch immer die "unbestreitbar populärste und beliebteste deutsche Randalistenband" (Skin-Fanzine *Singen und Tanzen*), Kultstars einer Szene, mit der sie selbst immer weniger zu tun haben wollen. "Der Skinhead-Bewegung auf Wiedersehen zu

Ich warte bis Mai 2000 auf die Konzerte in Dortmund und Leipzig. Das wird wohl die einzigste Chance sein, sie zu sehen. Schade, denn ich würde mit ihnen wirklich gerne mal ein Bier trinken gehen.

Ich glaube, die *Onkelz* finden jede Menge Selbstbestätigung in ihren Fans, denn der Sinn des Lebens besteht wohl auch darin, sich im anderen zu suchen. Ist es nicht so, Kevin? Außerdem kotzen mich manchmal diese scheiß Veränderungen im Leben total an. Ich lerne zwar viel dazu, aber die berühmte Ruhe vor dem Sturm bleibt nie aus.

Viele Einsendungen waren recht originell gestaltet.
Diesen *Onkelz*-Bekennerbrief traute sich die Post nicht einmal zu stempeln.

tigung in ihren Fans. Es beweist ihnen, daß sie nicht allein sind und nie allein waren. Ich denke schon, daß mindestens einer von der Truppe irgendwann dachte, jeden Moment durchzudrehen, weil er glaubte, von niemandem verstanden zu werden. Vielleicht dachte er sogar, schizophren zu sein, weil er nichts bewirkt hat. Sie fassen das in Worte, was normalerweise nicht mit Worten auszudrücken ist. Ja, und ich denke, sie suchen ihr

Und wenn ich meine, ich kann nicht mehr, da kommt Ihr und singt davon. Völlig verrückt. Wie macht Ihr das? Erstaunlich, wie Ihr meine Seele zerhackt und aus jedem noch so kleinen Stück was zum Besten gebt. Kotzt mir ruhig weiterhin in mein Gewissen und rüttelt, was das Zeug hält. Ihr seid meine Religion.

sagen ist uns nicht leicht gefallen, hatte jedoch eine ganze Menge Gründe. Erstens gab und gibt es Vorfälle, mit denen wir uns nicht identifizieren können. Das gleiche gilt auch für viele neue Skins, die keine Ahnung haben, worum es uns in der Bewegung ging. Zweitens sind wir für die Öffentlichkeit keine Unbekannten mehr. Die Schwierigkeiten häufen sich, wir hatten sehr viel Ärger mit der Polizei etc.. Die erste LP wurde verboten usw.. Wir hatten keine Lust mehr, uns in eine Ecke drängen zu lassen, aus der wir nicht mehr herauskommen. Wir wollten unseren Spaß haben und das war zum Schluß nicht mehr möglich. Skins sind uns jedoch keinesfalls gleichgültig geworden, im Gegenteil: Unser Herz schlägt noch immer für die Bewegung. Allerdings nicht mehr so kompromißlos, wie das früher der Fall war. Es ist bei uns nicht so wie bei vielen anderen Ex-Skins, bei denen die Ansichten mit den Haaren wachsen. Wir sind dieselben, die wir immer waren. Unser Freundeskreis ist immer noch weitgehend der selbe wie früher und setzt sich aus den Leuten zusammen, mit denen wir schon seit Jahren verkehren. Auch wenn einige von ihnen keine Glatzenträger mehr sind. Für die Zukunft der Skinbewegung sehe ich einigermaßen schwarz. Zu viele Leute, die früher die Bewegung geprägt haben, sind verschwunden, zu viele Leute, die diesen Ruf nicht halten können, sind dazugekommen", erklärt Stephan Weidner Ende 1986 im Skinhead-Fanzine *Singen und Tanzen* des Duisburger Musikerkollegen Collaps Strauch (*Beck's Pistols*, *Lokalmatadore*). "Was heute noch als Skinhead auftritt, hat meistens nichts mehr mit dem zu tun, was ursprünglich mal Skin-Movement war. Übriggeblieben sind oft nur die, die tatsächlich rechtsradikal eingestellt sind. Die anderen, die von Anfang an dabei waren und die Bewegung mit aufgebaut haben, die haben sich inzwischen weitgehend abgesetzt und distanziert, weil sie damit nichts zu tun haben wollten. Das gilt auch für uns. Nicht umsonst haben wir uns die Haare lang wachsen lassen. Wir wollen auch äußerlich dokumentieren, daß die heutige Skinszene nicht unsere Szene ist", klagen sie auch ein Jahr später im *Metal Hammer* - einem Langhaarigen-Magazin, schon das sagte vielen Ex-Fans genug! "Die frühe Skinbewegung war eine Bewegung der Kids von

Kevin und *Onkelz*-Fan Rick, B.O.S.C. Party, 1999

der Straße und eine Bewegung, die aus der Arbeiterklasse entstanden ist, aus der Klasse also, aus der auch wir stammen und in der wir verwurzelt sind. Eine andere Sache allerdings ist, daß für uns die Politik, so wie sie uns von den herrschenden gesellschaftlichen Gruppen und Parteien jeden Tag

Stephan und *Onkelz*-Fan Rick vor Kevins Tattoostudio, 1992

vorgespielt wird, absolut unglaubwürdig geworden ist. Politik ist ein pures Gerangel um Macht und Geld, der Mensch und seine Bedürfnisse gelten nichts. Die einzige Partei, die zur Zeit noch einen Hauch von Glaubwürdigkeit besitzt, sind die Grünen. Sie könnten eine echte Alternative bieten..." (*Metal Hammer* Nr. 1/1988) Auf dem Album selbst geben sie mit der

Als *Onkelz*-Fan hat man es wirklich nicht leicht. Ein Beispiel: Meine Schwester feierte irgendwann ein Schulfest, und natürlich brachten viele Musikkassetten bzw. CDs mit. Ich jubele ihr eine *Onkelz*-Kassette unter, damit mal junge Proleten wissen, was Musik ist. Zum Abspielen der Kassetten kam es leider nicht, denn selbst Lehrer in unserem heutigen Schulsystem meinen, *Onkelz* seien verboten. Wie in Teufels Namen, kommen sie zu dem Trugschluß? Weiter möchte ich mich dazu nicht äußern, die Medien haben Teufelsarbeit geleistet. Ich habe ziemlich spät von der Aktion erfahren, denn sonst wäre ich noch am gleichen Tag in die Schule getobt. Ich kann erst mal nur mit meiner Schwester Gemeinarbeit leisten und immer wieder die Kassette mitgeben, bis sie dazu kommt, die Kassette in einem flüchtigen, absolut harmlosen und unbeaufsichtigten Moment einzulegen und die Reaktionen abzuwarten. Sollte dann irgend ein Vorurteils-Argument rausplatzen, dann fliegt die Nachricht flugs zu mir und ich setz mich vollends ein. Es ist natürlich immer ein gefundenes Fressen für die Medien, wenn irgendwo "nicht-in-Deutschland-Geborene" aufgeklatscht werden und kahlrasierte Möchte-Gern-Skins seien die Verursacher. Erschreckend ist, daß niemand wirklich über die Skinhead-Szene Bescheid weiß. Ich habe erfahren müssen, daß Skins nicht alle rechts sind. Es sind nur eben die, die das Bild der Skins in ein schlechtes Licht rücken. Und irgendwas Böhses auf die Jugend zu schieben, das konnten die Medien schon immer gut. Von Wahrheit und Neutralität wird wenig gehalten, obwohl das die obersten Maximen für einen Journalisten sein sollten. Vor politischen Gesinnungen mache ich schnell halt. Ich hielt noch nie was davon, mich politisch zu engagieren, weil ich mich mit deren Vorstellungen (auf die rechte Meinung bezogen) nie identifizieren konnte. Was die *Onkelz* in ihrer wilden Zeit getrieben haben, ist lediglich ihr Ding. Ich muß es nicht verstehen, aber ich kann es als ihre Vergangenheit akzeptieren. Ich bin froh, daß sie sich entschlossen haben, aus dem rechten Lager auszusteigen. Ich hasse Vorurteile. Ich mache mir vorher ein Bild, und dann kann ich kritisieren, aber mir irgend eine Meinung auf's Auge drücken zu lassen, das liegt nicht in meiner Natur. Mehr kann und will ich dazu nicht sagen

Wie alles begann...

Eine schöne Zeit, die auch mit Euch anfing, war, als ich Arne kennenlernte, und sollte er das lesen, dann nimm es mir nicht übel, aber du hast mir gezeigt, was es heißt, allein zu sein. Du bist einfach so aufgekreuzt und genauso schnell wieder verschwunden. Arne ist Hool (seit über zehn Jahren schon). Zum Zeitpunkt, als ich ihn kennenlernte, hab ich mir keine Gedanken darüber gemacht, was ein Hooligan mit seiner Freizeit anfängt. Er hat mir ziemlich deutlich klar gemacht, daß Hooligans nicht rechts sein müssen. Da gibt's wohl wie bei den Skinheads kleine Gruppierungen oder Ausnahmen, wie es sie in jeder Szene gibt. Hooligan ist wohl auch eines dieser Lebensgefühle, mit anderen eben zu fighten, zu schreien und all diese Gefühle, von denen er mir mit Leidenschaft erzählte. Ja, dafür liebte ich ihn und auch seine Leidenschaft für die *Onkelz*. Ich glaub, es gibt keinen größeren Fan als diesen Mann, der mit Kopf und Seele bei den *Onkelz* war. Und gegen Vorurteile hatte er als Hool und *Onkelz*-Fan wohl auch zu kämpfen. Das ist wohl heute noch so. Zum Geburtstag hatte ich ihm mal ein T-Shirt geschenkt, mit dem kotzenden Kevin auf Kenia. Ich weiß nicht, ob er es jemals getragen hat. Jedenfalls mußte ich feststellen, daß die Liebe zu den *Onkelz* nicht unbedingt was zu tun hat mit der Liebe zwischen zwei Menschen. Da lagen 550 Kilometer Entfernung, die Angst vor Liebe und das Streben nach Freiheit dazwischen. Selbst da sind die *Onkelz* nicht alles. Sie sind eben nur ein Lebensweg. Ich kann aus meinen eigenen Fehlern lernen und die *Onkelz* als Sprungbrett zu besserem Verhalten benutzen, aber sie retten keine Liebe, sie retten nur Leben.

"Zu nah an der Wahrheit" war wohl das erste, was ich von den *Onkelz* zu hören bekommen habe. Und es war, als spräche Arne mit mir. Verblüffend, wie die *Onkelz* individuelle Texte singen. Egal ob es ein Kevin-Song ist, ein *B.O.*-Fan würde jedes Lied immer wieder als seinen persönlichen Song beschreiben. Arne hat mir den Anstoß gegeben, den Weg der *Onkelz* zu gehen. Ich habe ihn lange nicht gesehen, schade, denn Freunde wie ihn trifft man nicht oft. Es tut mal gut, von jemandem in den Arsch getreten zu werden. Mit jedem Song, den Arne mir als "Raubkopie" zugeschickt hatte, veränderte sich mein Dahinsiechen zum Leben.

Böhse Onkelz
Böhse ja, rechtsradikal nein...!

Das ganze Dilemma hatte begonnen mit einer Plattenkritik „....mit einer guten Durchschnittsnote bewerten könnte, wenn nicht, ja wenn da nicht altbekannte Nazi-Skins der härtesten Sorte hinterstecken würden..."

Zunächst meldeten sich die Leser, bzw. die Fans der Böhsen Onkelz, die Skin-Kultband überhaupt.
Sie wähnten mich geistig umnachtet, vorurteilsbeladen und wünschten per Postkarte ‚gute Besserung'. Grundtenor:,, Wir sind weder Nazis noch Skins, wohl aber Fans der Böhsen Onkelz! Und Du, mein Junge, liegst voll daneben mit Deiner Kritik!"

Es waren verdammt viele Leser, sprich Fans, die da schrieben. Was ja schon einiges über den Bekanntheitsgrad der Frankfurter Onkelz aussagt. Sollte ich vorschnell geurteilt haben und etwa gar einem falschen Image aufgesessen sein? Na ja, und wenn schon... dachte ich mir.
Und dann meldeten sie sich plötzlich selbst, die Böhsen Onkelz.

„Hör mal, wir hätten da was richtig zu stellen. Können wir uns nicht mal darüber unterhalten?"
Ich sagte zu.
Die Verabredung galt und wenige Tage später reisten zwei Onkelz nach Dortmund an.
Tja, und da waren sie nun, die bitterBöhsen Onkelz, livehaftig und ... nee, eben nicht in Skin-Outfit. Lange Haare statt Glatze, Ohrring statt Hakenkreuz und in der Hand statt des Totschlägers 'n ganz normales Bierchen. Gitarrist Gonzo und Baßmann Stefan saßen mir gegenüber und nahmen Stellung.
Bundesweit in Verruf geraten waren die Böhsen Onkelz als Gäste einer Sendung zum Thema ‚Ausländerfeindlichkeit', die das bayerische Fernsehen live aus der Alabamahalle ausgestrahlt und an der unter anderem auch Vertreter der Wiking-Jugend teilgenommen haben.
„Wir waren gar nicht vorbereitet gewesen auf das, was da ablaufen sollte. Ursprünglich hatte es nur geheißen: Jungs kommt nach München und spielt im Fernsehen, Fahrt, Übernachtung und Verpflegung sind frei. Na geil, hatten wir uns gedacht und uns auf Party vorbereitet. Und dann saßen wir plötzlich da und sollten Stellung beziehen. Wir wollten daraufhin versuchen, irgendwie klarzustellen, daß Skinhead nicht automatisch gleich rechtsradikal und ausländerfeindlich ist, sind aber irgendwo überhaupt nicht zum Zuge gekommen. Die hatten uns mit zwei so Komikern von der Wiking-Jugend zusammengesetzt - ich weiß bis heute nicht, wie die überhaupt in die Sendung gekommen sind und ob die Redakteure die nicht absichtlich in unsere T-Shirts gesteckt haben. Auf jeden Fall hieß es dann: Guckt mal, das sind Eure Fans!'
„Wir haben dann gesagt, daß wir uns unsere Fans schließlich nicht aussuchen könnten und wollten uns auch ganz eindeutig von denen distanzieren. Nur hat uns überhaupt keiner mehr zugehört!"
Distanzieren wovon? Das ist hier jetzt wirklich die Frage, denn andererseits fühlen sich die Böhsen Onkelz der Skin-Bewegung zugehörig, und die ist nunmal, zumindest in den Augen der Öffentlichkeit, eindeutig extrem neofaschistisch eingestellt.
„Das ist leider nicht ganz unrichtig. Vor allem in den letzten Jahren ist ein Teil der Skins klar nach rechts abgedriftet. Tatsache ist auch, daß politische Organisationen versuchen, direkten Einfluß auf Skins zu gewinnen. Das geht soweit, daß zu unseren Konzerten kommen und Stände aufbauen oder Flugblätter verteilen wollen. Das lassen wir jedoch unter keinen Umständen zu. Die fliegen ganz einfach raus! Sieh' das doch mal: Wenn die an die Macht kämen, dann wären wir doch die ersten, die ins KZ kämen. So von wegen 'lange Haare', undeutsche Musik, staatsfeindliches Verhalten - einer von uns zum Beispiel hat seit seinen Zivildienst abgeleistet und leistet zur Zeit seinen Wehrdienst verweigert ab - und aus welchen Gründen auch immer! Und da sagt man uns noch ernsthaft nach, wir würden Neofaschisten unterstützen oder seien gar selbst welche??? Wir sind zwar Musiker, aber keine Idioten!"
An dieser Stelle eine kleine Zwischenbemerkung: Die Böhsen Onkelz kommen ursprünglich aus der Punk-Szene, aus einer Bewegung also, die herzlich wenig mit nationalistischem Gedankengut, wohl aber recht stark mit einem wachen politi-

schen Bewußtsein ausgestattet war und ist. Warum der Wechsel ins Skinhead-Lager?
„Was heute noch als Skinhead auftritt, hat meistens nichts mehr mit dem zu tun, was ursprünglich mal Skin-Movement war. Übriggeblieben sind oft nur noch die, die tatsächlich rechtsradikal eingestellt sind. Die anderen, die von Anfang an dabei waren und die Bewegung mit aufgebaut haben, die haben sich inzwischen weitgehend abgesetzt und distanziert, weil sie damit nichts zu tun haben wollten. Das gilt auch für uns. Nicht umsonst haben wir uns die Haare lang wachsen lassen. Wir wollen auch äußerlich dokumentieren, daß die heutige Skinszene nicht unsere Szene ist. Die frühe Skinbewegung resultierte teilweise aus dem Punk. Es war eine Bewegung der Kids von der Straße und eine Bewegung, die aus der Arbeiterklasse entstanden ist, aus der Klasse also, aus der auch wir stammen und in der wir verwurzelt sind. Eine andere Sache allerdings ist, daß für uns die Politik, so wie sie uns von den herrschenden gesellschaftlichen Gruppen und Parteien jeden Tag vorgespielt wird, absolut unglaubwürdig geworden ist. Politik ist ein pures Gerangel um Macht und Geld, der Mensch und seine Bedürfnisse gelten nichts. Die einzige Partei, die zur Zeit noch einen Hauch von Glaubwürdigkeit besitzt, sind die Grünen. Sie könnten eine echte Alternative bieten, wenn sie zur Geschlossenheit zurückfinden würden.

Aber zurück zu den Skins: Skin sein hieß 'Provokation', 'Spaß' und 'Lust an der und auf die Anarchie'. Viele Skins sind, so wie wir, eigentlich nur aus einem Grunde von Punx zu Skins geworden: Punk sein, mit all' dem extremen Outfit und so, war ganz nett und geil, solange wir zur Schule gingen. Aber dann kam die Lehre und der Schritt ins sogenannte 'ernste Leben'. Da ging das mit dem extremen Outfit nicht mehr. Um zu zeigen, daß wir dennoch anders waren, haben wir dann halt auf Skin gemacht, die Haare ganz kurz, das harte Image noch etwas betonend ... Darüber haben wir aber durchaus noch den Kontakt zur Punkszene verloren und halten die Sex Pistols für die genialste Band überhaupt -wie übrigens auch Metallica, D.R.I. oder Slayer. Mit der ganzen Radikalisierung hatten wir dabei nie was zu tun. Als wir erstmals bewußt mitbekamen, wohin der Zug plötzlich fuhr, auf dem wir als Kultband der Skins irgendwo mit draufsaßen, haben wir damit begonnen, gegen unsere eigenen Leute zu schreiben, um irgendwie zu bremsen...
„Seitdem sind wir alle noch um einiges bewußter geworden. Wir glauben, daß unsere einzige Chance sowohl musikalisch wie auch menschlich-politisch im Crossover liegt. Es hat keinen Sinn, wenn Glatzen auf Punx, Metaller auf Hippies und jeder gegen jeden losgehen. Statt uns gegenseitig zu bekämpfen, sollten wir vielmehr zusammenhalten gegen die, die uns alle zusammen be- und unterdrücken, gegen korrupte Politiker, Umweltzerstörer, Kriegstreiber und gegen ein politisches System, für das der Einzelne im Dreck ist."

Soweit so Onkelz. Den Vorwurf, die Böhsen Onkelz seien eine Neonazi-Band, nehme ich an dieser Stelle und nach diesem Gespräch ausdrücklich zurück!

Edgar Klüsener

Metal Hammer, Januar 1988

Mit den Onkelz denkt man über sein eigenes Leben nach. Eben was man tun muß, um sich selbst zu finden. Dabei wird dir bewußt, daß der Kampf das einzige Mittel sein wird. Viele Träume wirst du nicht realisieren können, aber du kannst versuchen, dir einen davon zu erfüllen. Versinke dabei bloß nicht in Selbstmitleid! Es könnte dich viele erfüllte Jahre kosten. Wenn du dir über all das bewußt wirst, dann bedenke: Du bleibt ein Leben lang Onkelz-infiziert. Du wirst erfahren, was es heißt, allein zu sein. Du wirst die leeren Worte kaum aushalten können, und es kann sein, daß du bis zum Hals in Scheiße stecken wirst. Niemand wird dich aufhalten, auf deinem Weg ins Paradies. Könnte sein, daß der Himmel leer bleibt. Aber eins sei dir stets gewiß: Nichts bleibt für die Ewigkeit, du wirst auch gewinnen. Scheiße wird kommen und die Scheiße wird gehen. Was dir das bringt? Nun ja, du wirst DICH leben...!

Gepriesen sei der Name dieser Band. Ich habe ein wildes Herz. Ich denke aus dem Bauch. Mein Lehrer ist das Leben. Mit den Onkelz habe ich kein multiple choice, entweder sie oder ich renne blind durchs Leben. Ich arbeite an mir...
Silvana (20) aus Delitzsch

Tony: Zu den Onkelz gekommen bin ich vor fünf Jahren ungefähr durch einen Arbeitskollegen, hat man sich halt die Texte angehört, weil vorher hatte ich immer noch dieses Klischee Rechtsradikalismus vor mir gehabt, aber das hat sich durch die Texte sehr widerlegt, muß ich sagen.
Sabine: Die waren ja erst ziemlich rechts.
Tony: Auf jeden Fall, also die haben alles durchgemacht, von Punks über Rechtsradikalismus über extrem links, und jetzt sind sie mehr so für alle da.
Das rechte Image hat dich damals gestört?
Tony: Klar, rechts war ich nie gewesen, wollte ich auch nie sein. Aber früher war ich noch nicht so weit, daß ich sage, okay, man hört sich die Texte erstmal an, bevor man ein Urteil abgibt, aber dann hab ich sie mir mal angehört und bin seitdem extremer Onkelz-Fan, gehe auf eigentlich jede Onkelz-Party, außer es sind extrem viele Rechte da.
Sabine: Zum Beispiel bei der Party in der Music Hall, da waren

Tony und Sabine, Fotografie: Boris Geilert/GAFF

mehr Rechte als richtige Onkelz-Fans.
Tony: Naja gut, man möchte nicht sagen, daß das keine Fans sind, aber...
Sabine: Ja, aber die nutzen die Onkelz sehr für ihre Zwecke. Obwohl die Onkelz das gar nicht möchten.
Kann man als wirklich Linker Onkelz-Fan sein?
Tony: Ich bin ja nicht links.
Sabine: Also mein Sohn ist absolut links, der ist 15 und ein totaler Linker...
Tony: ...ein übelster Hosen- und Ärzte-Fan...
Sabine: ...und hört sehr viel Onkelz, weil er sagt, die Texte stimmen einfach, egal ob es jetzt mit Herzschmerz zu tun hat oder mit

Ballade "Erinnerungen" - bis heute eines der populärsten *Onkelz*-Lieder - quasi offiziell ihren Ausstieg bekannt:

Erinnerungen

Hast du wirklich dran geglaubt
Daß die Zeit nicht weitergeht
Hast du wirklich dran geglaubt
Daß sich alles um dich dreht
Man hat sich reichlich gehauen
Und nie dazugelernt
Viel Alkohol, viel Frauen
Von der Wirklichkeit entfernt

Ich erinnere mich gern an diese Zeit
Eine Zeit, die man nie vergißt
Doch ich muß mein Leben leben
Meinen Weg alleine gehen
Mach's gut, du schöne Zeit
Auf Wiedersehen

Hast du wirklich dran geglaubt
Daß die Zeit nicht weitergeht
Hast du wirklich dran geglaubt
Daß sich alles um dich dreht
Es war nicht alles Gold, was glänzte
Und doch, es war schön
Es war nicht alles Gold, was glänzte
Du trägst die Narben der Zeit
Die nie vergehen

Ich erinnere mich gern an diese Zeit
Eine Zeit, die man nie vergißt
Doch ich muß mein Leben leben
Meinen Weg alleine gehen
Mach's gut, du schöne Zeit
Auf Wiedersehen

Ironische Kommentierung des Ausstiegs im Rechtsrock – Fanzine *Moderne Zeiten*

Signierte Eintrittskarte zum »Geiselwind-Festival«

der Kirche... Nur "Ohne mich", dieses Lied gegen die Antifa auch, das kann er nicht leiden.

Tony: Die Nazis klammern sich an die alten Lieder, viele sagen, ab einer bestimmten Zeit sind die Verräter geworden. Also manchmal denk ich sogar ein bißchen, vielleicht auch wegen der Kohle...

Können die Onkelz heute noch "authentisch" oder ehrlich sein?

Sabine: Ich denke mal, die sprechen von dem, was sie irgendwo kennen müssen, sonst würde das gar nicht funktionieren.

Tony: Ich denke, daß nicht nur sie selbst die Texte schreiben, sondern auch Leute, die die Themen gerade erst erlebt haben und das den Onkelz erzählen, daran beteiligt sind.

Sabine: Ich finde jedenfalls, die Texte sind wesentlich besser geworden. Und sie wiederholen sich nicht mehr so häufig. Auf der "Viva los tioz" hört sich kein Lied so an wie auf den anderen.

Tony: Ja, die "Viva los tioz" ist total anders, mal ein ganz anderer Schlag, aber gut gemacht.

Sabine: Ein Zeichen auch, daß die Onkelz jetzt nicht mehr so auf dieser widerlichen Schiene fahren wie früher.

Tony (21, Zivildienstleistender) und Sabine (36, Chefsekretärin) aus Berlin

Nachdem die ersten zehn Jahre nach meiner Geburt im März '69 nicht viel Spektakuläres passierte, landeten Kiss '79 mit "I was made" in Westdeutschland einen Riesenhit. Ab dieser Zeit begann ich mich zunehmend für den etwas härteren Rock zu interessieren. Als bald darauf Bon Scott starb, wurde AC/DC endgültig zum Kult. Den Rest erledigte Lemmy's ‚Trio infernale' mit der Live-Version von "Overkill". Seitdem war ich dem Heavy Metal definitiv verfallen. Da ich während meiner Lehrzeit auf etliche Gleichgesinnte traf, stand nun auch lauten Metal-Feten mit viel Bier nichts mehr im Wege. Die Haare wurden dem Szene-Habitus entsprechend immer länger, und es machte einen Riesenspaß, Bürgertum und Obrigkeit gleichermaßen zu provozieren. Es folgte der unvermeidliche Streß zu Hause, und so zog ich mit 18 in eine WG in ein uraltes Bauernhaus, an dem der Zahn der Zeit schon deutlich genagt hatte.

Als ich den Namen *Böhse Onkelz* zum ersten Mal hörte, ging in der damaligen DDR alles noch seinen sozialistischen

Auszeit

Der Ausstieg aus der rechten Skinhead-Szene verschaffte ihnen die gewünschte Ruhe - mehr, als ihnen lieb sein konnte. Zwar erschienen in den Folgejahren regelmäßig neue *Onkelz*-Alben - bei einem neuen windigen Produzenten, der eine Reihe mittelmäßiger Hardrockbands, darunter auch diverse rechtsradikale Acts produzierte, aber diese bei Bellaphon unterbringen konnte, der kleinsten unter den großen Plattenfirmen in Deutschland, die ansonsten mit Massenware aus den Bereichen Dance, Schlager und Volksmusik ihr Geld verdiente und sich nicht sehr für das Image oder die (rechtsradikale) Ausrichtung ihrer Bands interessierte, solange sich diese in ausreichender Stückzahl verkauften. Doch die Alben der *Onkelz* verkauften sich zunächst nicht wirklich gut. Viele Skins wandten sich ab, ein neues Publikum war noch nicht gefunden. Der durchschnittliche Heavy-Metal-Fan konnte mit dieser ehemaligen Kurzhaarigen-Band nichts anfangen, die Szene-Medien boykottierten sie weiterhin, das zitierte *Hammer*-Interview blieb über lange Zeit das einzige. Zwischen 1986 und 1990 absolvierten sie lediglich sieben oder acht Konzerte, die zum Teil durch Auseinandersetzungen mit rechtsradikalen Fans überschattet wurden, die den Wandel der *Onkelz* nicht akzeptieren wollten. Die Security wurde angewiesen, hart durchzugreifen, Fans mit rechtsradikalen T-Shirts erst gar nicht einzulassen bzw. später auffällige Rechte hinauszuwerfen.

1991 schien sich die Lage langsam zu entspannen. Immerhin sieben Konzerte wurden gebucht, die Hallen ein wenig größer. So entstand die Idee, das letzte Konzert des Jahres - am 13. Dezember in Wien - für eine Live-Veröffentlichung aufzuzeichnen. Das Konzert war nicht unbedingt eine der besten *Onkelz*-Performances: die *Onkelz* spielten eher unkonzentriert, auch hier gab es zum Ende hin Zoff, wenige, aber lautstarke Rechtsradikale, gewalttätige Auseinandersetzungen, eine Unterbrechung des Auftritts, während der die Security die Provokateure unter tatkräftiger Beteiligung des sichtlich wütenden Stephan Weidner aus dem Saal prügelte, ein Beinahe-Abbruch, eine eher widerwillige Zugabe. Dennoch kam das u.a. mit sieben Kameras aufgenommene Material im Frühjahr 1992 als Doppel-CD, MC, CD und Video auf den Markt - und explodierte sofort. Das Video "Live in Vienna" kletterte unmittelbar in die Charts und zählt heute noch zu den fünf meistverkauften Musikvideos in Deutschland. "Keiner wußte, wie 's geschah / Plötzlich waren die Onkelz da / Über Nacht kam der Erfolg..." - trotz weiterhin massivem Medien-, Veranstalter- und Händler-Boykott.

Oder gerade wegen der massiven Zensurmaßnahmen der etablierten Musikbranche. Seit dem Ausstieg der Band aus der rechten Skinhead-Szene waren inzwischen fünf Jahre vergangen, die Band hatte vier neue Alben ohne rechtsradikale Texte und Symbole herausgebracht und unermüdlich erklärt, daß sie mit Neonazismus nichts mehr zu tun haben wollte. Die Band hatte sich weiterentwickelt, ohne

Gang, d.h. es ging so gut wie gar nichts, und wer sich ideologisch nicht indoktrinieren lassen wollte, mußte je nach Art und Heftigkeit seines Widerstandes mit den verschiedensten Repressalien rechnen. Das einzige Territorium, auf das die "Volkspolizei" keinen unmittelbaren Zugriff hatte, war das Gelände der Kirche. Obwohl es dort von Stasi-Spitzeln wimmelte, war es so ziemlich der einzige Ort, wo Punk-Konzerte halbwegs ungestört abliefen. Und eben auf einem jener Konzerte Ende '87 unterhielten sich zwei Punx, es gäbe da im Westen eine ehemalige Punk-Band, die jetzt aber als Skin-Combo rechtsradikale Musik spielten. *Böhse Onkelz* hießen die wohl.

Als ich dann Mitte '88 bei einem Freund die "Onkelz wie wir" rumliegen sah, forderte ich ihn auf, die Scheibe mal aufzulegen. Nachdem ich auch nach zweimaligem Anhören keine explizit faschistoide Botschaft entdecken konnte, war ich ratloser als zuvor. Was hängen blieb, war eine Faszination für den Sound, den ich noch im Ohr hatte. Glücklicherweise fand kurz danach ausgerechnet die Januar-Ausgabe des Jahres '88 des *Metal Hammer* einen Weg durch den ‚Eisernen Vorhang' in unsere WG. Da ich der einzige von uns war, der den Namen *Böhse Onkelz* jemals gehört hatte, fiel es mir nicht schwer, dem glücklichen Besitzer das Interview mit dem Titel "Böhse ja, rechtsradikal nein!" aus dem Kreuz zu leiern. Und ehrlich gesagt staunte ich nicht schlecht bei dem, was ich da las. Von den Anfängen als Punx hatte ich ja schon gehört, aber daß ausgerechnet eine ‚Nazi'-Band sich mit Wehrdienstverweigerung, Umweltzerstörung u.ä. beschäftigte, konnte ja wohl kaum sein. Folglich gab es für mich nur zwei Alternativen. Entweder versuchten die *Onkelz* ihre wahre Identität zu verschleiern oder das rechtsradikale Image der vier Frankfurter entsprach einfach nicht der Realität. Ich beschloß, mich intensiver mit diesem Thema auseinanderzusetzen. Daß das in der ‚Zone' nicht ganz einfach war, ist hoffentlich jedem klar. Um so mehr spitzte ich Ende '88/Anfang '89 die ‚RIAS-Tüten', als ein Freund aus der Jenaer HM-Szene von der "Kneipenterroristen" erzählte. Spätestens jetzt war mir bewußt, in welche Richtung der Zug unterwegs war. Musikalisch besetzten die *Onkelz* ein Feld, welches die NWoBHM (New Wave of British Heavy Metal, *Iron Maiden*, *Def Leppard*, *Venom* u.a., kf) offen ließ - und rechtsradi-

kale Aussagen suchte man in den Lyrics vergebens. So war ich gespannt, was mich als nächstes dazu erwarten würde.

Doch zunächst ‚beschenkte' mich die NVA zum 20. mit dem Befehl zur Einberufungsuntersuchung. Das hieß für mich konkret, entweder Grenze - und damit potentielle ‚Republikflüchtlinge' abknallen - oder KDV. Auch wenn ich nicht wirklich "Bausoldat" werden wollte, so konnte ich über diese legale, in den Augen des Staates unpopuläre Art, seiner Wehrpflicht nachzukommen, doch Zeit gewinnen, um über die Konsequenzen einer Totalverweigerung nachzudenken. Der Herbst '89 jedoch machte alles weitere Grübeln überflüssig. Ein zweiter Versuch, mich in eine Uniform zu stecken - diesmal seitens der Bundeswehr - scheiterte genauso kläglich.

Nachdem erst die ‚Mauer' und dann die ostdeutsche Industrie plattgemacht waren, ging es erst einmal ‚Stempeln'. Herzlich willkommen im Kapitalismus!

Mit dem Einzug der ‚harten' Mark im Osten gab es allerdings auch ganz andere Möglichkeiten, sich mit dem Thema *Böhse Onkelz* zu beschäftigen, zumal der wachsende kommerzielle Erfolg eine teilweise unsägliche öffentliche Diskussion auslöste. **Und je absurder gegen die Onkelz argumentiert wurde, desto stärker wuchs die Parteinahme für sie.**

Egal ob T-Shirt oder Autoradio, jeder sollte wissen, für welche Band ich mich entschieden hatte. Ob es andere überhaupt interessierte, spielte dabei keine Rolle. Es zählte nur die Provokation. Eine sachliche Auseinandersetzung mit dem Thema fand ja eh kaum statt, und wenn sich mal mit Freunden oder Bekannten eine zumindest ansatzweise vernünftige Unterhaltung ergab, fiel mir auf, daß etliche der *Onkelz*-Gegner sich aus *Hosen*-Fans rekrutierten. Ich konnte mir die Zähne locker reden, für rationale Ansichten waren diese Leute einfach nicht zugänglich. Auf so ein Höchstmaß an Ignoranz gab es für mich nur eine Antwort - ein Konzertbesuch, ein Wunsch den ich schon länger hegte und der im Frühjahr '93 konkrete Form annahm. Nachdem ich einer Metal-Zeitschrift alle wichtigen Infos entnommen hatte, fragte ich im Freundeskreis, wer denn mal mitfahren wolle. Also bestellte ich die nötigen Karten und charterte einen Firmenbus.

jedoch an Authentizität zu verlieren. Ihre Texte waren nicht gerade Meisterwerke deutscher Dichtkunst, aber diese sprachliche Simplizität machte auch ihre Attraktivität aus, die Ungeschliffenheit verstärkte die Glaubwürdigkeit als "Straßenjungs". Und: sie sangen in deutscher Sprache zu einer Zeit, in der nicht nur im Heavy-Metal-Bereich deutsche Lyrics nach dem "Neue Deutsche Welle"-Overkill verpönt und äußerst rar waren. Wie keine andere Band in Deutschland boten die *Böhsen Onkelz* eine Identifikationsfolie für mit ihrem eigenen Leben und der Gesellschaft im allgemeinen unzufriedene Jugendliche, für Unangepaßte, Außenseiter und problembeladene Menschen jeglicher Art - und wer zählte sich nicht in irgendeiner Phase seines Lebens dazu...

Dies und die Gerüchteküche um die Band erweckten die Aufmerksamkeit der Heavy-Metal-Gemeinde, die scheinheiligen Zensurmaßnahmen produzierten reflexartig Sympathien für die *Onkelz*: Medien und Musikindustrie hatten im allgemeinen nicht viel übrig für Heavy Metal und erst recht nicht für dessen Fans; eine Band, die von den gleichen Medien und Musikhändlern derart vehement gehaßt wurde, mußte einfach zum Kultobjekt werden.

ser Gesellschaft. Schon längst geht es dabei nicht mehr um die Fakten.

Die große Mehrheit der Medien, Musikhändler und -veranstalter hat inzwischen ihren Boykott gegen die Band aufgegeben, hauptsächlich, um selbst noch schnell auf den pro-

»Sie sind nicht mehr eindeutig faschistoid. Aber ist es purer Zufall, daß im Design der letzten CD die Farbkombination Schwarz – Rot – Gold vorherrscht?«
Marc Fischer im Zeitgeist – Magazin *Prinz*, November 1992

Der Mythos

So verwandelten sich die *Böhsen Onkelz* nach und nach von einer "normalen" Heavy-Metal-Band unter vielen in einen Mythos. Jeder Charts-Erfolg wurde für die Fans ein persönlicher Sieg im Kampf gegen das System, für *Onkelz*-Gegner ein Beweis für den Vormarsch des Rechtsradikalismus in die-

fitablen Zug der erfolgreichsten deutschen Rockband der Gegenwart aufzuspringen, aber auch, weil sie irgendwann einfach einsehen mußten, daß einer Band 13 Jahre nach ihrem Ausstieg aus der rechten Szene, sieben Jahre nach ihrem ersten selbstveranstalteten "Rock *gegen* Rechts"-

Und so ging es zu acht am 1.5.93 nach Geiselwind. Was dann abging, als es nach dem Intro zu "Heilige Lieder" auf der Bühne hell wurde, läßt sich mit Worten kaum beschreiben! Vom ersten gesungenen Wort an kochte der Saal. Wie eine entfesselte Naturgewalt tobend, erstickten die Musiker jeden Zweifel an ihrer Glaubwürdigkeit. Als nach dem eigentlichen Konzertende ca. ein Drittel der Fans sich weigerte, die Heimreise anzutreten, wurde es wieder dunkel im Saal und es folgte ein Nachschlag auf die ‚offizielle' Zugabe mit Titeln wie "Lügenmarsch" oder "Könige für einen Tag". Wenn man so dicht vor der Bühne stand wie ich, konnte man in den Gesichtern der Musiker eine Aufrichtigkeit entdecken, die so manch einen Schreiberling seinen Block hätte fressen lassen. Die Art und Weise, mit der die Band anschließend Autogramme gab, sich zusammen mit Fans fotografieren ließ und Fragen beantwortete, bestätigte den einmaligen Zusammenhalt zwischen ihr und den Fans.

Nachdem also die Konzerte friedlich verliefen und die Band mit der '93er Doppelveröffentlichung auch eindeutig klarstellte, was sie von Rostock, Mölln etc. hielt, war mit rationalen Argumenten der Mythos der "führenden Rechtsrocker Deutschlands" nicht mehr aufrechtzuerhalten. Demzufolge mußte "die Vergangenheit" herhalten, die sich sehr schnell auf drei Skinhead-Jahre reduzierte, die gesamte Entwicklung der Band ausblendete, Zeitdaten willkürlich durcheinander brachte und in den düstersten Farben ausgemalt wurde. Und so war es nicht verwunderlich, daß die Zahl der Onkelz-Fans gerade hierzulande Ausmaße angenommen hatte, die früher undenkbar waren...

Ernie (31) aus Jena

Die *Böhsen Onkelz* sind zu einem wichtigen Bestandteil meines Lebens geworden. Seit nun mehr acht Jahren bin ich ein begeisterter Fan dieser einzigartigen Band, und während dieser Zeit hab ich die Dummheit, Ignoranz und Verlogenheit einiger Heuchler dieses Planeten kennengelernt. Um so mehr freut es mich, daß die *Onkelz* mit ihrem aktuellen Album genau da stehen, wo sie meiner Meinung nach eigentlich schon lange hingehören, nämlich ganz oben, an der Spitze, im Zenit des Rockhimmels. Es ist eine unheimliche Genugtuung zu sehen, daß all die Lügen und der Boykott der Musikindustrie nichts gebracht haben.

Was mich am meisten an dieser Band beeindruckt hat, ist diese innere Kraft und der eiserne Wille, einen Weg zu gehen, ohne Kompromisse. All das, was die Band im Laufe der Jahre an positiven und negativen Erfahrungen durchlebt hat, spiegelt sich auf den Alben deutlich wider. Vielleicht ist ja ein Grund, weshalb man diese Band ihren Weg nicht gehen lassen wollte, der, daß einige konservative Spießer Angst haben. Angst davor, daß die Lieder der *Onkelz* die letzten Mauern der Engstirnigkeit niederreißen. Klar, die Band um Stephan Weidner hat ein ultrakrasses Leben geführt, aber hat dieses Leben sie nicht auch zu den Menschen gemacht, die sie heute sind? Zu Menschen, die sinnlose Gewalt auf das schärfste verurteilen und das ihren Fans während ihrer ausverkauften Konzerte mitteilen. Ich finde

Onkelz-Fan Ernie lässt sich tätowieren. Das Tattoo auf dem Oberarm des Tätowierers stammt von Kevin Russell.

Konzert, kaum noch die Glaubwürdigkeit ihres Wandels bestritten werden kann, ohne selbst unglaubwürdig zu werden. Dennoch gibt es immer wieder JournalistInnen und Antifa-AktivistInnen, die mit heftiger Leidenschaft versuchen, der Band noch heute rechtsradikale Orientierungen nachzuweisen, und zu diesem Zweck nicht selten eigene "Beobachtungen" der plattesten Art erfinden.

Auf ihrem '98er Album "Viva Los Tioz" kommentierten die *Onkelz* zum ersten Mal musikalisch die anhaltenden Ver-

»Oder ist es bö(h)se gedacht, daß die Gefahrentransport- Logos auf den Bühnenaußenwänden wie nicht fertig gemalte Hakenkreuze aussehen«
Kieler Nachrichten, Oktober 1998

suche antifaschistischer Kleingruppen, mit Hilfe erfundener "Beweise", öffentlichem Druck und anonymen Drohungen gegen Veranstalter und Behörden, *Böhse Onkelz*-Konzerte zu verhindern:

Ohne mich
Antifa -
Ihr könnt mich mal
Ich lache über euch
Und ihr merkt es nicht mal

Ihr kämpft gegen mich
Wie lächerlich
Denn euren wahren Feind

Den seht ihr nicht

Ihr seid blinder als blind
Pseudomoralisten
Dumm und intrigant
Nicht besser als Faschisten

Ihr denunziert
Ihr seid schlecht informiert
Moralisch bankrott
Daß ihr das nicht kapiert

es ziemlich frustrierend, daß sich viele von den Medien beeinflussen lassen und nicht im Stande sind, sich eine eigene Meinung zu bilden.

Marén (20) aus Schmiedefeld

Ich bin seit 1991 *Onkelz*-Fan, und durch sie hat sich fast mein ganzes Leben verändert. Denn sie schreiben Lieder, die im Leben eine Rolle spielen, nicht wie andere, die nur blinde Liebeslieder schreiben. **Die Onkelz sind für mich genauso wichtig im Leben wie meine Freundin!**

Mathias aus Sondershausen

Party in Lammersdorf

Eine Religion gibt Antworten, die Onkelz stellen Fragen!

Seitdem vor einiger Zeit in einem Interview die *Onkelz* mit einer Religion verglichen wurden, stell ich mir die Frage, welche Rolle sie in meinem Leben spielen und warum gerade sie.

Es ist seltsam, die Erinnerungen, die immer wieder auftauchen und ein Chaos in mir verursachen, werfen so viele Fragen in mir auf, die ich oft nicht in Worte fassen kann. Doch dann lege ich eine der vielen *Onkelz*-Platten auf, dort wird die passende Frage gestellt, wenn nicht, wird eine Frage gestellt, durch die sich für mich wiederum eine Frage stellt, und irgendwann steh ich im Labyrinth der Fragen vor meiner, die nur darauf wartet, von mir beantwortet zu werden. Durch solche Situationen lerne ich zu mir selbst zu finden; ich werde niemals wirklich wissen, wer ich bin, da immer Momente auftreten werden, in denen mich meine Reaktionen selbst überraschen, aber ich lerne. Die Neugierde, die durch die Texte der *Onkelz* in mir verstärkt wird, gibt mir sehr viel Kraft und Mut, mein Leben zu meistern. Die Fragen, die dabei über mich und mein Umfeld auftreten, öffnen mir immer wieder die Augen dafür, wie traurig dieses Umfeld doch aussieht. Die Trauer, die durch die Erkenntnis dieser Dinge auftritt, hinterläßt in mir Schmerzen. Doch diese Befriedigung meiner Neugierde hinterläßt ein Glücksgefühl. Und dann erscheint dieses im übertragenen Sinne: "Bin ich nur glücklich, wenn es schmerzt".

Die Musik hat in mir auch das Interesse geweckt, selbst zu schreiben, meine Emotionen zu verarbeiten:

Regen prasselt auf das
Herz
Verbrannte Seele, ein löschender
Schmerz
Wie groß waren die Feuer, wenn
die Seele noch brennt, welche
Namen sind es, die das Herz
noch nennt
Der Abfluß der Tränen läßt sie
nicht ergießen, das Wasser steigt
Doch sie wollen nicht fließen
Wie auf anderer Ebene, in Gedanken versunken
Zu viel Regen im Körper
das Herz ertrunken?

Religion? - wohl eher "Die Lehre vom Ich".

Was mir die *Onkelz* bedeuten? Es fällt schwer, das Phänomen *Böhse Onkelz* wiederzugeben, man kann es nicht beschreiben, man muß es erleben. Man muß erleben, wie ein heutiges Konzert der *Onkelz* aussieht. Ich bin fasziniert, wenn ich sehe, wie Metaller, Stinos, Skins, Punks gemeinsam wie eine große Familie feiern. Für diese ca. 2+ Stunden entsteht in dieser

>Ohne mich
>Mich kriegt ihr nicht
>Ich bin frei wie der Wind
>Kapiert ihr das nicht
>
>Ohne mich
>Mich kriegt ihr nicht
>Ich hab' das dritte Auge
>Seht ihr das nicht

Im zweiten Teil des Songs bekommen - zum wiederholten Male - auch die "Rechten" ihr Fett weg:

>Und hier ein paar Worte
>An die rechte Adresse
>Leckt uns am Arsch
>Sonst gibt's auf die Fresse
>
>Ich hasse euch
>Und eure blinden Parolen
>Fickt euch ins Knie
>Euch soll der Teufel holen
>
>Ihr seid dumm geboren
>Genau wie ich
>Doch was ich lernte
>Lernt ihr nicht
>
>Ihr seid blind vor Hass
>Dumm wie Brot
>Ihr habt verschissen
>Eure Führer sind tot
>
>Ohne mich...

Trotz dieser eindeutigen Absage und regelmäßiger Beschimpfungen durch die Band in Songtexten und Interviews, bei Konzerten und auf der *Onkelz*-eigenen Homepage geben auch Rechtsradikale den Kampf um "ihre" Band nicht auf. Wenn es ihnen schon offensichtlich nicht gelingt, die *Onkelz* wieder auf ihre Seite zu ziehen, so versuchen sie dennoch immer wieder, durch Störaktionen und demonstratives "Sieg Heil!"en bei Konzerten (oder auch demonstrative Umarmungsversuche) den Mythos *Böhse Onkelz* nicht den "Linken" und anderen Nazi-Gegnern zu überlassen.

Auch die Band selbst weiß natürlich um die Bedeutung dieses Mythos für ihren Erfolg. Stephan Weidner & Co. sind Realisten genug, um ihren Aufstieg von Ghetto-Kindern zu Pop-Millionären nicht allein ihren musikalischen Fähigkeiten zuzuschreiben. So eigenständig ihr Stil auch sein mag, die Faszination dieser Band liegt in ihrer Glaubwürdigkeit als unangepaßte und vom Establishment gehaßte Underdogs. "Ihre Lügen sind unsere Kraft" ("10 Jahre", 1990). - Eine Selbststilisierung mit authentischem biographischem Hintergrund, die jedoch immer weniger mit dem heutigen realen Leben der Musiker gemeinsam hat. Und so treibt jede Goldene Schallplatte, jede Platzierung in den *Bravo*-Heavy-Metal-Charts und jedes freundliche MTViva-Interview die Band ein Stück weit ihrem Ende entgegen. "Nonkonformität heißt unser Weg / So soll es sein / Bis nichts mehr geht" ("Viva Los Tioz"). An dem Tag, an dem auch der letzte *Onkelz*-Gegner beim Klang ihres Namens nur noch gleichgültig mit den Schultern zuckt, wird das letzte Kapitel im Buch der *Böhsen Onkelz* beendet sein...

Konzerthalle eine eigene Welt, eine Welt, die man nur als "Onkel" sehen kann. In diesem engen Saal findet eine Explosion der Gefühle statt, Gefühle, hinter denen weit mehr steckt, die weit größer und bedeutender sind als politische Ideologien. Ich sehe eine Masse von Individuen, vor denen jemand steht, der ihnen Kraft gibt. Jemand, der nicht sagt, was sie zu tun haben, sondern der sagt, folge nur dir, du bist was, du kannst was.

Es ist traurig, daß gerade die Böhsen Onkelz von der Öffentlichkeit so niedergeschmettert werden. Ich bin der Meinung, daß ich aus ihren Liedern mehr gelernt habe, als es mir jeder Pädagoge oder Sozialarbeiter vermitteln könnte! Es ist paradox, daß alle möglichen Leute einen Weg suchen, die Gewalt zwischen Rechts und Links zu nehmen, aber eine Band, die sichtlich diese Gruppierungen friedlich zusammenbringt, totzuschweigen versucht. Die Spaltung der Jugend ist nur ein Werk der Politik zum Eigennutzen, aus Angst, daß es ihnen schlechter geht. Die Onkelz aber sind das Flickzeug, sie sind Nadel und Faden, sie erreichen den nötigen Zusammenhalt, der wieder Kraft verleiht, die Welt zu verändern.

Die Onkelz-Fans sind für das System sicher gefährlicher als jede politische Gruppierung.

Hier gibt es nicht nur zwei Extreme, sondern tausende. Ein jedes steht für sein eigenes Weltbild, und mit jedem Totschweigen, mit jeder unbegründeten Diskriminierung, eines Onkelz-Shirt-Trägers, wächst die Wut! Wie viele Steine bleiben wohl aufeinander stehen, wenn diese Gemeinschaft statt in der Halle auf der Straße ihre Emotionen auslebt?

Vor kurzem war es noch einer meiner größten Wünsche, mit Stephan mal ein Bier trinken zu gehen. Aber das ist eine Illusion. Die Vorstellung, daß ich ihn privat als "letztes Arschloch" ansehen könnte, macht den Gedanken für mich unattraktiv. Die Onkelz danken den Fans halt mit jedem neuen Onkelz-Titel.

Beim ersten Onkelz-Video, das ich sah, "Live in Vienna", war es die Natürlichkeit, die mich beeindruckt hat, daran hat sich bis heute nichts geändert. Es paßt halt keine Pyro-Show à la Rammstein zu ihnen. Es wäre auch fehl am Platz, eine Weihnachts-CD für die Fans zu bringen. Vielleicht noch mit einem Cover, auf dem die Onkelz kuschelnd unterm Weihnachtsbaum liegen. Den Onkelz fehlt sicher nicht mehr "die Butter zum Brot", aber sie zeigen, daß sie nicht vergessen, daß es mal so war. Das ist auch ein Dank!

Christian (21) aus Magdeburg

Ich bin seit über 6 Jahren Onkelz-Fan. Das ist zwar noch nicht all zu lange, aber trotzdem lang genug, um mir meine eigene Meinung zu bilden. Seitdem weiß ich auch, über welche Kraft und Energie ich verfüge. Ich war von klein auf immer ein sehr ruhiger Typ und habe zu allem "Ja und Amen" gesagt. Als ich anfing, diese Musik zu hören, hat sich das grundlegend geändert, mir wurde einiges klar, was in dieser Welt verkehrt läuft. Auf unprofessionell überspielten Kassetten habe ich mir tagtäglich die "Heilige Lieder" und "Es ist soweit" reingezogen, ohne auch nur einen Gedanken daran zu verschwenden, wie die Jungs aussehen könnten oder was in ihnen bei diesen Songs vorgeht. Allerdings war es der Anfang für mich, mein Leben zu verändern, mich selbst zu akzeptieren und ein gesundes Selbstvertrauen sowie -bewußtsein zu erlangen. Nach und nach vervollständigte sich auch meine Sammlung an CDs und Videos.

Als ich mir letztes Jahr das Buch "danke für nichts" gekauft habe, war ich ziemlich erstaunt über den Weg von Kevin, Stephan, Gonzo und Pe zum letztendlichen Erfolg. Nach dieser Biographie habe ich begonnen, einen großen Teil der Songs auch mal von einer ganz anderen Seite zu betrachten, nämlich von der Seite, wie sie ein Betroffener sieht. Für mich ist diese Musik ein großer Teil meines Lebens geworden.

In einem Interview hat mal jemand gesagt: "Es ist kaputte Musik für kaputte Leute". Damit meinte er Leute aus kaputten Verhältnissen. Und er hat verdammt recht, denn jemand, der mit dem "goldenen Löffel im Mund" geboren wurde (obwohl er dafür nichts kann), kann kein bißchen dieser Texte nachvollziehen. Ich komme aus einer ziemlich kaputten Familie, mein Vater ist Alkoholiker und macht, so lange ich denken kann, meiner Mutter, meinen Schwestern und mir das Leben zur Hölle. Und er

WO MAN SINGT

Wo man singt da— laß dich ru-hig— nie-der:
bö-se Onkelz ha-ben kei-ne Lie- -der, stimmt
ein,— stimmt all mit ein und laßt uns fröhlich sein!

fühlt sich sauwohl dabei. Es ist bestimmt schon sechs Jahre her, seitdem wir kein richtiges Weihnachten mehr hatten.

Mein Vater haßt die Onkelz und ihre Musik, dies ist auch Streitthema Nr.1 bei uns. Eigentlich ist er für mich auch nicht mehr mein Vater, denn jemand, der mir Woche für Woche sagt, daß er froh ist, wenn ich endlich verrecke, ist für mich kein Vater. Seit Monaten streiten wir pausenlos darüber, und wenn die Sache nicht so ernst wäre, könnte ich auch darüber lachen, denn er versucht nicht einmal, Texte in ihrer Ironie bzw. ihrem Sinn zu erfassen. Er hört ein paar Zeilen und interpretiert drauf los, daß es einfach lächerlich ist und von einem vierjährigen Kind stammen könnte. Aber an diesem Punkt habe ich einen Schlußstrich gezogen, um so mehr höre ich die Onkelz, und um so mehr hasse ich meinen Vater!

B.O.S.C. – Party in Gerolzhofen

Auf der Straße kann man sich auch nicht so ohne Weiteres zu den Onkelz bekennen. Entweder kommt die Frage: "Sind das nicht die Rechtsradikalen?" oder "Bist du rechts?" Nach so vieler Aufklärungsarbeit fällt es mir manchmal schwer, den Leuten das noch im ruhigen Ton klarzumachen. In einigen Gesprächen mußte ich feststellen, daß die Onkelz in ihren Texten das Gleiche wiedergeben, was die Leute denken. In den Songs wird's zwar manchmal etwas derb ausgedrückt, aber somit versteht es auch jeder, weil es gerade heraus ausgesprochen wird. Und das ist das, was die Welt heutzutage braucht.

Wenn ich mir den Großteil der Bevölkerung ansehe, der aus reinen Mitläufern besteht, stellt sich mir die Frage: Wie tief sind wir gesunken? Ich meine, irgendwie stecken wir alle in einem wirtschaftlichen sowie politischem System mit reiner Geldgier der obersten Herren, aus dem es so gut wie keine Chance gibt auszubrechen. Aber jeder sollte soviel Verstand haben, um nicht diesem Wahnsinn zu verfallen und nicht dieses beschissene Geld noch vor unsere menschlichen Rechte und Würde zu stellen. Wenn ich die Onkelz höre, kann ich mich abreagieren, relaxen oder auch eine gewisse Art von Kraft schöpfen. Ich kann mir aus allem das ziehen, was ich momentan brauche. Natürlich sollte jeder trotzdem seine eigene Meinung behalten.

Wenn ich diese ganzen Boygroups höre mit ihrem "Traumweltgefasel", wird mir ganz schlecht. Vielleicht ist es für die Teenies ganz schön, mal den Alltag zu vergessen, doch ich denke, den Jugendlichen hilft es viel mehr, wenn sie wissen, da ist jemand, der sie versteht und die Dinge genauso sieht. Sie wissen, sie stehen nicht alleine auf der Welt mit ihren Problemen und haben einen Punkt, an dem sie Halt finden. Ich bin ein Mensch, der nicht über seine Probleme redet, ich fresse alles in mich rein. Also höre ich die Musik und verarbeite das auf meine Weise. Die Texte geben mir immer wieder Denkanstöße, mir über mich und mein Leben klar zu werden.

Madeleine (19) aus Kraupa

Als ich knapp 10 Jahre alt war, wurde ich das 1. Mal mit den Onkelz konfrontiert. Mein Vater hörte sich gerade die "Heilige Lieder" an. Ich habe damals die Kassette rauf und runter geleiert. Am besten gefiel mir das Lied "Buch der Erinnerung". Allerdings habe ich damals überhaupt noch nicht über den Sinn der Lieder nachgedacht. "Scheißegal", "Nenn' mich wie du willst" und "Gestern war heute noch morgen" waren da Lieder,

Böhse Onkelz
Serviceteil

die ich besonders nicht verstand. Nach 'ner gewissen Zeit verflachte dann das Interesse an den *Onkelz*. Ich hörte *Tote Hosen*. Aber als ich in der 5. Klasse war, wurde ich durch einen ehemaligen Mitschüler (*Onkelz*-Fan) nochmal dazu animiert, die *Onkelz* zu hören. Ich holte also zuerst die "Heilige Lieder" aus dem Zimmer meiner Schwester zurück in meins. Nach und nach kamen dann auch alle vorhergehenden Kassetten in meine Hände. Verstanden habe ich die Lieder mit elf, zwölf genausowenig wie mit zehn. Woher sollte das auch kommen?

Ich höre sie auf jeden Fall immer noch. Schon oft stellte ich mir die Frage: Warum? Einerseits denke ich, singen die *Onkelz* die Wahrheit. Ich komme mir einfach nicht belogen vor. Wenn ich *Backstreet Boys*, *Tic Tac Two* und den ganzen Kram höre, kommt mir oft bald das Kotzen. "Ich liebe dich", "Ich liebe dich nicht" - was anderes singen die eh nicht. Die Probleme sind irgendwie an den Haaren herbeigezogen. Oder es kommt zu einer englisch-sprachigen Manie. Warum singen *DJ Bobo*, *Mister President* (und die *Toten Hosen* neuerdings auch) englisch? Weil sie die große Kohle wittern. Sicher, die *Onkelz* haben auch Knete, und die bestimmt nicht zu knapp, aber ich finde, sie haben es sich verdient. Aus welcher Scheiße sind sie heraufgestiegen!

Große Probleme hatte ich in meinem kurzen Leben bisher noch nicht. Es lief alles glatt. Auf dem letzten Zeugnis nur noch vier Zweien, der Rest alles Einsen. In Sachen Lehrstelle sieht es auch nicht schlecht aus. Über meine Familie kann ich sagen, daß sie normal ist. Probleme mit Alkohol, Drogen, Polizei etc. habe ich auch nicht. Und doch, irgendwas haben die *Onkelz*, was die Welt mir nicht bieten kann, nicht in der Form. Ich hab lange überlegt, aber als ich mir dann die Poster von ihnen in meinem Zimmer ansah, wurde es mir klar. Vier Freunde! Vier gegen den Rest der Welt! Sie gingen durch dick und dünn, halten zusammen, sind so stark wie ein angeschalteter Elektromagnet auf dem Schrottplatz. Das ist das, was in unserer Gesellschaft so selten geworden ist.

Freunde hab´ ich auch. Solche jedoch nicht.

Kerstin (16) aus Suhl

Die *Böhsen Onkelz* sprechen im Gegensatz zu anderen Bands die wirklichen Gefühle und Ängste des Alltagslebens aus, egal ob positive oder negative. Man kann sich mit vielen Liedern einfach identifizieren. Dadurch fühlt man sich mit der Band verbunden. Wie Stephan Weidner doch so schön schrieb: "Gibt es etwas Schöneres, als diese Lieder zu teilen. Sie gemeinsam zu erleben, zusammen lachen und weinen." Nein, das gibt es nicht! Allerdings gilt dieses Bindungsgefühl wohl nur für Leute, die "zwischen den Zeilen lesen", so wie die *Onkelz* es auch erwarten, und nicht für diejenigen, die diese Band nur wegen irgendwelcher Wichtigtuereien oder Mitläufergeschichten hören.

Die Böhsen Onkelz sind fast etwas Heiliges für mich. Ich würde mich z.B. nie über 'ne neue CD beschweren, weil sie sich auf dieser musikalisch oder auch textlich verändert haben. Ich bin der Meinung, daß sie uns einfach keine Rechenschaft schuldig sind. Sie ziehen ihr Ding durch, leben ihr Leben, wie´s ihnen paßt, und wem das nicht gefällt, soll weghören.

Ja, ich spiele schon ein bißchen auf die Vergangenheit der *Böhsen Onkelz* an, denn meiner Meinung nach hat niemand das Recht, die *Onkelz* nach ihrer längst vergangenen "Türken raus"- und "Deutschland den Deutschen"-Phase zu be- oder eher verurteilen, denn jeder Mensch macht irgendwelche "Jugendphasen" durch und verändert sich wieder. Ich bin zwar erst 17, aber ich hab´ die gleiche Phase der *Onkelz* auch schon mitgemacht und mich wieder verändert. Ich weiß nicht, warum es für manche linke sowie rechte beschränkte Vollidioten, die vorschnell herausbrüllen, "*Onkelz* sind doch Nazis" oder "*Onkelz* sind die letzten Verräter", so schwer zu begreifen ist, daß Menschen sich verändern.

Ich verbinde mit den *Onkelz* gute sowie schlechte Erinnerungen, da ich mich mit ihren Liedern oft identifizieren und sie mit bestimmten Lebensabschnitten verbinden kann, wobei eigentlich jede Phase des Lebens gut und wichtig ist, da man aus ihr lernt. Wer das nicht kapiert, ist meiner Meinung nach dumm geboren und dumm geblieben.

Geht es mir nicht so gut, da ich z.B. Probleme mit meinem Umfeld habe, höre ich Lieder wie "Ich bin so wie ich bin", "Ich mache, was ich will" oder "Das Geheimnis meiner Kraft". Hab ich gute Laune, höre ich eigentlich alle Lieder, auch alte wie

BÖHSE ONKELZ

Discographie – Vinyl (offizielle Veröffentlichungen)

Titel	Format	Jahr	Label / Vertrieb / Anmerkungen
Kill the Hippies –Oi „Idiot" / „SS-Staat" / „Schöner Tag"	Single	1981	Eigenproduktion
Soundtracks zum Untergang 2 „Hippies" / „Religion"	LP	1982	Aggressive Rockproduktionen AG 008
Soundtracks zum Untergang 2 „Hippies" / „Religion"	LP	1992	Aggressive Rockproduktionen AG 008 (ohne Bandname auf Cover)
Der nette Mann	LP	1984	Rock-O-Rama RRR 40 (beidseitiges Poster)
Der nette Mann	LP	1984	Rock-O-Rama RRR 40 (einseitiges Poster)
Böse Menschen – böse Lieder	LP	1985	Rock-O-Rama RRR 48 (Labeldaufruck: **BÖSE** ONKELZ)
Böse Menschen – böse Lieder	LP	1985	Rock-O-Rama RRR 48 (Labelaufdruck: **BÖHSE** ONKELZ)
Mexico	MLP	1986	Rock-O-Rama RRR 55 Labelaufdruck: **BÖSE** ONKELZ)
Mexico	MLP	1986	Rock-O-Rama RRR 55 (Labelaufdruck: **BÖHSE** ONKELZ)
No Surrender! Vol.2 „Ich mag" / „Hässlich"	LP	1986	Rock-O-Rama RRR 59
Onkelz wie wir	LP	1987	Metal Enterprises ME 507 Vertrieb: Bellaphon
Onkelz wie wir	LP	1987	Metal Enterprises ME 507 Vertrieb: Bellaphon (rosa Vinyl)
Onkelz wie wir	LP	1987	Metal Enterprises ME 507 Vertrieb: Bellaphon (blaues Vinyl)
Kneipenterroristen	LP	1988	Metal Enterprises ME 519 Vertrieb: Bellaphon
Kneipenterroristen	LP	1988	Metal Enterprises ME 519 Vertrieb: Bellaphon (clear Vinyl)

"Singen und Tanzen". Diese Lieder geben einem immer wieder Kraft im Kampf gegen diese intolerante Gesellschaft. Ich liebe es einfach an den Onkelz, daß sie so gerade heraus sprechen, was sie denken, ohne ihre Texte mit schönen oder wohlerzogenen Worten auszuschmücken.

Tatjana (17) aus Schwanewede

[Als 1998 beim Düsseldorfer Onkelz-Konzert 100 - 150 offensichtlich rechtsradikale Kurzhaarige vor der Bühne standen, kündigte Stephan Weidner an: "Auch auf die Gefahr hin zu stigmatisieren, werden wir künftig noch strengere Kontrollen an den Eingängen durchführen lassen, und wenn diese nicht helfen sollten, bin ich dafür, keinem Skin mehr Einlaß zu gewähren" (B.O.S.C.-Fanzine Nr. 8, S. 8). Frei nach dem Motto: Alle Skins sind Neonazis? Ähnlich der Rammstein-Security, die keine Fans mit Onkelz-Shirts in die Konzerthallen läßt, ignoriert Weidner hier, daß sich auch (andere) ehemalige Rechte weiterentwickeln können bzw. die Skinhead-Szene kein Synonym für Rechtsradikalismus darstellt, sondern stets auch - neben zahlreichen rechtsradikalen Gewalttätern - Linke, Antirassisten und sehr viele "anti-politische", nicht rechtsextreme Skins umfaßte.

Tatsächlich sind noch immer viele Skinheads in Deutschland, Österreich und der Schweiz Onkelz-Fans, auch wenn sie insgesamt in der Onkelz-Fangemeinde nicht mehr als ein oder zwei Prozent darstellen. Als wir 1995 im Rahmen eines Forschungsprojektes 406 deutsche Skinheads interviewten, platzierten 88 der Befragten, also immerhin jeder vierte bis fünfte, die Böhsen Onkelz unter den fünf besten und wichtigsten Bands aller Zeiten. (Die komplette Studie enthält der Band "Die Skins. Mythos und Realität", hrsg. von Klaus Farin.) Weniger als die Hälfte (36) von denen gehörten der rechtsradikalen Skinhead-Szene an, nannten neben den Onkelz auch Landser, Endstufe oder Skrewdriver als bevorzugte Bands und fügten hinter dem Namen Onkelz häufig die Bemerkung "die alten" an. Die Mehrzahl der kurzhaarigen Onkelz-Fans (52) platzierte die Onkelz neben Bands wie Cock Sparrer, Springtoifel oder Bad Manners und ging deutlich auf Distanz zu ihren ungeliebten Zwillingsbrüdern. Interessanterweise war der Anteil der Nicht-

Rechtsradikalen in der Altersgruppe der 19-24jährigen dreimal so hoch, während sich bei den 14-18jährigen Skins beide Fraktionen die Waage hielten. Es scheint so, als würden ganz junge (Männer) zunächst bei den "härteren" Rechten landen, und sich dann im Laufe der Jahre, vielleicht auch aufgrund der genaueren Beschäftigung mit dem Thema Skinhead- und Böhse Onkelz-History, eher in die weniger extreme, un- bzw. antipolitische oder sogar linke Richtung zu entwickeln. Darauf deuten

Freitag Nacht	MLP	1988	Rock-O-Rama RRR 71 (Labelaufdruck: **BÖSE** ONKELZ)
Freitag Nacht	MLP	1988	Rock-O-Rama RRR 71 (Labelaufdruck: **BÖHSE** ONKELZ)
Hässlich	MLP	1988	Rock-O-Rama RRR 72
Lügenmarsch	MLP (Picture)	1989	Metal Enterprises ME 530 Vertrieb: Bellaphon (rosa Schrift / schwarzer Rand)
Lügenmarsch	MLP (Picture)	1989	Metal Enterprises ME 530 Vertrieb: Bellaphon (rosa Schrift / grüner Rand)
Lügenmarsch	MLP (Picture)	1993	Metal Enterprises ME 530 Vertrieb: Bellaphon (schwarze Schrift / schwarzer Rand)
Lügenmarsch	MLP (Picture)	1993	Metal Enterprises ME 530 Vertrieb: Bellaphon (schwarze Schrift / grauer Rand)
Lügenmarsch	MLP (Picture)	1993	Metal Enterprises ME 530 Vertrieb: Bellaphon (schwarze Schrift / grüner Rand)
Lügenmarsch	MLP (Picture)	1993	Metal Enterprises ME 530 Vertrieb: Bellaphon (schwarze Schrift / weißer Rand)
Lügenmarsch	MLP (Picture)	1993	Metal Enterprises ME 530 Vertrieb: Bellaphon (rote Schrift / schwarzer Rand)
Lügenmarsch	MLP (Picture)	1999	Metal Enterprises ME 530 Vertrieb: BEV Music AG (rosa Schrift)
Lügenmarsch	MLP (Picture)	1999	Metal Enterprises ME 530 Vertrieb: BEV Music AG (hellrote Schrift)
6 für Deutschland „Nichts ist für die Ewigkeit" / „So sind wir"	LP	1990	Metal Enterprises ME 539 Vertrieb: Bellaphon
Stolz „Stolz" / „Singen und tanzen"	Single	1990	Street Rock´n Roll SRR 010 (gelbes Label)
Stolz „Stolz" / „Singen und tanzen"	Single	1990	Street Rock´n Roll SRR 010 (braunes Label)

auch die folgenden Beiträge hin, in denen einige
Skinheads und Onkelz-Fans
selbst zu Wort kommen:]

Die *Böhsen Onkelz* haben jede Phase, die ein Deutscher durchmachen kann, durchlebt. Angefangen hatte es in den 80er Jahren mit Punk, dann kam eine sehr rechte Skinheadband auf den Markt, und später gab man sich mehr das Kleid eines Deutschrockers. Von rechten Symphonien wie "Deutschland den Deutschen" bis hin zu "Ihr seid schlimmer als Faschisten" haben uns die *Onkelz* so ziemlich alles vorgesungen, was man Leuten vorsingen könnte. Mit "Live in Vienna" kam schließlich eine Band 'raus, die eine Mischung aus Punk, Skinheadkult, Deutschrock und *Rio Reiser* zu sein schien, und das hat sich bis heute nicht geändert. Heute hört so ziemlich jeder die Musik oder hat zumindest eine CD zu Hause. Man kann *Onkelz*-Fans nicht einordnen. Es gibt Fußballfans, Bäcker bis hin zum gewöhnlichen Kleinkriminellen alle möglichen Arten von *Onkelz*-Begeisterten. Musikalisch hat diese Band von Punkrock über Oi! bis hin zu feinstem Deutschrock auf tollen Tonträgern deswegen natürlich alles zu bieten. Wir Menschen verändern uns natürlich alle. Ich weiß auch nicht, wie ich morgen denke. Ich setze mir und meiner Meinung jedenfalls keine Abzeichen mehr auf. Aber selbst wenn ich im Unterhemd auf die Straße gehe, bin ich noch mehr Skinhead als jeder im von Mutter gebügelten Ben Sherman's rumlaufende Modeaffe! Ich habe mein Leben nicht auf meine Eltern aufgebaut. Mein Vater ist seit zehn Jahren tot und meine Mutter lebt auf den Kanarischen Inseln. Früh bin ich deswegen auch meine eigenen Wege gegangen. Viele von den "rechten" Freunden haben sich mit 27 Jahren noch zu Hause versteckt. "Wenn ich meine Therapie zu Ende mache, dann kaufen mir meine Eltern ein neues Auto" - solchen Scheiß habe ich mal von einem *Onkelz*-Fan zu Ohren bekommen. Also der "ehemalige Rechte" hört nach meiner Erfahrung *Böhse Onkelz* sogar noch dann, wenn sie Kirchenlieder singen. Dabei mit im Gepäck die neue *Landser*, *Stahlgewitter* usw.. Hier gab's auch Leute, die sich für Boneheads hielten, die mit 24 Jahren zu Hause lebten und bei denen man sich erstmal die Stiefel ausziehen mußte, wenn man in die Wohnung kam. Deswegen konnte ich mich auch nie entschließen, ein *Onkelz*-Fan zu sein. Ich weiß ja nicht, ob die *Onkelz* mal den Leuten begegnet sind, die mal da und mal dort vom "Deutschtum" erzählen und von den "Kanaken, die uns die Arbeit wegnehmen". Weil man sich das genausowenig ewig reinziehen könnte!

Branko (33) aus Münster

Die *Onkelz* sind nicht links, nicht rechts, die *Onkelz* sind viel mehr. Man könnte es eine Art Ersatzreligion nennen. Die reden keinen Scheiß und sind ehrlich zu ihren Fans. Ich selbst zähle zur rechten Skinhead-Szene, aber wenn ich auf ein *Onkelz*-

»Die isolierten Gedanken und Gefühle der Menschen befreien!«

Haß „Haß" / „Was kann ich denn dafür"	Single	1990	Street Rock´n Roll SRR 011 (gelbes Label)
Haß „Haß" / „Was kann ich denn dafür"	Single	1990	Street Rock´n Roll SRR 011 (braunes Label)
Es ist soweit	LP	1990	Metal Enterprises ME 555 Vertrieb: Bellaphon
Es ist soweit	LP	1990	Metal Enterprises ME 555 Vertrieb: Bellaphon (weißes Vinyl)
Wir ham´ noch lange nicht genug	LP	1991	Bellaphon 260-09-068
Live in Vienna	DoLP	1992	Bellaphon 325-09-071
Ich bin in Dir „Ich bin in Dir" / „Heilige Lieder"	Single	1992	Bellaphon 100-09-069
Ich bin in Dir „Ich bin in Dir" / „Heilige Lieder" / „Gestern war heute noch morgen"	Maxi	1992	Bellaphon 120-09-070
Heilige Lieder	LP	1992	Bellaphon 260-09-072
Weiß	LP	1993	Bellaphon 260-09-73
Schwarz	LP	1993	Bellaphon 260-09-74
Gehasst, verdammt, vergöttert	2LP	1994	Bellaphon 335-09-009
Hier sind die Onkelz	LP (Picture)	1995	Virgin 840901-0 (Fehlpressung: „Hier sind die **Onkelz**")
Hier sind die Onkelz	LP (Picture)	1995	Virgin 840901-0
Viva Los Tioz	LP (Picture)	1998	Virgin 7243-84-6524-1-8

Konzert gehe, dann ist es mir egal, obder, der neben mir steht, links, rechts oder was auch immer ist. Da will ich nur eins: Onkelz hör'n!

Onkelz, das ist eine Art von Lebensgefühl. "Diese Lieder sagen mehr als tausend Worte, sie waren der Trost, der Freund in deinem Leben, wenn niemand bei dir war..." - Diese Zeilen sind nicht nur ein Onkelz-Text für mich, sondern sie beschreiben auch einen Teil meiner Beziehung zu den Onkelz an sich. Die Onkelz sind für mich wichtiger als alles andere. Ihre Texte handeln vom Leben, nicht von irgendwelchem kindischen Heile-Welt-Getue. Ihre Songs kann man immer hören: Wenn man dasitzt und nicht mehr weiter weiß, hört man sich ihre Songs an und hat das Gefühl, als wenn jemand sagt: "Hey, es geht weiter! Kopf hoch!" Wenn man feiert und es aus zwanzig Kehlen mindestens doppelt so laut wie aus den aufgedrehten Lautsprechern "Viva los Tioz" dröhnt, dann sind alle E.I.N.S..

Inga (16) aus Bodenfelde

Ich genieße die Tonträger der Band, seitdem ich mich selber dem Rebellentum angeschlossen haben; ich bin seit 1987 Skinhead, davor headbangte ich mir meinen Umgebungsfrust in der Heavy-Szene vom Leibe. Als ich das erste Mal die Onkelz hörte, waren sie selber keine Glatzen mehr, aber die "Skin-Texte" hatten einen sehr großen Einfluß auf mich. Ich selber rutschte dann irgendwie ins Fascho-Milieu ab, von dem sich die Onkelz mittlerweile distanziert hatten, und das Komische daran war, ich konnte mit den Onkelz immer noch verdammt viel anfangen! 1992 quittierte ich dann entschlossen meine Dienste an die rechte Szene und machte mein eigenes Ding.

Andy

Mittlerweile stellte ich fest, daß den Onkelz viel aus der Vergangenheit vorgeworfen und nachgeworfen wurde, und mir ging es als Aussteiger aus der rechte Szene auch nicht besser, und so saß ich mit den Onkelz im selben Boot. Nur fühlte ich mich wie in einem König- und Bauern-Spiel, da die Onkelz reichlich aus der Gosse raus waren und mittlerweile nach den Sternen griffen, so wie sie sich eigentlich immer gegeben hatten. Das ist wohl der feine Unterschied zwischen Band und Fan! Die Texte und die Musik waren allerdings für mich immer in greifbarer Nähe. Das war zunächst die einzige Verbindung zur Band, denn Onkelz-Gigs gab's zu der Zeit keine...

Andi (26) aus Wolfsburg

Seit 1997 bezeichne ich mich nun als Skinhead, und **ohne die Böhsen Onkelz wäre ich heute vielleicht immer noch so'n Tote-Hosen-Punk,** der sich den ganzen Tag Musik von irgendwelchen Kommerzkackern anhört und glaubt, Punk ist "Opium für's Volk".

Ungefähr 1996 hörte ich zum ersten Mal die Onkelz ganz zufällig auf einer mir überspielten Kassette. Es war der Song "Erinnerung", der bis heute zu meinen absoluten Onkelz-Lieblingsliedern gehört. Das einzige, was ich damals von den Onkelz wußte, war, daß sie wohl einmal Nazis gewesen sein sollten. Ich war fasziniert von diesem eigentümlichen Sound dieser Band, der heute für mich unverwechselbar ist. Also besorgte ich mir mehr von ihnen, doch interessiert mich mehr das ältere Material, da ich schon immer eher auf Streetsound als auf Studio-Profi-Kram stand. Als ich endlich das Album "Der nette Mann" bekam, haute es mich völlig aus den Socken. Es waren vielleicht die Texte, die viele Parallelen zu meinem Leben aufweisen. Es war vielleicht dieser einzigartige Kellerklang und dazu diese Gitarrensoli, bei denen es einem die Sprache verschlägt. Besonders haben es mir Lieder wie "Der nette Mann", "Neue Welle", "Deutschland", "Tanz auf dem Grab" und "Mädchen" angetan. Aber der Auslöser für mein steigendes Interesse am Skinhead-Kult waren Songs wie "Stolz" und "Vereint". Mich beeindruckte, daß man die Onkelz heute wie

BÖHSE ONKELZ

Discographie – Vinyl (Bootlegs & Counterfeits)

Titel	Format	Jahr	Label / Vertrieb / Anmerkungen
Der nette Mann	LP	1990	Counterfeit (schwarzes Cover / Poster)
Der nette Mann	LP	1990	Counterfeit (rotes Cover / Poster)
Der nette Mann	LP	1990	Counterfeit (rotes Cover)
Böse Menschen – böse Lieder	LP (Picture)	1996	Bootleg
Der nette Mann / Live in Berlin '86	LP	1991	Bootleg (schwarzes Vinyl / blaue Schrift auf Cover)
Der nette Mann / Live in Berlin '86	LP	1991	Bootleg (multi-coloured Vinyl / rote Schrift auf Cover)
Der nette Mann / Live in Berlin '86	LP	1993	Bootleg (schwarzes Vinyl / blaue Schrift auf Cover / anderes Label)
Böhse Onkelz – Demos & Diverse (auch bekannt als „Mülla Milch")	LP	1991	Bootleg (weißes Cover mit Aufkleber / Label rot - rot)
Böhse Onkelz – Demos & Diverse (auch bekannt als „Mülla Milch")	LP	1991	Bootleg (weißes Cover / Label schwarz - rosa)
Böhse Onkelz – Demos & Diverse (auch bekannt als „Mülla Milch")	LP	1991	Bootleg (kein Cover / Label orange - silber)
Spiel mir das Lied vom Tod / Live in Hannover 1995	LP (Picture)	1996	Bootleg
Live Party	LP	199?	Bootleg (gelbes Vinyl)
Live in Lübeck 1986	LP	199?	Bootleg
ohne Titel (auch bekannt als „Danke für nichts")	LP	1997	Bootleg (ltd. edition: 1000)

damals nicht musikalisch einordnen kann. Es ist kein typischer Oi!, kein typischer Punk, kein Metal und auch kein typischer Hardrock. Auch die Texte sind etwas ganz eigenes. Die Onkelz sind halt eine Musik für sich. Mich persönlich stört es nicht, daß sie keine Skinhead-Band mehr sind, weil jeder Mensch das Recht hat, sich zu ändern. Ich finde es gut, daß sie

»Man kann als Skinhead gar kein Nazi sein«

die unpolitischen (die einzig wahren Skinheads) heute nicht in den Dreck ziehen, sondern sich gegen die Vorwürfe, sie seien Nazis wehren. Die Onkelz konnten gar keine Faschos gewesen sein, denn wie kann man als Fascho "Punks und Skins im Zusammenhalt" singen und Ska-Lieder machen?

Als Skinhead hasse ich Politik, liebe schwarze Musik (Ska, Reggae, Rocksteady), gehe meinen eigenen Weg, ohne mich in irgendwelche politischen Ecken drängen zu lassen. Man kann als echter Skinhead kein Nazi sein. Als Glatze interessiere ich mich eher dafür, wo ich mit meinen Kumpels das nächste Bier trinke, und nicht dafür, daß Deutschland "deutsch" bleiben muß! So'n Scheiß! Und so dachten die Onkelz auch. Ich habe nichts gegen Patrioten, doch Nazis hasse ich wie die Pest, und deshalb höre ich Böhse Onkelz und nicht irgendwelche Zillertaler Türkenjäger.

Eigentlich höre ich fast nur Ska, Reggae und Rocksteady. Harte Gitarrenmusik höre ich kaum. Doch da bilden die Böhsen Onkelz eine Ausnahme.

Salmi (18) aus Quedlinburg

Bis 1990 habe ich noch nie etwas von den Böhsen Onkelz gehört. Ganz allmählich, nach der Wende, hat sich bei mir, wie bei vielen, rechtsradikales Denken eingeschlichen. Ich war ein Mitläufer einer für mich heute absurden Denkweise. In dieser Zeit kamen Bands wie Störkraft, Sturmtruppen, Kahlkopf und viele andere in mein Leben, wie auch Böhse Onkelz. Mit dieser Musik lebte ich ca. zwei Jahre, die ich allerdings immer gezielter auswählte. Die extreme und radikale Musik verschwand allmählich. Die Texte wurden mir zu stupide, anders bei den Onkelz. Mit den LPs "Heilige Lieder", der "Weißen" und der "Schwarzen" änderte sich etwas in mir, ich wurde nachdenklich und begann zu zweifeln. Wo ich doch den rechten Skin-Kult gut fand, wo ich jemand war, der applaudierte, als es in Mölln und Rostock-Lichtenhagen brannte. Als ich mit den Titeln "Deutschland im Herbst" und "Schöne neue Welt" konfrontiert wurde, fühlte ich mich sehr leer und beschämt. Ich begann umzudenken. Sehr schnell wurde mir klar, daß das nicht mein Weg sein kann. Zu viele Widersprüche, ich begann zu sehen. Rasch entfernte ich mich von den hirnrissigen Argumenten von einst, ich konnte sie nicht mehr nachvollziehen. Ich war blind, vielleicht zu jung, um zu verstehen.

Die Onkelz wurden zu dieser Zeit mehr und mehr interessant für mich. In ihre Texte konnte ich mich hineindenken, weil ich genauso oder ähnlich dachte. Viele Titel halfen mir bei persönlichen Konflikten und scheinbar ausweglosen Situationen. Songs wie "Finde die Wahrheit", "Ich bin in dir" und "Ich bin so wie ich bin" öffneten mir die Augen immer mehr. Ich habe einen riesengroßen Respekt vor dieser Band, vor Stephan Weidner, dem Mann, der wie ich glaube einer der wenigen Menschen ist,

BÖHSE ONKELZ (Soloaktivitäten)

Discographie – Vinyl

Artist	Titel	Format	Jahr	Label / Vertrieb / Anmerkungen
Fucker	Fucker	LP	1988	Metal Enterprises ME 515 Vertrieb: Bellaphon (Soloprojekt von Gonzo)
Dance 2 Trance	Moon Spirits	2LP	1993	Logic Records / BMG 74321 15706 1 Vertrieb: BMG (Stephan spielt Gitarre)

Artist	Titel	Format	Jahr	Label / Vertrieb / Anmerkungen
SNAP	The Madman´s Return	LP	1992	Logic Records LOG LP 05 / BMG 212552 Vertrieb: BMG (Coverillustration von Kevin)
SNAP	The Madman´s Return	LP	1992	Logic Records LOG 05 / BMG 212552 Vertrieb: BMG (Coverillustration von Kevin; Glanzcover)

BÖHSE ONKELZ (Soloaktivitäten)

Discographie – CD (offizielle Veröffentlichungen)

Artist	Titel	Format	Jahr	Label / Vertrieb / Anmerkungen
SNAP	The Madman´s Return	CD	1992	Logic Records / BMG 262 552 Vertrieb: BMG (Coverillustration von Kevin)
SNAP	The Madman´s Return	CD	1992	Logic Records / BMG 262 552 Vertrieb: BMG (Coverillustration von Kevin; Gold Edition)

die mich verstehen könnten. Ich glaube, wenn es diese Band nicht gegeben hätte, wäre mein Weg, wach zu werden, viel länger und weiter gewesen.

Nach wie vor höre ich noch alle Platten der Onkelz, vom "Netten Mann" bis zur Letzten. Nur sehe ich die Texte heute mit anderen Augen als vor zehn Jahren. Einerseits steckte schon damals eine gewisse Philosophie darin und nicht nur Fun. "Die Stunde des Siegers" nur als Beispiel. Der Song "Erinnerungen" bringt mir manchmal beim bloßen Gedanken an den Text Tränen in die Augen. Ein "Weichei" bin ich allerdings nicht.

Bei vielen Texten denke ich, mensch, das könnte ich genauso formuliert haben. Am meisten bewegt hat mich außer "Deutschland im Herbst" "H.". Ein Song, der mich noch abschreckender über Drogen denken ließ. Ich bin Onkelz-Fan, weil sie die einzige Band ist, die unglaublich viel Ehrlichkeit 'rüberbringt, die die Dinge beim Namen nennt. Eine Art autodidaktische Psychotherapie. Das Thema Böhse Onkelz ist so komplex, eben ein Ding für sich. So kontrovers wie genial, so wahnsinnig wie geistheilend. Eben "Götter in anderen Dimensionen". Ich kann sehr gut nachvollziehen, wie sich die Band in den letzten Jahren gefühlt haben muß, ständig mit Vorwürfen konfrontiert zu werden, sich ständig rechtfertigen zu müssen für ihre Vergangenheit. Ich selbst bin auch nicht mehr derselbe wie vor zehn Jahren, auch ich habe Fehler gemacht. Trotzdem bin ich auch noch heute das Arschloch von nebenan. Für mich sind diese Leute zu faul, sich neu zu informieren, es ist ja auch leichter.

Ich würde eine Menge dafür geben, mich einmal mit Stephan Weidner zu treffen und zu unterhalten. Für mich ein Mann, der zu dem steht, was er macht - wie ich. Mich ärgert es absolut, wenn ich sehe, daß sich Leute mit dem Namen Böhse Onkelz schmücken, wo stupides politisches Denken dahinter steht, und diese Band genauso darstellen, wie gewisse Medien es haben wollen. Ich hasse inzwischen jede Art von politischen Extremen, sie sind für mich alle zu radikal. Ich glaube, die Onkelz haben einen "guten Menschen" aus mir gemacht, ohne es zu wissen. Loyal und nicht engstirnig - nonkonform eben.

Marco (23) aus Hagenow

Fotografien: Boris Geilert/GAFF

BÖHSE ONKELZ

Discographie – CD (offizielle Veröffentlichungen)

Titel	Format	Jahr	Label / Vertrieb / Anmerkungen
Soundtracks zum Untergang 2 „Hippies" / „Religion"	CD	1992	Aggressive Rockproduktionen AG 0682 Vertrieb. Modern Music (ohne Nennung der Songs und des Bandnamens auf dem Cover)
Soundtracks zum Untergang 2 „Hippies" / „Religion"	CD	1992	Aggressive Rockproduktionen AG 0682 Vertrieb: Modern Music (mit Nennung der Songs auf dem Cover / kleine weiße Schrift)
Soundtracks zum Untergang 2 „Hippies" / „Religion"	CD	1992	Aggressive Rockproduktionen AG 0682 Vertrieb: Modern Music (mit Nennung der Songs auf dem Cover / große rote Schrift)
Böse Menschen – böse Lieder	CD	1989	Rock-O-Rama RCD 101 (silberne Schrift / schwarzer Grund)
Böse Menschen – böse Lieder	CD	1989	Rock-O-Rama RCD 101 (silberne Schrift / schwarzer Grund auf der ganzen CD)
Böse Menschen – böse Lieder	CD	1989	Rock-O-Rama RCD 101 (schwarze Schrift)
Böse Menschen – böse Lieder	CD	1989	Rock-O-Rama 41125*RCD 101#1 (schwarze Schrift)
Mexico	CD	1998	Rock-O-Rama ALCD 22 (auf CD: CD 419+ALCD2)
No Surrender! Vol. 1&2 „Ich mag" / „Hässlich"	CD	1991	Rock-O-Rama RCD 123 (schwarze Schrift)
Onkelz wie wir	CD	1987	Metal Enterprises ME 507 CD Vertrieb: Bellaphon (schwarze Schrift)
Onkelz wie wir	CD	199?	Metal Enterprises ME 507 CD Vertrieb: Bellaphon (schwarze Schrift / weißer Grund)
Onkelz wie wir	CD	199?	Metal Enterprises ME 507 CD Vertrieb: Bellaphon

			(schwarze Schrift / weißer Grund; Cover unscharf)
Onkelz wie wir	CD	199?	Metal Enterprises ME 507 CD Vertrieb: Bellaphon (Gold Edition; schwarze Schrift)
Onkelz wie wir	CD	199?	Metal Enterprises ME 507 CD Vertrieb: Bellaphon (Gold Edition; kein Aufdruck)
Onkelz wie wir	CD	199?	Metal Enterprises ME 507 Vertrieb: Bellaphon (Fehlpressung: CD halbseitig bedruckt)
Onkelz wie wir	CD	1998	Metal Enterprises ME 507 CD Vertrieb: BEV Music AG (gelbe Schrift / schwarzer Grund)
Freitag Nacht	CD	1999	Rock-O-Rama ALCD 043 (schwarze Schrift)
Freitag Nacht / Mexico	CD	1989	Rock-O Rama RCD 102 (silberne Schrift / schwarzer Grund)
Freitag Nacht / Mexico	CD	1989	Rock-O Rama RCD 102 (schwarze Schrift)
Freitag Nacht / Mexico	CD	1989	Rock-O Rama RCD 102 (kleine schwarze Schrift)
Freitag Nacht / Mexico	CD	1998	Rock-O Rama ALCD 2 (auf CD: CD 354+ALCD 2; kleine schwarze und blaue Schrift)
Freitag Nacht / Mexico	CD	1998	Rock-O Rama ALCD 2 (auf CD: CD 354+ALCD 2; schwarze und blaue Schrift)
Freitag Nacht / Mexico (Fehlpressung: „Was kann ich denn dafür?")	CD	1998	Rock-O Rama ALCD 2 (auf CD: CD 356+ALCD 1; schwarze und blaue Schrift)
Hässlich	CD	1992	Rock-O-Rama RCD 169 (schwarze Schrift)
Kneipenterroristen	CD	1988	Metal Enterprises ME519 CD Vertrieb: Bellaphon (Cover-Balken orange; ME- Logo)
Kneipenterroristen	CD	199?	Metal Enterprises ME519 CD Vertrieb: Bellaphon

			(Cover-Balken weiß)
Kneipenterroristen	CD	199?	Metal Enterprises ME519 CD Vertrieb: Bellaphon (Cover-Balken weiß; ME-Logo)
Kneipenterroristen	CD	199?	Metal Enterprises ME519 CD Vertrieb: Bellaphon (Cover-Balken weiß; doppelter Aufdruck)
Kneipenterroristen	CD	199?	Metal Enterprises ME519 CD Vertrieb: Bellaphon (Gold Edition; schwarze Schrift)
Kneipenterroristen	CD	1998	Metal Enterprises ME519 CD Vertrieb: BEV Music AG (gelbe Schrift / schwarzer Grund)
Lügenmarsch	CD	1998	Metal Enterprises ME 530 CD (gelbe Schrift / blauer Grund & blaue Schrift / gelber Grund)
6 für Deutschland „Nichts ist für die Ewigkeit" / „So sind wir"	CD	1990	Metal Enterprises ME 539 CD Vertrieb: Bellaphon
Es ist soweit	CD	1990	Metal Enterprises ME 555 CD Vertrieb: Bellaphon (silberne Schrift / schwarzer Grund)
Es ist soweit	CD	1990	Metal Enterprises ME 555 CD Vertrieb: Bellaphon (silberne Schrift / schwarzer Grund; Cover unscharf)
Es ist soweit	CD	1990	Metal Enterprises ME 555 CD Vertrieb: Bellaphon (silberne Schrift / schwarzer Grund; Songliste innen)
Es ist soweit	CD	199?	Metal Enterprises ME 555 CD Vertrieb: Bellaphon (rosa Schrift / rosa schwarzer Grund; Cover grün)
Es ist soweit	CD	199?	Metal Enterprises ME 555 CD Vertrieb: Bellaphon (rosa Schrift / rosa schwarzer Grund; Cover grau)
Es ist soweit	CD	199?	Metal Enterprises ME 555 CD Vertrieb: Bellaphon

			(blaue Schrift / schwarzer Grund)
Es ist soweit Fehlpressung: „Onkelz wie wir"	CD	199?	Metal Enterprises ME 555 CD Vertrieb: Bellaphon (auf CD: ME 507 CD)
Es ist soweit	CD	199?	Metal Enterprises ME 555 CD Vertrieb: Bellaphon (Gold Edition; silberne Schrift / schwarzer Grund)
Es ist soweit	CD	199?	Metal Enterprises ME 555 CD Vertrieb: Bellaphon (Gold Edition; kein Aufdruck; Cover grün)
Es ist soweit	CD	199?	Metal Enterprises ME 555 CD Vertrieb: Bellaphon (Gold Edition; kein Aufdruck; Cover grau)
Es ist soweit	CD	1998	Metal Enterprises ME 555 CD Vertrieb: BEV Music AG (rosa Schrift / weißer Grund)
Wir ham´noch lange nicht genug	CD	1991	Bellaphon 290 09 068
Wir ham´noch lange nicht genug	CD	199?	Bellaphon 290 09 068 (heller Aufdruck; weißes CD-Tray)
Wir ham´noch lange nicht genug	CD	199?	Bellaphon 290 09 068 (rote Schrift / orange-braunes Bild)
Wir ham´noch lange nicht genug	CD	199?	Bellaphon 290 09 068 (orange Schrift / orange-braunes Bild)
Wir ham´noch lange nicht genug	CD	199?	Bellaphon 290 09 068 (gelbe Schrift / grünes Bild)
Wir ham´noch lange nicht genug	CD	199?	Bellaphon 290 09 068 (silberne Schrift / blaues Bild)
Wir ham´noch lange nicht genug	CD	199?	Bellaphon 290 09 068 (kein Aufdruck)
Wir ham´noch lange nicht genug	CD	1991	Bellaphon 290 09 068 (Gold Edition)
Live in Vienna	CD	1992	Bellaphon 290 09 071 (schwarze Schrift / weißer Grund)
Live in Vienna	CD	1992	Bellaphon 290 09 071 (schwarze Schrift / weißer Grund; (Fehlpressung: „**öhse** Onkelz")

	Live in Vienna	CD	1992	Bellaphon 290 09 071 (schwarze Schrift; Fehlpressung: „öhse Onkelz")
	Live in Vienna	CD	1992	Bellaphon 290 09 071 (schwarze Schrift / weißer Grund; Fehlpressung: $^2/_3$ bedruckt)
	Ich bin in Dir „Ich bin in Dir" / „Heilige Lieder" / „Gestern war heute noch morgen"	MCD	1992	Bellaphon 130 09 070 (rote Schrift; Interpress-Aufdruck in der Mitte)
	Ich bin in Dir „Ich bin in Dir" / „Heilige Lieder" / „Gestern war heute noch morgen"	MCD	1992	Bellaphon 130 09 070 (rote Schrift)
	Ich bin in Dir „Ich bin in Dir" / „Heilige Lieder" / „Gestern war heute noch morgen"	MCD	1992 / 1998	Bellaphon 130 09 070 (orange Schrift; Cover hell orange)
	Ich bin in Dir „Ich bin in Dir" / „Heilige Lieder" / „Gestern war heute noch morgen"	MCD	1992 / 1998	Bellaphon 130 09 070 (dunkel orange Schrift)
	Ich bin in Dir „Ich bin in Dir" / „Heilige Lieder" / „Gestern war heute noch morgen"	MCD	1992 / 199?	Bellaphon 130 09 070 (hell braune Schrift)
	Heilige Lieder	CD	1992	Bellaphon 290 09 072 (Cover-Balken gelb–blau, Schrift weiß)
	Heilige Lieder	CD	1992	Bellaphon 290 09 072 (Cover-Balken gelb–blau, Schrift weiß; Gold Edition für 250.000 verkaufte Scheiben)
	Heilige Lieder	CD	1992	Bellaphon 290 09 072 (Cover-Balken gold–blau, Schrift weiß)
	Heilige Lieder	CD	1992	Bellaphon 290 09 072 (Cover-Balken gelb-blau, Schrift schwarz)
	Heilige Lieder	CD	1992	Bellaphon 290 09 072 (Cover-Balken gold–blau, Schrift weiß; Fehlpressung: „Böhse **Onk**")
	Heilige Lieder	CD	1992	Bellaphon 290 09 072 (Cover-Balken silber–blau, Schrift weiß; Fehlpressung: „Böhse **Onk**")
	Heilige Lieder	CD	1992	Bellaphon 290 09 072 (Cover-Balken weiß–silber, Schrift rot)
	Heilige Lieder	CD	1992	Bellaphon 290 09 072

			(Cover-Balken rot–schwarz, Schrift weiß)
6 für Deutschland 2 „Könige für einen Tag" & „Lügenmarsch"	CD	1992	Metal Enterprises ME 564 CD Vertrieb: Bellaphon
Könige für einen Tag	CD	1992	Metal Enterprises IP ME 565 M2 Vertrieb: Bellaphon (Interpress-Aufdruck in der Mitte)
Könige für einen Tag	CD	1992	Metal Enterprises IP ME 565 M2 Vertrieb: Bellaphon (Interpress-Aufdruck in der Mitte; Gold Edition)
Könige für einen Tag	CD	1992	Metal Enterprises ME 565 CD Vertrieb: Bellaphon (kein Interpress-Aufdruck)
Könige für einen Tag	CD	1992	Metal Enterprises Vertrieb: Bellaphon (kein Interpress-Aufdruck, keine CD-Nummer)
Könige für einen Tag	CD	1992	Metal Enterprises 565 Vertrieb: Bellaphon (kein Interpress-Aufdruck; schwarze Schrift)
Könige für einen Tag	CD	1992	Metal Enterprises 565 Vertrieb: Bellaphon (kein Interpress-Aufdruck; kein Aufdruck)
Weiß	CD	1993	Bellaphon 290 09 073 (silberne Schrift / weißer Grund)
Weiß	CD	1993	Bellaphon 290 09 073 (Gold Edition)
Weiß	CD	1993	Bellaphon 290 09 073 (Gold Edition; kein Aufdruck)
Schwarz	CD	1993	Bellaphon 290 09 074 (silberne Schrift / schwarzer Grund)
Schwarz	CD	1993	Bellaphon 290 09 074 (silberne Schrift / schwarzer Grund; auf rechter Seite grauer Grund)
Schwarz	CD	1993	Bellaphon 290 09 074 (Fehldruck auf Cover: Frontcover ohne „Böhse Onkelz"-Schriftzug, innen weitere Fehler)
Schwarz	CD	199?	Bellaphon 290 09 074 (Fehldruck auf Coverrückseite: Symbole nicht vollständig)

Schwarz Fehlpressung: „Wir ham´noch lange nicht..."	CD	1993	Bellaphon 290 09 074 (auf CD: 290 09 068)
Gehasst, verdammt, vergöttert	2CD	1994	Bellaphon 292 09 009 (CD-Hülle mit Aufschrift: ...die letzten Jahre)
Gehasst, verdammt, vergöttert	2CD	1994	Bellaphon 292 09 009 (CD-Hülle mit Aufschrift: ...die letzten Jahre; Aufdruck mit Farbabweichungen)
Gehasst, verdammt, vergöttert	2CD	1994	Bellaphon 292 09 009 (CD-Hülle ohne Aufschrift; Aufdruck mit Farbabweichungen)
Gehasst, verdammt, vergöttert	2CD	199?	Bellaphon 292 09 009 (CD-Hülle mit Aufschrift: ...die letzten Jahre; Aufdruck mit Farbabweichungen; Aufdruck auf CD 2 unscharf mit weißem Rand)
Finde die Wahrheit „Finde die Wahrheit"	MCD	1995	Virgin E.U.VGP 000048 (Promotion-CD in Karton)
Finde die Wahrheit „Finde die Wahrheit" / „Benutz´ mich" / „Weiß"	MCD	1995	Virgin EU 8932412
Hier sind die Onkelz	CD	1995	Virgin E.U. 7243 8409012 8 (weiße Schrift / roter Grund)
Hier sind die Onkelz	CD	1995	Virgin 7243 8409012 8 (weiße Schrift / roter Grund)
Hier sind die Onkelz	CD	1995	Virgin 8409012 (weiße Schrift / roter Grund))
Hier sind die Onkelz	CD	1995	Virgin 8409012 (weiße Schrift / schwarzer Grund)
Hier sind die Onkelz	CD	1995	Virgin 8409012 (weiße Schrift / blauer Grund)
Hier sind die Onkelz	CD	1995	Virgin 8409012 (weiße Schrift / gelber Grund)
Hier sind die Onkelz	CD	1995	Virgin 8409012 (weiße Schrift / grüner Grund)
Hier sind die Onkelz	CD	1995	Virgin 8409012 (weiße Schrift / lila Grund)
Hier sind die Onkelz	CD	1995	Virgin 8409012 (weiße Schrift / rosa Grund)
Hier sind die Onkelz	CD	1995	Virgin 8409012

			(silberne Schrift / weißer Grund)
Hier sind die Onkelz	CD	1995	Virgin 8409012 (kein Aufdruck)
Hier sind die Onkelz	CD	1995	Virgin 8409012 (weiße Schrift / roter Grund; Coverrückseite unscharf)
Hier sind die Onkelz Fehlpressung: „E.I.N.S."	CD	1996	Virgin 8409012 (auf CD: 8423492)
Böhse Onkelz (auch bekannt als „Digital World")	CD	1995	Bellaphon 290 09 076 (schwarze Hülle / silberne Aufschrift)
Böhse Onkelz (auch bekannt als „Digital World")	CD	1995	Bellaphon 290 09 076 (normale Hülle)
E.I.N.S.	CD	1996	Virgin E.U. 8423492
E.I.N.S.	CD	1996	Virgin 8423492 (dunkler Aufdruck)
E.I.N.S.	CD	1996	Virgin 8423492 (Fehldruck: Song 2 fehlt auf Coverrückseite)
E.I.N.S. Fehlpressung: „Hier sind die Onkelz"	CD	1996	Virgin 8423492 (auf CD: 8409012; weißes Bild / schwarzer Grund")
E.I.N.S. Fehlpressung: „Hier sind die Onkelz"	CD	1996	Virgin 8423492 (auf CD: 8409012; weißes Bild / blauer Grund))
Live in Dortmund	2CD	1997	Virgin 844708 2 1 CD 1: 844709 2 0 / CD 2: 844710 2 6
Danke für nichts	CD	1997	VGP 000173 CD und Buch: 845060 2-990 (nur erhältlich in Verbindung mit der Erstauflage des Buches „Danke für nichts"; ltd. ed.: 25000)
Was kann ich denn dafür	CD	1998	Rock-O-Rama ALCD 1 (auf CD: CD356+ALCD 1; Wiederveröffentlichung von „Böse Menschen – böse Lieder" mit verändertem Cover und ohne den Song „Die Stunde des Siegers")
Buch der Erinnerung (Best of '91 - '93)	CD	1998	Bellaphon 290 09 079 (silber-braun / schwarzer Grund)
Buch der Erinnerung (Best of '91 - '93)	CD	1998	Bellaphon 290 09 079 (silber-braun / schwarzer Grund; Aufkleber mit Text: „Aufnahmen aus den Jahren 1991 – 1994")

Buch der Erinnerung (Best of '91 - '93)	CD	1998	Bellaphon 290 09 079 (silber-braun / schwarzer Grund; Aufdruck mit Text: „Aufnahmen aus den Jahren 1991 – 1994")
Buch der Erinnerung (Best of '91 - '93)	CD	1998	Bellaphon 290 09 079 (schwarz / silberner Grund; Aufdruck mit Text: „Aufnahmen aus den Jahren 1991 – 1994")
Buch der Erinnerung (Best of '91 - '93)	CD	1998	Bellaphon 290 09 079 (Fehldruck: breiter Farbstreifen; schwarz / silberner Grund; Aufdruck mit Text: „Aufnahmen aus den Jahren 1991 – 1994")
Buch der Erinnerung (Best of '91 - '93)	CD	1998	Bellaphon 290 09 079 (gelb-grün / blau-roter Grund)
Buch der Erinnerung (Best of '91 - '93)	CD	1998	Bellaphon 290 09 079 (gelb-grün / grau-schwarzer Grund)
Buch der Erinnerung (Best of '91 - '93)	CD	1998	Bellaphon 290 09 079 (gelb-orange / silber-roter Grund)
Buch der Erinnerung (Best of '91 - '93)	CD	1998	Bellaphon 29979 (braun / schwarzer Grund; keine Songtexte)
Nur die Besten sterben jung	MCD	1998	Bellaphon 130 09 072 (CD-Aufdruck: nur Datum im Kreuz; Cover-Aufdruck: nur Datum im Kreuz)
Nur die Besten sterben jung	MCD	1998	Bellaphon 130 09 072 (Fehldruck: CD-Aufdruck halbseitig weiß / nur Datum im Kreuz; Cover-Aufdruck: nur Datum im Kreuz)
Nur die Besten sterben jung	MCD	1998	Bellaphon 130 09 072 (CD-Aufdruck: Datum & „Trimmi" im Kreuz; Cover-Aufdruck: nur Datum im Kreuz)
Nur die Besten sterben jung	MCD	1998	Bellaphon 130 09 072 (CD-Aufdruck: Datum & „Trimmi"im Kreuz; Cover-Aufdruck: Datum & „Trimmi" im Kreuz)
Terpentin „Terpentin" / „Weit weg" / „11/97"	MCD	1998	Virgin E.U. 8952662 (Digipack)
Terpentin	2CD	1998	EMI UDEN VGP 000209 & EMI UDEN 8952662 (Promotion CDs: 1.: Terpentin-MCD; 2.: Radio EPK-Interview)
Viva Los Tioz	CD	1998	Virgin E.U. 8465242

			(Digipack; schwarz / silberner Grund)
Viva Los Tioz	CD	1998	Virgin E.U. 8465242 (Digipack; schwarz / grauer Grund)
Viva Los Tioz	CD	1998	Virgin ?? ?? (Promotion-CD in normaler Hülle; kein Cover)
11/97 (Böhse Onkelz Tour 1998)	MCD	1998	cuba GmbH Berlin 9711011 (shape-CD als Eintrittskarte)
Dunkler Ort „Dunkler Ort" / „Schutzgeist der Scheiße" / „Signum des Verrats" / CD-ROM-Track	MCD	2000	Virgin 896493 0 (Digipack)
Ein böses Märchen ...aus tausend finsteren Nächten	CD	2000	Virgin 849145 2 (Digipack)

BÖHSE ONKELZ

Discographie – CD (Bootlegs & Counterfeits)

Titel	Format	Jahr	Label / Vertrieb / Anmerkungen
1995 – Jetzt geht die Party richtig los	CD	1995	?? ?? CD 1 E-605–1 / CD 2 E-605-2 *und Abart*
20 Jahre Böhse Onkelz / 4CD Jubiläumsbox	4CD	2000	?? ?? Leo 1 / Part 2 / BO001 / RR02 *und Abarten*
20 Jahre Böhse Onkelz / 4CD Jubiläumsbox (Nr. 2)	4CD	2000	?? ?? RCD 100 / RCD 101 / 565 / 8409012 *und Abarten*
4 unterm H.	CD	1997	?? ??
4 unterm H = Nie wieder!	CD	1997	?? ??
Adolf H. lebt!	CD	2000	Skinhead Production 2000 ?? ??
Alte Zeiten Box	3CD	2000	?? ??
Alte Zeiten inkl. Harakiri	CD	1997/98	?? ?? MA 01
Alte Zeiten Teil 2 (Pogowahn)	CD	1998	?? ?? MA 02 (CD Nr.BO-2) *und Abarten*
Alte Zeiten Teil 3 (Alte Freunde)	CD	1998	?? ?? MA 03 *und Abarten*
Auf gute Freunde / Live Erfurt '98	2CD	1999	?? ??
Baja	CD	2000	?? ??
Balladen / Die schönsten Balladen	CD	1999	?? ?? *und Abart*
Berühmt & Berüchtigt	CD	1997	?? ?? BO 8079 *und Abarten*
Best of 1984-1996	CD	1998	Bruno Baumann Productions GmbH ?? ??

Best of 1984-1998	2CD	1998	?? ??
Best of 3	CD	2000	Onkelz wie wir Records ?? ??
Best of 82-88	CD	1996	A.G.
Best of 89-96	CD	1996	A.G.
BO / Limited Collectors Series / Part 1	2CD	1998	?? ??
BO / Limited Collectors Series / Part 2	CD	1998	?? ??
BO / Limited Collectors Series / Part 3	CD	1998	?? ??
BO / Limited Collectors Series / Part 4	CD	1998	?? ??
BO / Limited Collectors Series / Part 5	CD	1999	?? ??
Böhse Onkelz – Alle Demos der Onkelz von '79-'83	CD	1999	?? ??
Böhse Onkelz, gute Onkelz Eine Band, ihre Fans und ein Tabu	CDRom	1998	?? ??
Böhse Onkelz Datenbank	CDRom	1995-98	?? ??
Böhse Onkelz Demos '79	CD	1999	?? ??
Böhse Onkelz Demos '81	CD	1999	?? ??
Böhse Onkelz Demos '82	CD	1999	?? ??
Böhse Onkelz Demos '83	CD	1999	?? ??
Böhse Onkelz die MPEG's	CD	1999	Wennto '99
Böhse Onkelz unterm H.	CD	19??	?? ??
Böse Menschen – böse Lieder	CD	1999	?? (Rock-O- Rama) RCD 101 (Digipack)
Böse Menschen – böse Lieder	CD	2000	?? (Rock-O-Rama) RCD 101 (Metalbox) *und Abarten*
Böse Menschen – böse Lieder Box	3CD	2000	?? ??
Böse Menschen, böse Lieder & Mexico	CD	1998	ACUM BO 101 *und Abarten*
Böse Menschen, böse Lieder & Raritäten	CD	1998	?? ?? BO-BMBL 630

Danket dem Herrn	2CD	199?	?? ??
Das Album zur Tour / Live in Erfurt Thüringen Halle am 5.November 1998	2CD	1999	?? (Virgin) LEO 1 & LEO 2 *und Abart*
Das Feindbild – Vienna 1998	CD	1999	?? ?? VIT CD 002
Das Problem bist Du	CD	1998	?? ?? *und Abart*
Deftiges nach Art des Hauses	CD	1998	Walnuß Tonträger Directori 13.0001
Demo Box	CD	2000	?? ??
Der nette Mann	CD	1998	Scary Records *und Abarten*
Der nette Mann & Demos	CD	1992-93	Ady Arfschick GZ IO 20 *und Abarten*
Der nette Mann Live in Lübeck ´85	CD	1998	?? ?? *und Abarten*
Desperados –Schwerin 1998	CD	1999	?? ?? VIT CD 005
Deutschland den Onkelz	CD	2000	?? ?? *und Abart*
Deutschland im Herbst – Hamburg 18.10.95	CD	1998	Bruno Baumann Productions GmbH ?? ??
Die Jubiläums CD – 1980-2000	CD	2000	?? ??
Die Pflicht der Gentlemen / Tour 1995	CD	1996	Rabbit Records RR-GW 96
Die Stunde des Siegers = Die R-O-R-Jahre	CD	1998	?? (Rock-O-Rama) RCD 666 *und Abarten*
Die Wahrheit erschließt sich nicht immer auf den ersten Blick!	CD	2000	Kraft durch BO Records ?? ??
Die Welt wird uns nicht übersteh´n!	CD	2000	?? ??
Dortmund 1999 Teil 1	CD	1999	?? ??
Dortmund 1999 Teil 2	CD	1999	?? ??
Ein langer Weg	CD	2000	?? ??

Ein Mensch wie Du und ich / Rüsselsheim 1986	CD	1997	Alptraummelodie ATM 1 *und Abarten*
Erinnerungen	CD	?	Early Music Germany TIJ 1119 *und Abarten*
Fahrt zur Hölle / Radio Bremen Teil 1	CD	1997	?? ??
Fahrt zur Hölle / Radio Bremen Teil 2	CD	1997	?? ??
Fanatorium	CD	?	Bonk Rec. BONK 333 *und Abarten*
Freddy Krüger´s Nightmare 1 & 2	2CD	199?	?? ??
Frankfurt 1996	CD	1999	?? ??
Frankreich ´84	CD	199?	?? ??
Freddy Krüger – Der nette Mann (von nebenan)	CD	1997	Just the Best ?? ??
Freddy Krüger – Ein guter Freund	CD	1997	Just the Best ?? ??
Freddy Krüger – Fahrt zur Hölle	CD	1997	Just the Best ?? ??
Freddy Krüger – Ich bin in Dir (Die Balladen)	CD	1999	Just the Best ?? ??
Freddy Krüger Box	3CD	2000	?? ??
Freddy Krüger´s Nightmare / Das Grauen hat einen Namen	CD	1997	Freddy Krüger Produktion Freddy I
Freddy Krüger´s Nightmare 1	CD	?	?? ?? THLP 2
Freddy Krüger´s Nightmare 2	CD	?	?? ?? THLP 3
Freddy Krüger´s Rückkehr 1 / Live in Offenbach ´91	CD	1998	?? ??
Freddy Krüger´s Rückkehr 2 / Live in Offenbach ´91	CD	1998	Freddy Krüger Produktion ?? ??
Freddy´s New Nightmare / Das Grauen hat wieder einen Namen	CD	1997	Freddy Krüger Produktion Freddy 2
Freitag der 13. (Best of)	CD	1998	?? ??

Freitag Nacht & Mexico & Hässlich	CD	1998	?? ?? RR01 *und Abarten*
Freitag Nacht / Böse Menschen, böse Lieder	CD	199?	?? ??
Freitag Nacht / Mexico	CD	1989-99	?? (Rock-O-Rama) RCD 102 *und Abarten*
Freitag Nacht Box	CD	2000	?? ??
Fürchte Deinen nächsten wie dich selbst	2CD	1998	?? ?? CD1: OK-3345-1 CD2: OK-3345-2 *und Abarten*
Geiselwind 95 Teil 1	CD	1997-98	?? ??
Geiselwind 95 Teil2	CD	1997-98	?? ??
Hallowien / Vienna '98 (24.10.98)	CD	1999	?? ??
Hausmannskost	CD	1995	Haselnuß Tonträger / Bonhkonk Bonhkonk 00951 *und Abarten*
Heute trinken wir richtig / Keiner kommt hier lebend raus	CD	1995	Bösewicht Tonträger BW-081501 *und Abarten*
Hier sind die Onkelz Box	3CD	2000	?? ??
Hier sind wir / Live in Geiselwind	CD	1995	?? ?? *und Abart*
Himmel & Hölle	CD	1998	?? ?? BOS 002 *und Abarten*
Ihr seid die Geilsten	CD	1999	BO Produktion '99 ?? ??
Ihr sollt den Tag nicht vor dem Abend loben	CD	2000	?? ??
Immer mehr	CD	2000	?? ??
Instrumental	CD	1999	?? ?? *und Abart*
Interview '98	CD	1999	?? ??
Interviews & Reaktionen / Radio & TV Berichte (1)	CD	1999	?? ??

	Interviews & Reaktionen / Radio & TV Berichte (2)	CD	1999	?? ??
	Interviews & Reaktionen / Radio & TV Berichte (3)	CD	1999	?? ??
	Interviews & Reaktionen / Radio & TV Berichte (4)	CD	1999	?? ??
	Interviews & Reaktionen / Radio & TV Berichte (5)	CD	1999	?? ??
	Interviews & Reaktionen / Radio & TV Berichte (6)	CD	1999	?? ??
	Interviews & Reaktionen / Radio & TV Berichte (7)	CD	1999	?? ??
	Interviews & Reaktionen / Radio & TV Berichte (8)	CD	1999	?? ??
	Interviews & Reaktionen / Radio & TV Berichte (9)	CD	1999	?? ??
	Jahresbox 1985	CD	2000	?? ??
	Jahresbox 1986	CD	2000	?? ??
	Jahresbox 1989	CD	2000	?? ??
	Jahresbox 1991	CD	2000	?? ??
	Jahresbox 1995	CD	2000	?? ??
	Jahresbox 1996	CD	2000	?? ??
	Jahresbox 1998	CD	2000	?? ??
	Jenseits von gut und böse	CD	1998	Stahlgewitter / Blitz Vertrieb 869001-1
	Karlsruhe 17.10.1998	CD	1999	?? ??
	KdF Bunker Berlin 09.11.85	CD	199?	?? ?? *und Abarten*
	Kevin Russell Top Ten der Onkelz	CD	2000	?? ??
	Kiel 1995 Teil 1	CD	1999	?? ??
	Kiel 1995 Teil 2	CD	1999	?? ??
	Kill the Hippies	CD	1999	?? ?? *und Abarten*
	König der Schlümpfe	CD	1999	?? ??
	Könige für 1 Tag & Live Berlin '86	CD	?	ACUM

			BO 565 *und Abarten*
Kraft durch Böhse Onkelz! / Von FFM Punx...zu Bunker-Skins	CD	1998	?? ?? BOFW 8184 *und Abart*
Lack & Leder	CD	1997	Horn rec. Volksbote *und Abart*
Laßt es uns tun	CD	2000	?? ??
Laßt euch nicht verarschen	CD	2000	?? ??
Lieder vom Tod	CD	199?	?? ??
Lieder wie Orkane / Limited Edition	CD	1996	?? ?? LMV 96 *und Abart*
Lieder wie Orkane 3 / Live Dortmund 1999	CD	1999	?? ?? LWO 3000
Live am 29.06.1994 in Bremen & Demos '82	CD	1995	Horn rec. ?? ?? *und Abart*
Live Berlin '85	CD	1997	?? ?? J.B.33 *und Abart*
Live Compilation & Cover Versions (Lack & Leder)	CD	1995	Horn rec.-Volksbote *und Abart*
Live Dietzenbach 1996	CD	199?	?? ??
Live in Berlin '86	CD	1995	?? ?? MBRCD 9027 *und Abart*
Live in Bremen – 28.6.94	CD	1997	Scary Recordz ?? ??
Live in Bremen 1994 & Demos	CD	2000	Horn Records ?? ??
Live in Dortmund	CDRom	1998	?? ??
Live in Dortmund 2.7.1999	2CD	1999	?? ??
Live in Erfurt & Bonus Vienna 1998 Episode 2	2CD	1999	?? ?? LEI 05.11.1998-1-&LEI 2
Live in Erfurt '98	2CD	1998	Freddy Krüger Records '98 SWCD98

Live in Erlensee 1991	CD	?	?? ??
Live in Geiselwind 1995	CD	?	?? ??
Live in Hamburg	CD	1999	?? ??
Live in Hannover MusicHall 15.10.95	CD	1995	?? ?? HTS 95 *und Abart*
Live in Minden 1994	CD	?	?? ??
Live in Offenbach	CD	1989	?? ?? *und Abart*
Live in Rüsselsheim '86	2CD	1998	?? ??
Live in Schwerin	2CD	1998	?? ??
Live in Wiesbaden Vol.1	CD	1998	?? ?? *und Abart*
Live Lübeck 1985 – Signum des Verrats	CD	2000	Der böhse Mann Production ?? ??
Live on Tour 1995 Vol.1	CD	1995	?? ??
Live Party	CD	2000	?? ??
Lübeck '85 – Der nette Mann	CD	199?	Das Tier 1985 ?? ??
Matthias „Gonzo" Röhr Top Ten der Onkelz	CD	2000	?? ??
Maxi´s Complete	CD	1999	?? ??
Mensch / Live in Bremen 20.11.94	CD	1998	?? ?? *und Abarten*
More Rarities (= Rarities and more 2)	CD	1999	?? ??
Mülla Milch	CD	199?	?? ??
Mülla Milch präsentiert Böhse Onkelz Die Demos	CD	199?	?? ??
Necronomicon	CD	1991	?? ?? TSD Bonk 777 *und Abarten*
Nette Menschen, nette Lieder	CD	?	?? ?? Bonk 94 auf Cover Bonk 666 auf CD
Nichts ist für die Ewigkeit (1980-1996)	CD	?	?? ?? BO 4711

				und Abarten
	Nitro Volume 1	CD	1998	?? ??
	Nitro Volume 2	CD	1998	?? ??
	Nitro Volume 3	CD	1998	?? ??
	Nonstop...	CD	1999	?? ?? VTT CD 001
	Noreia – Mutter Erde	CD	2000	?? ??
	Northeim 1995	2CD	199?	?? ??
	Northeim Calling	2CD	1995	Freddy Krüger GmbH ?? ??
	Onkelz in Höchstform	CD	1996	?? ??
	Peter „Pe" Schorowsky Top Ten der Onkelz	CD	2000	?? ??
	Pogowahn	CD	1998	?? ??
	Power Onkelz / Live Dortmund 1996	CD	1996	?? ??
	Radio EPK 1998	CD	1998	?? ??
	Raritäten	CD	2000	?? ??
	Rarities and more	CD	1998	?? ??
	Rätsel des Lebens	CD	1995	Fredy Krüger GmbH NC 9502 und Abart
	Reime aus dem Leben	2CD	1998	?? ??
	Rüsselsheim 1986 / Zum Abschuß freigegeben	CD	199?	?? ??
	Schreie des Zorns	CD	1999	?? ?? BOCD 201194 und Abarten
	Sie hat 'nen Motor	CD	1999	?? ??
	Skinhead Sampler Vol. 1	CD	2000	?? ??
	Skinhead Sampler Vol. 2	CD	2000	?? ??
	Skinhead Sampler Vol. 3	CD	2000	?? ??
	Skinhead Sampler Vol. 4	CD	2000	?? ??
	Sound of Live – Tequila Club Pirmasens	CD	1998-2000	?? ?? TCP101 A

Spiel mir das Lied vom Tod	CD	1998	High Noon Productions H ST 95 *und Abart*
Stephan Weidner Top Ten der Onkelz	CD	2000	?? ??
Stolz Deutsch zu sein	CD	1999	?? ??
Tanz der Teufel	CD	199?	?? ?? BO 001 *und Abarten*
Tanz der Teufel / Freddy Krügers Greatest Hits	CD	1995	Freddy Krüger GmbH TDT 89
Tanz der Teufel 2 / Freddy Krügers Greatest Hits 2	CD	1997	Freddy Krüger GmbH Teufel II
Tanz der Vampire	CD	1993	Freddy Krüger BO 001 *und Abarten*
The Complete Demo Show / Lieder, die wir einst sangen	CD	1999	?? ?? *und Abarten*
The Mega Mix	CD	1999	?? ?? 02.MM.9006-S 41877-A2 02-99 *und Abart*
Tod & Teufel	CD	1998	?? ?? BOS 003 *und Abarten*
Tödliche Dosis	CD	1999	?? ?? VTT CD 004 *und Abarten*
Top Ten Box	4CD	2000	?? ??
Viel zu jung Complete	CD	2000	?? ??
Vienna 98 / Hat man Euch nicht vor uns gewarnt	CD	1999	Onkelz Reproductions V- 1198-904-411
Vienna Volume 1	CD	1998	?? ??
Vienna Volume 2	CD	1998	?? ??
Vier Kinder unterm Hakenkreuz	CD	2000	?? ?? Oi!001
Von FFM Punx zu Bunker-Skins	CD	1999	MA 01 / BO-2 *und Abarten*

Warnung an die Rechten	CD	1998	?? ??
Wir machen wieder Hausmusik	CD	1998	?? ??
Wir sind und bleiben Deutsch	CD	2000	?? ??
Zäh wie Leder, harrt wie Kruppstahl	CD	199?	Schäbiger Lump Tonträger GmbH / Bonk rec. Bon *und Abart*
Zehn	CD	199?	Bonk rec. BONK 10 *und Abarten*
Zieh mit den Wölfen	CD	199?	?? ?? CD-19950401 *und Abarten*

BÖHSE ONKELZ

Discographie – MC (offizielle Veröffentlichungen)

Titel	Format	Jahr	Label / Vertrieb / Anmerkungen
BÖHSE ONKELSZ	MC	1981	Demotape
Ohne Titel	MC	1982	Demotape
Ohne Titel	MC	1983	Demotape
Onkelz wie wir	MC	1986 (1990)	Metal Enterprises ME 507 MC Vertrieb: Bellaphon
Kneipenterroristen	MC	1988 (1990)	Metal Enterprises ME 519 MC Vertrieb: Bellaphon
Es ist soweit	MC	1990	Metal Enterprises ME 555 MC Vertrieb: Bellaphon
Wir ham´noch lange nicht genug	MC	1991	Bellaphon 46009068
Live in Vienna	2MC	1992	Bellaphon 52509071
Heilige Lieder	MC	1992	Bellaphon 46009072
Weiß	MC	1993	Bellaphon 46009073
Schwarz	MC	1993	Bellaphon 46009074
Gehasst, verdammt, vergöttert	2MC	1994	Bellaphon 52009009
Hier sind die Onkelz	MC	1995	Virgin 8409014
E.I.N.S.	MC	1996	Virgin 8423494
Live in Dortmund	2MC	1997	Virgin 8447084
Viva Los Tioz	MC	1998	Virgin 8465244
Ein böses Märchen ...aus tausend finsteren Nächten	MC	2000	Virgin 8491454

BÖHSE ONKELZ

Discographie – MC (Bootlegs & Counterfeits)

Titel	Format	Jahr	Label / Vertrieb / Anmerkungen
Langsames Demotape 1983	MC	1990	„Querschläger"-Versand
Live in Berlin '85	MC	1990	„Querschläger"-Versand
Böse Menschen – böse Lieder	MC	1985 (1992)	j&b / 975 (Counterfeit / Polen)
Lübeck 1985	MC	1985	??
RAC-Festival Lübeck	MC	1985	??
Onkelz wie wir	MC	1986 (1992)	j&b / 916 (Counterfeit / Polen)
Kneipenterroristen	MC	1988 (1992)	j&b / 899 (Counterfeit / Polen)
Kneipenterroristen	MC	1988 (1992)	c 1273-1129 (Counterfeit / Polen)
Freitag Nacht / Mexico	MC	1989 (1992)	j&b / 976 (Counterfeit / Polen)
Live Offenbach 06.05.1989	MC	1989	??
Es ist soweit	MC	1990 (1992)	j&b / 699 (Counterfeit / Polen)
Berlin 24.06.1991	MC	1991	Warszawa-Productions
Erlensee 29.06.1991	MC	1991	??
Wir ham' noch lange nicht genug	MC	1991 (1992)	j&b / 632 (Counterfeit / Polen; weißes Cover)
Wir ham' noch lange nicht genug	MC	1991 (1992)	j&b / 632 (Counterfeit / Polen; silbernes Cover)
Live in Vienna	MC	1992	Laser Light (Bellaphon) 003 (Counterfeit / Polen)
Live in Vienna	MC	1992	MBC Muzik-Club / 04292 (Counterfeit / Polen)
Heilige Lieder	MC	1992	Leo / 0855 L92 (Counterfeit / Polen)
Heilige Lieder	MC	1992	Silvester-Ton / ST 1179 (Counterfeit / Polen)

BÖHSE ONKELZ
Coversongs von anderen Bands

Anonym	: "Bomberpilot" (live)
	(erschienen auf : Privattape)
Anonym	: "Deutschland" (live)
	(erschienen auf : Privattape)
Anonym	: "Nennt mich Gott" (live)
	(erschienen auf : Privattape)
Anonym	: "Wieder mal 'nen Tag verschenkt" (live)
	(erschienen auf : Privattape)
Anonym	: "Wir ham' noch lange nicht genug" (live)
	(erschienen auf : Privattape)
Anonym	: "Onkelz-Medley" (live)
	(erschienen auf : Privattape)
Arbeiterklasse	: "Hass"
	(erschienen auf : CD ?? ??)
G.A.O.	: "Mädchen" (falscher Titel : "Ich lieb' mich") (Studio)
	(erschienen auf : Demotape "Liederkoffer", 1995)
Kieckers fünfte Kolonne und die Holländer	: "Stolz" (neuer Titel : "Stolzer Skinhead") (Studio)
	(erschienen auf : CD "Willkommen / Welkom in Sassem", 1997)
Tonnensturz	: "Idiot" (Studio)
	(erschienen auf : Single "Verlorenes Gewissen", 1994)
Tonstörung	: "Deutschland den Deutschen" (neuer Titel : "D.d.D.") (Studio)
	(erschienen auf : LP "Gib niemals auf", 1992)
Wotan	: "Deutschland" (live)
	(erschienen auf : Privatvideo eines Konzertmitschnittes, ca. 1991)

Anti-Onkelz-Songs

Ärzte	: "Schrei nach Liebe"
	(erschienen auf : LP/CD "Die Bestie in Menschengestalt", 1993)
Freikorps	: "Falsche Propheten"
	(erschienen auf : CD "Immer und ewig", 1994)
Hass	: "Liebe Tanten"
	(erschienen auf : CD "Anarchistenschwein", 1996)
Kahlkopf	: "Gute Nacht"
	(erschienen auf : LP/CD "Soldat", 1990)
Kettenhund	: "Es war einmal"
	(erschienen auf : CD "Alltag", 1993)
Landser	: "K.P.S"
	(erschienen auf : CD "Republik der Strolche", 1996)
Null-Acht-Fünfzehn	: "Schaut zurück"
	(erschienen auf : CD "Zorn der Götter", 1996)
Odins Erben	: "Das Böse tief in Dir"
	(erschienen auf : CD "Odins Erben", 1995)
Oistar Proper	: "Rock gegen vier"
	(erschienen auf : CD "Skinheads Deutschland", 1994)
Oithanasie	: "Onkelz"
	(erschienen auf : CD "Chaoten/Alles für Deutschland V", 1996)
Radikahl	: "Ist es das wert?"
	(erschienen auf : CD "Wach auf!", 1996)
Senfheads	: "Du warst einer von uns"
	(erschienen auf : CD "Grüsse aus der Heimat", 1997)
Sturmgesang	: "Totgesagte leben länger"
	(erschienen auf : CD "Brecht Euer Schweigen", 1997)
Die Zillertaler Türkenjäger	: "1001 Nacht"
	(erschienen auf : CD "12 Doitsche Stimmungshits", 1995)

Pro-Onkelz-Songs

Hass	: "Heil Achmed"
	(erschienen auf : ?? ??)

BÖHSE ONKELZ
ALLE KONZERTE 1981 - 2000

1981
20.02.   Frankfurt, JUZ Bockenheim
         mit *Incapables, Kreppelkaffee, Mutation*
08.05.   Frankfurt, JUZ Bockenheim
         mit *Antikörper, Boopy Traps, Middle Class Fantasies*
17.06.   Frankfurt, JUZ Bockenheim
         mit *Boopy Traps, Suburban Punx, Überdruck*,
19.06.   Frankfurt, JUZ Bockenheim
         mit *Blitzkrieg, Kreppelkaffee, Middle Class Fantasies, Out of Order*
??.09.   Frankfurt, Batschkapp
07.10.   Frankfurt, Batschkapp
         mit *Razors*
14.11.   Frankfurt, Internationales Familienzentrum
         mit *Pseudos*

1982
06.03.   Stuttgart
20.03   Rüsselsheim
         mit *Edgar und die Klettermänner, Kreppelkaffee, Rudi Pilz und die Gürteltiere*
??.??.   Hannover
??.??.   Michelbach

1983
Frühjahr   Ampermoching
Sommer   Berlin, KdF-Bunker
           mit *Kraft durch Froide*

1984
Sommer   Berlin, Loft

1985
17.08.   Lübeck, Open Air "Rock Against Communism"-Festival
         mit *Body Checks, Die Hards, Indecent Exposure*
09.09.   München, Alabama-Halle
         TV-Auftritt "Live aus dem Alabama" (BR)
09.11.   Berlin, KdF-Bunker
         mit *Kraft durch Froide, Vortex*
17.12.   London, No.5.

1986
??.??.   Rüsselsheim, "S.O.S.-Kinderdorf"-Benefiz-Festival
         mit *Bad Boys Blue, Ted Herold, Peter Schilling*

1989
22.04.   Wiesbaden, Zick Zack
23.04.   Wiesbaden, Zick Zack
06.05.   Offenbach, Bootshaus Wiking
28.06.   Erlensee, Conny´s Hard´n´Heavy Place
29.06.   Erlensee, Conny´s Hard´n´Heavy Place

1990
18.06.   ght Offenbach, F63
28.06.   Erlensee, Conny´s Hard´n´Heavy Place
29.06.   Erlensee, Conny´s Hard´n´Heavy Place
24.07.   Berlin, Neue Welt
10.08.   Sprendlingen, Open Air "MC Aloners Party"
         mit *Grinder*
13.12.   Wien, Messepalast, "Heavy X-Mas-Festival"
         mit *Drahdiwaberl*

1992
30.08.	Aalen, Eissporthalle
19.09.	Kaiserslautern, Flash
20.09.	Kaiserslautern, Flash
21.09.	Mainz, Elzer Hof
24.09	Erlenbach, Turnhalle
25.09.	Erlenbach, Turnhalle
03.10.	Kuhardt

1993
01.05.	Geiselwind, Multihalle, "Rock gegen Rechts"
17.10.	Bremen, Stadthalle, "Mensch?!/Rock gegen Rechts" mit *Dimple Minds*, *Sargant Fury*, *Scäm Luiz*, *Thunderhead*
23.10.	Langenwang (Österreich), Werkstatt
24.10.	Wolfsberg (Österreich), Sporthalle, "Rock gegen Gewalt"
12.11.	Bad Windsheim, Zenngrundhalle
13.11.	Bad Windsheim, Zenngrundhalle

1994
21.06.	Frankfurt, Music Hall
23.06.	Frankfurt, Music Hall, "B.O.S.C.-Party"
24.06.	Frankfurt, Music Hall, "B.O.S.C.-Party"
27.06.	Augsburg, Dampfbläserhalle
28.06.	Bremen, Aladin
29.06.	Bremen, Aladin
02.07.	Frankfurt, Open Air "25 Jahre Lawmen-Party"
03.07.	Schwarz (Österreich), Open Air
05.07.	Wien (Österreich), Rockhaus
06.07.	Wien (Österreich), Rockhaus
08.07.	Wels (Österreich), Open Air
09.07.	Zeltweg (Österreich), Eissporthalle
16.07.	Bad Windsheim, Zenngrundhalle
08.09.	Altrip, Sandbahn, Open Air "German Bike Week"-Festival
11.11.	Vilsbiburg, Stadthalle mit *The Stroke*
12.11.	Augsburg, Dampfbläserhalle mit *The Stroke*
14.11.	Völklingen, Sporthalle mit *The Stroke*
15.11.	Kaiserslautern, Barbarossahalle mit *The Stroke*
17.11.	Kassel, Eissporthalle mit *The Stroke*
18.11.	Osnabrück, Gartlage mit *The Stroke*
20.11.	Bremen, Aladin mit *The Stroke*
21.11.	Bremen, Aladin mit *The Stroke*
24.11.	München, Rudi-Sedlmeier-Halle mit *The Stroke*
25.10.	Aschaffenburg, Kahltalhalle mit *The Stroke*
27.11.	Karlsruhe, Schwarzwaldhalle mit *The Stroke*
28.11.	Alzenau Michelbach mit *The Stroke*
29.11.	Minden, Kreissporthalle mit *The Stroke*
30.11.	Wolfsburg, Congress Park mit *The Stroke*
01.12.	Köln, Sporthalle mit *The Stroke*
03.12.	Unterrohr (Österreich), Festsaal mit *The Stroke*
04.12.	Klagenfurt (Österreich), Messehalle mit *The Stroke*
06.12.	Linz (Österreich), Sporthalle mit *The Stroke*
07.12.	Innsbruck (Österreich), Messehalle mit *The Stroke*
08.12.	Wien (Österreich), Messehalle mit *The Stroke*
10.12.	Vilsbiburg, ETSV-Halle mit *The Stroke*

1995

01.05. Northeim, Waldbühne
mit *Pink Cream 69, Pretty Maids, The Stroke*

14.10. Emden, Nordseehalle
mit *Merauder*

15.10. Hannover, Music Hall
mit *Merauder*

17.10. Hamburg, Gaswerk
mit *Merauder*

18.10. Hamburg, Gaswerk
mit *Merauder*

20.10. Kiel, Ostseehalle
mit *Merauder*

21.10. Bremen, Stadthalle
mit *Merauder*

23.10. Wolfsburg, Congresspark
mit Merauder

24.10. Siegen, Siegerlandhalle
mit *Merauder*

26.10. Weißenthurm, Sportpark
mit *Merauder*

27.10. Alsfeld, Hessenhalle
mit *Merauder*

28.10. Geiselwind, Multihalle
mit *Merauder*

29.10. München, Terminal 1
mit *Merauder*

31.10. Innsbruck (Österreich), Messehalle
mit *Merauder*

02.11. Klagenfurt (Österreich), Messehalle
mit *Merauder*

03.11. Salzburg (Österreich), Sporthalle
mit *Merauder*

04.11. Wien (Österreich), Messehalle
mit *Merauder*

06.11. Ludwigshafen, Friedrich-Ebert-Halle
mit *Merauder*

07.11. Fürth, Stadthalle
mit *Merauder*

09.11. Stuttgart, Congresscenter
mit *Merauder*

10.11. Stuttgart, Congresscenter
mit *Merauder*

11.11. München, Terminal 1
mit *Merauder*

12.11. Kassel, Messehalle
mit *Merauder*

14.11. Leverkusen, Wilhelm-Dopatka-Halle
mit *Merauder*

17.11. Pirmasens, Messehalle
mit *Merauder*

18.11. Geiselwind, Multihalle
mit *Merauder*

19.10. Aachen, Eurogress
mit *Merauder*

21.11. Dortmund, Westfalenhalle
mit *Merauder*

1996

06.07. Dietzenbach, Waldschwimmbad, Open Air "Lieder wie Orkane 1"
mit *Blind Guardian, Merauder, Motörhead, Pro Pain, The Stroke*

09.08. Wacken, Open Air "Kultfestival"
mit *Dimple Minds, Kreator, Exploited*,

10.08. Wacken, Open Air "Kultfestival"
mit *Dimple Minds, Kreator, Exploited*

17.10. Emden, Nordseehalle
mit *Rinderwahnsinn*

18.10. Bremen, Stadthalle
mit *Rinderwahnsinn*

19.10. Schwerin, Sport- und Kongresshalle
mit *Rinderwahnsinn*

21.10. Hannover, Music Hall
mit *Rinderwahnsinn*

22.10. Hamburg, Sporthalle
mit *Rinderwahnsinn*

23.10. Wolfsburg, Congresspark
mit *Rinderwahnsinn*

25.10. Alsfeld, Hessenhalle
mit *Rinderwahnsinn*

27.10.	München, Zenithhalle mit *Rinderwahnsinn*	**1997**	
29.10.	Graz (Österreich), Schwarzelhalle mit *Rinderwahnsinn*	13.07.	Hahn, Flughafen, Open Air mit *Hassmütz*
30.10.	Linz (Österreich), Sporthalle mit *Rinderwahnsinn*	09.08.	Königstein, Stadthalle, "B.O.S.C.-Party"
31.10.	Innsbruck (Österreich), Messehalle mit *Rinderwahnsinn*	16.08.	Königstein, Stadthalle, "B.O.S.C.-Party"
02.11.	Wiener Neustadt (Österreich), Arena Nova mit *Rinderwahnsinn*	06.09.	Jübeck, Festivalgelände, "Lieder wie Orkane 2" mit *Entombed, Manowar, Pretty Maids, Richthofen, Saxon, Sodom, Zed Yago*
04.11.	Straubing, Josef-von-Frauenhofer-Halle mit *Rinderwahnsinn*	07.09.	Essen, Georg-Melches-Stadion mit *Manowar, Pigheaded, Saxon*
05.11.	Ulm, Donauhalle mit *Rinderwahnsinn*	**1998**	
06.11.	Ludwigshafen, Friedrich-Ebert-Halle mit *Rinderwahnsinn*	07.09.	Schwerin, Sport- und Kongresshalle mit *Pro Pain*
07.11.	Fürth, Stadthalle mit *Rinderwahnsinn*	09.10.	Bremen, Stadthalle mit *Pro Pain*
09.11.	Saarbrücken, V&M Halle mit *Rinderwahnsinn*	10.10.	Oberhausen, Arena mit *Pro Pain*
11.11.	Koblenz, Sporthalle Oberwerth	12.10.	Hannover, Music Hall mit *Pro Pain*
12.11.	Kassel, Eissporthalle mit *Rinderwahnsinn*	13.10.	Kiel, Ostseehalle mit *Pro Pain*
13.11.	Siegen, Siegerland Halle mit *Rinderwahnsinn*	10.	Kassel, Messehalle mit *Pro Pain*
15.11.	Erfurt, Thüringer Halle mit *Rinderwahnsinn*	17.10.	Karlsruhe, Schwarzwaldhalle mit *Pro Pain*
16.11.	Lichtenfels, Stadthalle mit *Rinderwahnsinn*	18.10.	München, Olympiahalle mit *Pro Pain*
18.11.	Karlsruhe, Schwarzwaldhalle mit *Rinderwahnsinn*	20.10.	Passau, Nibelungenhalle mit *Pro Pain*
20.11.	Frankfurt, Festhalle mit *Rinderwahnsinn*	21.10.	Klagenfurt (Österreich), Messehalle mit *Pro Pain*
23.11.	Dortmund, Westfalenhalle mit *Rinderwahnsinn*	23.10.	Linz (Österreich), Sporthalle mit *Pro Pain*
		24.10.	Wiener Neustadt (Österreich), Arena Nova mit *Pro Pain*

25.10.	Innsbruck (Österreich), Olympiahalle mit *Pro Pain*
27.10.	Augsburg, Prinz Garden mit *Pro Pain*
28.10.	Bozen (Italien), Stadthalle mit *Pro Pain*
30.10.	Straßburg (Frankreich), Hall Rhenus mit *Pro Pain*
31.10.	Saarbrücken, Saarland-Halle mit *Pro Pain*
02.11.	Ulm, Donauhalle mit *Pro Pain*
03.11.	Frankfurt, Festhalle mit *Pro Pain*
05.11.	Erfurt, Thüringenhalle mit *Pro Pain*
07.10.	Kreuth, Ostbayernhalle mit *Pro Pain*
08.11.	Stuttgart, Schleyerhalle mit *Pro Pain*
10.11.	Dortmund, Westfalenhalle mit *Pro Pain*
11.11.	Ludwigshafen, Friedrich-Ebert-Halle mit *Pro Pain*
12.11.	Düsseldorf, Philipshalle mit *Pro Pain*
14.10.	Hamburg, Sporthalle mit *Pro Pain*

1999

02.07.	Dortmund, Westfalenhalle, "Lieder wie Orkane 3" mit *Danzig, Megahertz, Rose Tattoo, Saxon*
03.07.	Mannheim, Maimarkthalle, "Lieder wie Orkane 3" mit *Danzig, Megahertz, Rose Tattoo, Saxon*
04.07.	Salzgitter-Lebenstedt, Insel im Salzgitter-See, Open Air "Lieder wie Orkane 3" mit *Danzig, Megahertz, Rose Tattoo, Saxon*
04.09.	Gerolzhofen, Geodrom, "B.O.S.C.-Party"

2000

03.05.	Wiener Neustadt (Österreich), Arena Nova mit *Suprasod*
04.05.	Innsbruck (Österreich), Messehalle mit *Suprasod*
06.05.	Frankfurt am Main, Festhalle mit *Suprasod*
07.05.	Frankfurt am Main, Festhalle mit *Suprasod*
09.05.	Erfurt, Messehalle mit *Suprasod*
10.05.	Hannover, Stadionsporthalle mit *Suprasod*
12.05.	Kiel, Ostseehalle mit *Suprasod*
13.05.	Bremerhaven, Stadthalle mit *Suprasod*
14.05.	Bremen, Stadthalle mit *Suprasod*
16.05.	Dortmund, Westfalenhalle mit *Suprasod*
17.05.	Dortmund, Westfalenhalle mit *Suprasod*
18.05.	Stuttgart, Schleyerhalle mit *Suprasod*
20.05.	Kreuth, Ostbayernhalle mit *Suprasod*
22.05.	Saarbrücken, Saarlandhalle mit *Suprasod*
23.05.	Kassel, Eissporthalle mit *Suprasod*
25.05.	München, Olympiahalle mit *Suprasod*

26.05.	Karlsruhe, Schwarzwaldhalle
	mit *Suprasod*
27.05.	Mannheim, Maimarkthalle
	mit *Suprasod*
29.05.	Leipzig, Messehalle
	mit *Suprasod*
02.06.	Berlin, Waldbühne
	mit *Suprasod*

Der Autor

Klaus Farin, Jahrgang 1958, in Gelsenkirchen aufgewachsen und seit 1980 - Punk sei Dank - in Berlin. Nach & neben Tätigkeiten als Schülerzeitungsredakteur und Fanzine-Herausgeber, Buchhändler und Verleger, Konzertveranstalter und Security, hauptsächlich freier Autor und Journalist für Presse, Hörfunk und Fernsehen. Seit den 90er Jahren verstärkt Lehr- und Bildungstätigkeiten, seit 1998 Leiter des Berliner Archiv der Jugendkulturen.

Zahlreiche Veröffentlichungen vorwiegend (aber nicht nur) zum Thema Jugendkulturen, u.a.: Die Wende-Jugend (1984, gemeinsam mit Leo A. Müller); Krieg in den Städten. Jugendgangs in Deutschland (1991, gemeinsam mit Eberhard Seidel-Pielen); Karl May. Ein Popstar aus Sachsen (1992); Die dritte Halbzeit. Hooligans in Berlin-Ost (1993/1998, gemeinsam mit Harald Hauswald); Skinhead - A Way Of Life. Eine Jugendbewegung stellt sich selbst dar (1996/1999); Die Skins. Mythos und Realität (1997/2000); Die Gothics. Interviews & Fotografien (1999).

Danksagungen

Hinter jedem kleinen Autor stehen bekanntlich viele große Menschen, die ihn bei der Realisierung seiner Ideen unterstützten. Zum Beispiel die vielen Onkelz-Fans, die mir Beiträge schickten und Interviews gaben (auch diejenigen, die im Buch letztendlich nicht genannt werden), mich unermüdlich mit Pressemeldungen, Fotos und anderem Material versorgten. Stellvertretend seien hier nur genannt: Jens Sommer, von dem ein Großteil der (Party-)Fotos in diesem Buch stammen, Sven Wenner, dem ich die längste Onkelz-Bootleg-Liste verdanke, die mir je vor die Augen gekommen ist, Arvid Dittmann, der diese und andere Daten für den "Service-Teil" aufbereitet hat. Ihnen und allen anderen Beteiligten: **Danke für alles!**

Korrekturen

Und wenn es gut gelungen und geschickt geordnet ist, so war das meine Absicht. Ist's aber zu einfach geraten, so habe ich doch getan, soviel ich vermochte.
Das 2. Buch der Makkabäer, 15,39

Selbstverständlich erhält dieses Buch noch Fehler und Lücken. Ich bin dankbar für jeden Hinweis und werde sie in der nächstmöglichen Auflage korrigieren. Ich bin ebenfalls dankbar für jede Form von Kritik und Anregungen, für die weitere Zusendung von Beiträgen und Material zum Thema. Auch diese werden - soweit möglich und sinnvoll - in zukünftigen Auflagen berücksichtigt.

Meine Anschrift:

**Klaus Farin
Archiv der Jugendkulturen e.V.
Fidicinstraße 3
10965 Berlin
e-mail: archivderjugendkulturen@t-online.de
bzw.
www.jugendkulturen.de**

Das **Archiv der Jugendkulturen e.V.** ist eine Einrichtung, die es sich zur Aufgabe gemacht hat, Publikationen über und aus Jugendkulturen (Bücher, Diplomarbeiten, Medienberichte, Fanzines, Flyer, Tonträger usw.) zu sammeln und der an einem differenzierten Blick interessierten Öffentlichkeit wieder zugänglich zu machen. Das Archiv unterhält zu diesem Zweck eine rund 200 m² umfassende Bibliothek (Öffnungszeiten: Mo - Fr 10 - 18 Uhr), organisiert Fachtagungen und Diskussionsveranstaltungen in Schulen, Jugendklubs oder Universitäten, und gibt im Verlag Thomas Tilsner eine eigene Buchreihe heraus, in der sowohl WissenschaftlerInnen, JournalistInnen und andere über Jugendkulturen Forschende als auch Szene-Angehörige selbst zu Wort kommen.

Weitere Bücher von Klaus Farin im Verlag Thomas Tilsner

ISBN 3-910079-41-5 38 DM

ISBN 3-910079-49-0 28 DM

Pressestimmen:

»Wenn Klaus Farins Bücher heute eine Gesamtauflage von über 20 000 Exemplaren erreicht haben, so liegt das auch an seinem engagierten Auftritten in Buchhandlungen, Jugendklubs, Schulen, Universitäten und Gefängnissen.« *Büchermarkt*

»Wer sich wie Farin auf die Realität einläßt, muß die beruhigende Eindeutigkeit aufgeben.« *die tageszeitung*

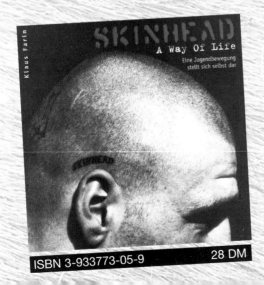

ISBN 3-933773-05-9 28 DM

ISBN 3-933773-09-1 28 DM